# IL QUADRIFOGLIO TEDESCO
*Collana diretta da Karin Birge Gilardoni-Büch e Marco Castellari*

Comitato scientifico
Eva Banchelli, Marco Castellari, Karin Birge Gilardoni-Büch,
Micaela Latini, Daniela Nelva, Michele Sisto

Collana scientifica di testi e studi relativi alla lingua, cultura e letteratura di lingua tedesca moderna e contemporanea.

Le monografie sono sottoposte a *double-blind peer review*.

*Sezioni*

- Letteratura contemporanea
- Storia, cultura e società
- Saggistica e critica
- *DaF* | Didattica del tedesco
- Fuori collana

Indirizzo per proposte editoriali: quadrifogliotedesco@tiscali.it

www.mimesisedizioni.it

*Karin Birge Gilardoni-Büch*
ha conseguito il titolo di dottore di ricerca presso la Friedrich-Schiller-Universität di Jena e insegna Lingua tedesca presso il Corso di laurea in Lingue e letterature straniere dell'Università degli Studi di Milano.

*Marco Castellari*
è professore associato presso il Dipartimento di Lingue e letterature straniere dell'Università degli Studi di Milano, dove insegna Letteratura tedesca e Storia del teatro tedesco.

# LA CIRCOLAZIONE DEL SAPERE NEI PROCESSI TRADUTTIVI DELLA LINGUA LETTERARIA TEDESCA

a cura di Raul Calzoni

**MIMESIS**

Questo volume è stato realizzato con il contributo del Progetto «*Excellence Initiatives*» di Ateneo «*Knowledge Dissemination in the Western Hemisphere: Translation, Teaching and Cultural Processes*» del Dipartimento di Lingue, Letterature e Culture Straniere dell'Università degli Studi di Bergamo.

Il quadrifoglio tedesco n. 35
*http://www.mimesisedizioni.it/Il-quadrifoglio-tedesco.html*
Per proposte editoriali e culturali inerenti alla collana contattare:
*quadrifogliotedesco@tiscali.it*

MIMESIS EDIZIONI (Milano – Udine)
www.mimesisedizioni.it
mimesis@mimesisedizioni.it

Isbn: 9788857548456

© 2018 – MIM EDIZIONI SRL
Via Monfalcone, 17/19 – 20099
Sesto San Giovanni (MI)
Phone: +39 02 24861657 / 24416383
Fax: +39 02 89403935

# INDICE

Traduzione e circolazione del sapere nella lingua
letteraria tedesca
*di Raul Calzoni* 7

Viandanti fra lingue e culture. Riflessioni
di una traduttrice letteraria
*di Ada Vigliani* 23

Uscire allo scoperto: quando il traduttore parla di sé
*di Laura Balbiani* 39

Dalla traduzione all'auto-traduzione. Quali cambiamenti
linguistici comporta la «divulgazione culturale»?
*di Lucia Salvato* 61

L'esercizio della virtù civica. Letteratura politica,
pratiche traduttive e *transfert* culturale nel tardo
Illuminismo tedesco
*di Guglielmo Gabbiadini* 79

Lo stagnaio politico e la mediazione imperfetta.
Le commedie di Holberg in Germania e in Italia nel Settecento
*di Bruno Berni* 97

La traduzione italiana del *Saggio sull'allegoria specialmente
per l'arte* di J.J. Winckelmann (1766) come esperienza cognitiva
e visuale
*di Elena Agazzi* 127

Le traduzioni italiane del romanzo *Das Schloß* di Franz Kafka
*di Gloria Colombo*     143

I *Poèmes Français* di Rainer Maria Rilke fra traduzione
e «*langue prêtée*»
*di Raul Calzoni*     159

Ripetizioni e stile formulare in *Drosselnacht* di Herta Müller
*di Silvia Vezzoli*     185

Raul Calzoni

# TRADUZIONE E CIRCOLAZIONE DEL SAPERE NELLA LINGUA LETTERARIA TEDESCA

Questo volume raccoglie le versioni ampliate degli interventi di ambito germanistico presentati in occasione del convegno conclusivo del programma trilaterale di ricerca «Excellence Initiatives» dedicato al tema «La circolazione dei saperi in Occidente: processi traduttivi, didattici e culturali» dell'Università degli Studi di Bergamo. Il convegno internazionale, da cui questa pubblicazione ha avuto origine, si è svolto a Bergamo dal 28 al 30 settembre 2017 e ha visto impegnati studiosi provenienti dall'Italia, dalla Germania e dalla Spagna nell'ambito della consolidata collaborazione fra la Justus-Liebig-Universität di Gießen, la Universidad de Alcalá de Henares e il Dipartimento di Lingue, Letterature e Culture Straniere dell'Università degli Studi di Bergamo. Dedicata al tema «Found in translation. Translation as Cultural Dissemination from the Middle Ages to the New Millennium», l'iniziativa è stata l'occasione per discutere in prospettiva diacronica e sincronica sui processi traduttivi e sulla circolazione della conoscenza e della cultura attraverso di essi.[1]

Se si volesse trovare un filo rosso per ricollegare fra loro i contributi raccolti in questo volume, oltre al tema della traduzione, si potrebbe già subito sottolineare che essi si confrontano con concetti, metafore e narrazioni la cui specificità è quella di essere al contempo «nomadi» e «disseminanti».[2]

---

1   Un ringraziamento particolare a Marina Dossena, coordinatrice del progetto «La circolazione dei saperi in Occidente: processi traduttivi, didattici e culturali», per avere reso possibile la realizzazione di questo volume e per l'entusiasmo e la professionalità con cui ha saputo gestire le molteplici attività del programma. Il curatore del volume ringrazia, inoltre, gli autori dei contributi raccolti in questo libro per avere rielaborato in tempi rapidi e con grande generosità le relazioni presentate in occasione del convegno «Found in Translation». Grazie, infine, a Marco Castellari e Karin Birge Gilardoni-Büch per avere accolto il volume nella collana «Il Quadrifoglio Tedesco».

2   La definizione discende da *D'une science à l'autre. Des concepts nomades*, a cura di Isabelle Stengers, Paris, Seuil, 1987 e, a proposito del ruolo epistemologico e «disseminante» dei «concetti nomadi», cfr. Rosi Braidotti, *Nomadic Subjects:*

I saggi pubblicati in questo libro mettono, infatti, in evidenza come all'interno del sistema culturale determinati concetti siano più facilmente in grado di viaggiare non solo da un ambito lessicale ad un altro – per esempio, da quello scientifico a quello letterario e viceversa –,[3] ma soprattutto da una nazione all'altra, aprendo così la via a uno studio transnazionale, persino «transatlantico»,[4] della cultura, della letteratura e della traduzione. Quest'ultimo può essere condotto avvalendosi – come è il caso dei contributi ospitati da questo libro – attraverso concetti, metafore e narrazioni che possono essere interpretate alla stregua di «strumenti dell'intersoggettività», che «facilitano la discussione, basandosi su un linguaggio condiviso», come si legge nell'introduzione a *Travelling Concepts in the Humanities: A Rough Guide* di Mieke Bal.[5] Esistono, infatti, *Travelling Concepts* («concetti migranti») che non posso transitare all'esterno della cultura che li ha prodotti, mentre ve ne sono altri più inclini a migrare non solamente da un linguaggio specialistico a un altro della medesima lingua, ma anche da una nazione a un'altra; in questo contesto, il caso più singolare di *Travelling Concepts in the Humanities* è quello che dà luogo a veri e propri calchi e prestiti linguistici.

Il transito fra due ambiti linguistici, come quello fra lingue diverse, è sempre un processo dinamico, basato sulla *traduzione*, cioè sul «portare altrove» un concetto, una metafora o una narrazione attraverso un atto linguistico e culturale non privo di conseguenze per l'espressione di partenza e per quella di arrivo. Insito ai *Travelling Concepts in the Humanities* è, in altri termini, un residuo che non si lascia facilmente incanalare e che rappresenta il punto di partenza più produttivo per una riflessione attorno alla disseminazione del sapere per tramite dei processi traduttivi, nel senso più ampio del termine, ovvero tanto interlinguistici, quanto intralinguistici. Il progetto «Excellence Initiatives» dedicato alla «circolazione dei saperi in Occidente» si è colloca-

---

*Embodiment and Sexual Difference in Contemporary Feminist Theory*, New York, Columbia University Press, ²2011, pp. 58-67.
3  Sull'interfaccia fra scienza e letteratura, anche nel contesto di una reciproca contaminazione linguistica, cfr. i 13 volumi sinora pubblicati nella collana *Acume2. Interfacing Science, Literature, and the Humanities*, diretta da Elena Agazzi e Vita Fortunati, presso Vandenhoeck & Ruprecht di Göttingen (http://www.v-r.de/de/interfacing_science_literature_and_the_humanities_acume_2/sd-0/3069)
4  Cfr., a proposito delle più recenti prospettive «transatlantiche» nello studio della circolazione della cultura, *Knowledge Dissemination in the Long Nineteenth Century. European and Transatlantic Perspectives*, ed. by Marina Dossena and Stefano Rosso, Cambridge, Cambridge Scholars Publishing, 2016.
5  Mieke Bal, *Travelling Concepts in the Humanities: A Rough Guide*, Toronto, University of Toronto Press, 2002.

to esattamente sul crinale fra studi interlinguistici e intralinguistici dei processi traduttivi, con l'intento di dimostrare che ad essi sono sempre insiti un portato e un valore epistemici, che si rendono perspicui nell'analisi di concetti, metafore e narrazioni in una prospettiva transdisciplinare e transnazionale. Si pensi, per quanto riguarda i primi, al caso dei termini cosiddetti intraducibili che viaggiano fra discipline, ma non fra lingue, e che si possono quindi definire «concetti migranti» intransitivi della storia della cultura (per esempio «*performance*» e «*gender*»). Se questi concetti intransitivi sono prevalentemente oggetto di un'analisi intralinguistica, quelli transitivi si offrono a uno studio in prospettiva interlinguistica e interculturale che rivela come essi siano, di fatto, «teorie in miniatura» o «abbreviazioni di teorie».[6] Si tratta di una peculiarità propria ad alcuni «concetti migranti» che sono particolarmente rilevanti per gli studi umanistici, perché riassumono o evocano un'intera teoria. È questo il caso di «strutturalismo» e «decostruzione», cioè di «concetti migranti» e metonimici che soprattutto in ambito accademico identificano intere teorie. Quest'ultimo è, d'altra parte, un luogo particolarmente importante per il transito di concetti fra lingue e culture, perché i *Travelling Concepts* non solo migrano fra discipline e idiomi, ma si muovono anche all'interno di «comunità accademiche (più o meno) geograficamente disperse».[7] Non a caso, la disseminazione del sapere rappresenta da sempre la principale *Mission* – per usare un *Travelling Concept* intraducibile – delle università e proprio attraverso la teoria e la prassi traduttiva è possibile promuovere una circolazione della conoscenza che possa avere ricadute sulla didattica, aprendola a un contesto transnazionale.[8]

Il presente volume intende promuovere tale riflessione sulla traduzione nel contesto di un approccio transnazionale allo studio della letteratura, grazie a concetti, metafore e narrazioni migranti che si innalzano a modelli di analisi dei processi di scambio e negoziazione culturale, perché hanno reso possibile la disseminazione del sapere all'interno e all'esterno delle comunità accademiche.[9] La «disseminazione» è, di per sé, un concetto fondamenta-

---

6   *Ivi*, pp. 22-23.
7   *Ivi*, p. 24.
8   Si vedano, a tale proposito, il fondamentale volume di DORIS BACHMANN-MEDICK, *Cultural Turns: New Orientations in the Study of Culture*, Berlin, de Gruyter, 2016. Interessanti prospettive a riguardo dello studio transnazionale della cultura sono offerte anche dai contributi della silloge, curata dalla stessa Bachmann-Medick, *The Trans/National Study of Culture: A Translational Perspective*, Berlin, de Gruyter, 2014.
9   Proprio per questo motivo, il volume raccoglie prospettive critiche che sono sorte dallo scambio culturale con l'Università di Gießen nel contesto del programma

le della cosiddetta «*Traveling Theory*» di Edward Said, secondo il quale essa designa l'insieme delle trasformazioni che una teoria critica subisce nel momento in cui viene trasferita da un contesto storico e sociale a un altro. Da un punto di vista procedurale, la «disseminazione» costituisce per Said nelle sue derive più estreme anche una degradazione della teoria di origine, nel momento in cui la migrazione di quest'ultima da un ambito a un altro non è avvenuta nel rispetto del «clima locale» di partenza e di arrivo.[10] Il focus di questo volume risiede, perciò, nel potenziale dei «concetti migranti» nel contesto degli studi sulla traduzione, nello scambio e nel *transfert* culturale e, quindi, nei processi traduttivi e interculturali, per indagare le modalità e le ragioni per cui specifici concetti, metafore e narrazioni hanno acquisito attraverso il tempo e lo spazio nuovi significati, che foucaultianamente rivelano l'emergenza di fratture epistemiche negli ordini discorsivi e del sapere e, di volta in volta, comportano risistemazioni dei paradigmi conoscitivi consolidati.[11] Indagare i processi di migrazione di concetti, metafore e narrazioni fra contesti spazio-temporali significa, in fondo, cercare di rispondere anche a una delle domande centrali del sistema filosofico di Foucault: «in che modo, nelle società occidentali moderne, la produzione di discorsi cui si è attribuito un valore di verità è legata ai vari meccanismi ed istituzioni di potere?».[12] In questa loro accezione, i «concetti migranti» rivelano anche il grado di penetrazione delle ideologie e del potere tra una cultura di arrivo e una di partenza e si dimostrano di particolare rilievo nel contesto dello studio di fenomeni culturali e sociali di ampio respiro, anche economico, come la colonizzazione e, in tempi più recenti, la globalizzazione.[13]

---

«Excellence Initiatives». Si ricordino gli studi condotti attorno ai «concetti migranti» presso l'Ateneo assiano: *Travelling Concepts for the Study of Culture*, ed. by Birgit Neumann and Ansgar Nünning, Berlin, de Gruyter, 2012 e *Travelling Concepts, Metaphors, and Narratives: Literary and Cultural Studies in an Age of Interdisciplinary Research*, ed. by Sibylle Baumbach, Beatrice Michaelis and Ansgar Nünning, in collaboration with Katharina Zilles, Trier, Wissenschaftlicher Verlag, 2012.

10   Cfr. EDWARD W. SAID, *Traveling Theory*, in ID., *The World, the Text and the Critic*, Cambridge, Harvard University Press, 1983, pp. 226-247.

11   Cfr. MICHEL FOUCAULT, *L'ordine del discorso*, trad. it. di A. Fontana, Torino, Einaudi, 1972.

12   MICHEL FOUCAULT, *La volontà di sapere*, trad. it. Pasquale Pasquino e Giovanna Procacci, Milano, Feltrinelli, 1978, p. 8.

13   Ciò è particolarmente vero se si riconoscono nei «concetti migranti» espressioni di quella «*travelling culture* [che] si riferisce alla mobilità di individui, cose, ideali e pratiche culturali», che costituisce una delle marche distintive della società contemporanea e un'asse fondamentale di diffusione della globalizzazione, come si legge alla voce *Discrepant Cosmopolitanism*, in *Globalization: The*

In quanto espressione del potere nei processi discorsivi, traduttivi e interculturali, i «concetti migranti» agiscono sul sapere, dando forma, incrementando e influenzando una determinata cultura. Essi agiscono alla stregua di "detonatori" del sapere e, al contempo, al pari di una forza corrosiva interna alla cultura capace di causare l'esplosione del significato condiviso e sedimentato di un determinato significante. Nel contesto degli studi sulla traduzione, ciò pone interessantissimi quesiti che riguardano non solo il processo traduttivo da un punto di vista strettamente linguistico, ma anche culturologico e trans/nazionale, volto a indagare le implicazioni ideologiche e discorsive che stanno alla base della scelta del traduttore di un certo termine, una certa metafora o un certo modo di dire della lingua di arrivo. Così, la traduzione si configura essa stessa, da un lato, come un veicolo della migrazione di concetti, metafore e narrazioni e, dall'altro, come uno spazio privilegiato di analisi dello spostamento di elementi discorsivi fra differenti contesti culturali e linguistici, all'interno dei quali agiscono in modo da renderne instabili i sistemi comunicativi e semiotici, pretendendone la rinegoziazione e il riadattamento. Il loro essere costantemente in movimento – volendo la loro «indecidibilità», nell'accezione derridiana del termine –,[14] la loro capacità di viaggiare fra discipline, periodi storici e culture della conoscenza e della ricerca, li rende particolarmente importanti per affrontare le sfide e studiare le trasformazioni che avvengono all'interno dei contesti accademici, letterari e sociali in cui essi tracciano le loro traiettorie e compiono le loro transizioni. Nella «rinegoziazione» di specifici contesti, nella seminale accezione per gli studi culturali data al termine da

---

*Key Concepts*, ed. by Annabelle Mooney and Betsy Evans, London, Routledge, 2017, p. 70. In merito al rapporto fra «*travelling concepts*» e colonialismo, nel contesto di un approccio trans/nazionale allo studio della letteratura e della cultura, cfr. DIPESH CHAKRABARTY, *Provincializing Europe: Postcolonial Thought and Historical Difference*, Princeton, Princeton University Press, 2008. Per quanto riguarda gli studi sulla traduzione e il colonialismo, cfr. CHANDRANI CHATTERJEE, *Translation Reconsidered: Culture, Genre and the "Colonial Encounter" in Nineteenth Century Bengal*, Cambridge, Cambridge Scholars, 2010.

14 Gli «indecidibili» sono uno strumento linguistico che Jacques Derrida ha escogitato per scardinare la logica metafisica, cfr. FRANCO ALBERTO CAPPELLETTI, *Il movimento della differenza*, in ID., *Differenza e potere. La politica nel pensiero postmoderno*, Milano, Franco Angeli, 1984, p. 27: «'indecidibili': concetti o parole – 'imene', 'bianco', 'farmakon', 'supplemento' – che per la loro strutturale ambiguità determinano la messa in crisi delle opposizioni binarie non trovando collocazione *esclusiva* in nessuno dei 'corni' dell'alternativa».

Stephen Greenblatt,[15] si coglie il valore dell'indagine di questi «concetti migranti» nella traduzione, grazie alla quale è possibile rispondere ai seguenti quesiti: a) cosa accade nei sistemi linguistici e culturali di partenza e di arrivo di un processo traduttivo, quando concetti, metafore e narrazioni migrano al loro interno? Cosa perdono e cosa guadagnano questi ultimi durante il transito da una lingua/cultura a una nuova? Quale ruolo svolge la letteratura in questi transiti? Infine, esistono dei limiti culturali e ideologici alla migrazione di concetti fra culture, che i processi traduttivi possono rendere visibili?

Sono questi i quesiti a cui vogliono rispondere i contributi raccolti in questo volume, fin dal primo intenso saggio di Ada Vigliani, che pone al centro della propria riflessione il traduttore inteso come un «viandante» fra le lingue e le culture. Questa suggestiva immagine, che restituisce con plasticità il complesso compito del traduttore letterario, è posta da Vigliani al centro della sua riflessione che muove dalla poesia *Ein Gleichnis* (*Una parabola*), composta da Goethe dopo avere letto la traduzione francese di Gérard de Nerval del suo *Faust*. Dalla lirica emerge con efficacia che l'*opus magnum* del grande autore tedesco era stato «rigenerato», risorgendo grazie alla lingua straniera, nella quale il traduttore del *Faust* era intervenuto alla stregua di un «giardiniere», per usare una metafora botanica ricorrente nella poesia di Goethe e nella teoria della traduzione di Borìs Pasternàk.[16] La metafora del giardiniere rende di per sé evidente il delicato compito del tradurre inteso come un'esperienza intersoggettiva di *transfert* interculturale e linguistico, ma anche come un momento "alt(r)o" nell'evoluzione della lingua di destinazione, poiché quest'ultima rappresenta il vero punto di attenzione dei traduttori e degli autori che

---

15 L'ovvio riferimento è al canonico studio di STEPHEN GREENBLATT, *Shakespearean Negotiations: The Circulation of Social Energy in Renaissance England*, Oxford, Clarendon, 1988, che ha reso possibile nell'ambito degli studi sulla traduzione l'analisi della cosiddetta «traduzione culturale», per le cui peculiarità e spendibilità in una riflessione sui processi traduttivi della lingua tedesca, cfr. DIANA SPOKIENE, *Introduction: Rethinking the Role of Translation and Translating in German Studies*, in *Translation and Translating in German Studies: A Festschrift for Raleigh Whitinger*, ed. by John L. Plews and Diana Spokiene, Waterloo, Wilfrid Laurier University Press, pp. 1-14. Sulle ricadute dell'opera di Greenblatt sugli studi sulla traduzione, cfr. FEDERICA MAZZARA, *Studi sulla traduzione*, in MICHELE COMETA, *Dizionario degli studi culturali*, a cura di Roberta Cogliotore e Federica Mazzara, Roma, Meltemi, 2004, pp. 478-487.

16 Cfr. BORÌS PASTERNÀK, *Zametki perevodčika*, in *Zarubežnaja poezija v perevodach B. L. Pasternaka*, a cura di E. Pasternak e E. Nesterov, Raduga, Moskva, 1990, p. 546.

vengono tradotti. Vigliani ci porta, perciò, all'interno del suo laboratorio di traduzione, offrendoci un prezioso contributo che, sollecitando diverse prospettive teoriche, indaga le loro ricadute sulla concretezza del processo traduttivo. Le teorie sulla traduzione sono discusse alla luce di esempi concreti, tratti dal suo lavoro di traduzione di fondamentali autori di lingua tedesca (come Canetti, Goethe, Musil e W.G. Sebald), e dalla partecipazione agli *Atriumgespräche* tenuti nella cittadina di a Straelen, durante i quali Vigliani ha potuto dialogare con Katja Petrowskaja, mentre stava traducendo *Vielleicht Esther* (*Forse Esther*), e con Jenny Erpenbeck, durante la traduzione di *Gehen, Ging, Gegangen* (*Voci del verbo andare*), romanzo vincitore nel 2017 della quarta edizione del *Premio Strega* Europeo.

Il ruolo e la posizione del traduttore in un'opera letteraria sono indagati anche dal contributo di Laura Balbiani, che riflette alcune prospettive teoriche introdotte da Ada Vigliani, nel momento in cui si confronta con la questione squisitamente benjaminiana della presenza e dell'invisibilità di chi effettua una traduzione nel testo di arrivo.[17] Balbiani parte dalla constatazione che il traduttore ha condotto a lungo un'esistenza nel buio, dalla quale è emerso soltanto per segnalare errori, omissioni o altri accidenti del testo di partenza. Tuttavia, in tempi recenti, questa situazione è cambiata e negli studi traduttologici la «presenza assente» del traduttore è stata ampiamente rivalutata, tanto che lo stesso concetto di «traduttore invisibile» è stato riconosciuto come un ossimoro, non da ultimo grazie agli studi sulla riscrittura di André Lefevere.[18] Così, dopo avere ricostruito il più recente dibattito attorno alla visibilità/invisibilità del traduttore, Balbiani prende in considerazione il *case study* delle 200 *Note del traduttore* apparse dal 2000 al 2016 nei volumi della collana *Il pensiero occidentale*. L'analisi dimostra, grazie a diversi esempi testuali, che il loro ruolo fondamentale nell'economia delle opere della serie edita da Bompiani ha permesso ai traduttori di "uscire allo scoperto", perché ha fornito loro uno spazio in cui condurre una metariflessione che coinvolge: a) il testo di partenza; b) il testo di arrivo; c) il processo di

---

17  Il riferimento è, ovviamente, all'ormai più che canonico "incunabolo" degli studi sulla traduzione: WALTER BENJAMIN, *Il compito del traduttore*, in ID., *Angelus Novus. Saggi e Frammenti*, a cura di Angelo Solmi, Torino, Einaudi, 1962, pp. 37-50. A proposito del compito del traduttore, cfr. LAWRENCE VENUTI, *L'invisibilità del traduttore. Una storia della traduzione*, trad. it. di Marina Guglielmi, Roma, Armando, 1999.

18  Cfr. ANDRÉ LEFEVERE, *Traduzione e riscrittura. La manipolazione della fama letteraria*, trad. it. di Silvia Campanini, Torino, Utet, 1998).

mediazione che ha portato dall'uno all'altro; d) il rapporto con eventuali traduzioni già esistenti.[19]

Dal contributo emerge con chiarezza che la *Nota del traduttore* è oggigiorno un paratesto particolarmente importante per riflettere a livello teorico ed empirico sulla prassi traduttiva in sé, capace di favorire l'incontro delle culture coinvolte nell'atto stesso della traduzione. In questo senso, la *Nota del traduttore* è diventata uno spazio di indagine di questioni specifiche degli aspetti sintattici, lessicali e morfologici di un testo, come Balbiani dimostra attraverso un'analisi empirica che mira a evidenziare l'importanza interculturale, linguistica e interdisciplinare di questi paratesti nella collana *Il pensiero occidentale*.

L'inevitabile necessità di un approccio interdisciplinare alla teoria e alla prassi della traduzione è ribadita dal contributo di Lucia Salvato, che evidenzia come i cosiddetti *Translation Studies* non possano sussistere al giorno d'oggi senza interagire con metodologiche di analisi testuale di matrice non esclusivamente linguistica. Quest'ultima e la pragmatica hanno rappresentato per lungo tempo – almeno sino alla canonizzazione della semiotica della traduzione da parte di Umberto Eco con *Riflessioni teorico-pratiche sulla traduzione* e *Dire quasi la stessa cosa* – il paradigma interpretativo dominante nell'ambito degli studi sulla traduzione.[20] Come dimostra Salvato, le *Riflessioni teorico-pratiche sulla traduzione* di Eco presentano una serie di punti di contatto con il pensiero di Hans Georg Gadamer che, già negli anni sessanta del Novecento, aveva insistito sul valore ontologico di un'«identità comune» a tutti gli esseri umani. Questo concetto è derivato da Sant'Ago-

---

19 Cfr. DIRK DELABASTITA, *There's a Double Tongue. An Investigation into the Translation of Shakespeare's Wordplay, with Special Reference to Hamlet*, Amsterdam, Rodopi, 1993, p. 218. Trattandosi nel caso specifico di una collana di classici, Balbiani ha ritenuto giustamente utile aggiungere il quarto punto, concernente le traduzioni pre-esistenti.

20 Cfr. UMBERTO ECO, *Riflessioni teorico-pratiche sulla traduzione*, in *Teorie contemporanee della traduzione*, a cura di Siri Nergaard, Milano, Bompiani, 1995, pp. 121-146 e ID., *Dire quasi la stessa cosa. Esperienze di traduzione*, Milano, Bompiani, 2003. A proposito dell'importanza della prima opere di Eco citata, si ricordi che «Le *Riflessioni teorico-pratiche sulla traduzione* [...] di Umberto Eco riconoscono alla traduzione, in una prospettiva teorico-pratica semiotica, la capacità, fatta salva l'esigenza di comprensibilità del testo tradotto, di migliorare l'originale disvelandone un senso benjaminiano che vivrebbe in una "terza lingua" alla quale la "Pura lingua" nella traduzione si approssimerebbe», FABIO SCOTTO, *Il senso del suono. Traduzione poetica e ritmo*, Roma, Donzelli, 2013, p. 46.

stino ed è stato ripreso in tempi assai più recenti in prospettiva giuridica da Jürgen Habermas,[21] dopo avere aperto una nuova via ermeneutica ai testi in lingua straniera.[22] Il metodo di Gadamer suggerisce la necessità di osservare l'esperienza della traduzione spingendosi oltre la prospettiva strettamente empirica e fenomenologica, per estendere la riflessione meta-traduttiva al linguaggio e alle funzioni culturali del segno linguistico nell'ambito degli studi umanistici. Muovendo da questa costellazione teorica, Salvato si chiede: «che cosa accade quando a tradurre è l'autore stesso?».[23] Alla domanda che anche Umberto Eco si è posto, il saggio risponde analizzando le auto-traduzione in tedesco di due discorsi scritti originariamente in lingua inglese da Wolfgang Hildesheimer e la traduzione di quest'ultimo di alcuni brani dell'ottavo capitolo, *Anna Livia Plurabelle*, del *Finnegans Wake* di James Joyce, del quale viene presa in esame anche l'auto-traduzione joyciana in lingua italiana. Emergono dall'analisi contrastiva delle prime 57 righe di quest'ultimo, da un lato, l'approccio costruttivo alla traduzione di Joyce e, dall'altro, lo sforzo interpretativo di Hildesheimer nelle rese rispettivamente italiana e tedesca di *Anna Livia Plurabelle*. Il confronto fra l'auto-traduzione dell'autore irlandese e la parafrasi della sua opera compiuta dall'autore tedesco mette in rilievo le sfide linguistiche e culturali che soggiacciono ai processi traduttivi. Essi si spingono, come bene evidenzia l'analisi di Salvato, verso i confini dell'«intraducibilità» e, quindi, verso l'«impossibilità» di restituire pienamente il significato del testo di partenza nel caso di Hildesheimer, mentre in quello di Joyce emerge la necessità di re-inventare e ricreare espressioni linguistiche corrispondenti ad esse.

I contributi di Ada Vigliani, Laura Balbiani e Lucia Salvato dimostrano come la traduzione sia un processo di disseminazione del sapere che agisce linguisticamente e culturalmente nell'ambito della *cross-fertilization* non solo lessicale e sintattica, ma anche e soprattutto semantica e se-

---

21 Cfr. Jürgen Habermas, *L'Occidente diviso*, trad. it. di Mario Carpitella, Laterza, Roma-Bari, 2007.
22 Cfr. Hans Georg Gadamer, *Wahrheit und Methode. Grundzüge einer philosophischen Hermeneutik* (1960), in Id., *Gesammelte Werke*, Tübingen, J.C. Mohr, vol. 1 (*Hermeneutik*), 1990 (trad. it. Id., *Metodo e verità*, a cura di Riccardo Dottori, Milano, Bompiani, 2010) e Id., *Kunst als Aussage* (1964), *ivi*, vol. 8 (*Ästhetik und Poetik I*), 1993, pp. 232-239.
23 Umberto Eco, *Come se si scrivessero due libri diversi*, in *Autotraduzione e riscrittura*, a cura di Andrea Ceccherelli *et al.*, Bologna, Bononia University Press, 2013, p. XVII.

miotica.²⁴ Le analisi delle tre studiose sono, quindi, teoricamente importanti per ribadire il ruolo e il significato della traduzione come atto performativo della comunicazione, ovvero come momento dinamico della trasmissione transnazionale della conoscenza. In altri termini, la traduzione è sempre un processo di trasferimento di contenuti culturali da una lingua a un'altra, che si svolge nel contesto di un dialogo planetario, che si struttura attorno al *transfert* o alla migrazione di concetti, di metafore e di narrazioni da un contesto culturale a un altro.²⁵

Guglielmo Gabbiadini ci dimostra, perciò, esemplarmente il ruolo assunto dalle pratiche traduttive nel processo di definizione del concetto di *Bürgertugend* («virtù civica»), soprattutto nell'epoca del tardo Illuminismo tedesco, muovendo dall'indagine degli effetti del *transfert* culturale nei *Briefe zur Beförderung der Humanität* di Johann Gottfried Herder in relazione al concetto della «virtù». Il contributo dimostra, poi, come determinate metafore derivate da tradizioni greco-latine hanno contribuito a strutturare il moderno concetto di «virtù civica» e i molteplici modi in cui esso si è diffuso attraverso le pratiche traduttive nella cultura illuministica di lingua tedesca. Nella sua analisi del *travelling concept* di «virtù civica», Gabbiadini dimostra, attraverso fini letture di brani dedicati a questo tema, come le traduzioni tedesche di testi antichi e di moderni discorsi dei principali esponenti della Rivoluzione francese hanno avuto lo scopo di sollecitare i cittadini a un personale impegno critico e civile, conferendo sostanza e forza comunicativa a nuovi ideali politici. L'indagine di Gabbiadini dimostra che, attivando le risorse dell'immaginazione, queste traduzioni hanno contribuito a rendere antichi modelli di pensiero nuovamente significativi per il tardo Illuminismo tedesco, innalzando la traduzione a strumento di una lotta ispirata a un progetto antirivoluzionario e, soprattutto, antiterroristico, condotto in particolare da Georg Forster e Friedrich Gentz nelle loro versioni tedesche delle biografie e dei discorsi dei giacobini.²⁶ Ciò emerge chiaramente dall'analisi contrastiva del testo originale in francese e della traduzione in tedesco ad opera di Friedrich Gentz del discorso,

---

24 Cfr. Erich Steiner, *Methodological cross-fertilization: Empirical methodologies in (computational) linguistics and translation studies*, in *Crossroads between Contrastive Linguistics, Translation Studies and Machine Translation: TC3 II*, ed. by Oliver Czulo and Silvia Hansen-Schirra, Berlin, Language Science Press, pp. 65-90.
25 Cfr. Giulia Cantarutti, *Fra Italia e Germania. Studi sul* transfert *culturale italo-tedesco nell'età dei Lumi*, Bologna, Bononia University Press, 2013.
26 Sui "compiti" del traduttore nella *Goethezeit*, cfr. Elena Polledri, *Die Aufgabe des Übersetzers in der Goethezeit. Deutsche Übersetzungen italienischer Klassiker von Tasso bis Dante*, Tübingen, Narr, 2010.

pronunciato da Maximilien de Robespierre il 5 febbraio 1794, *Sur les principes de morale politique qui doivent guider la Convention nationale dans l'Administration intérieure de la République*. Da un punto di vista metodologico, l'intenso contributo di Gabbiadini si avvale, quindi, di analisi ravvicinate di brani dedicati al concetto migrante di «virtù civica», tenendo conto dei modi in cui le sue antiche visioni latine e greche e le sue moderne raffigurazioni hanno assunto un preciso profilo cognitivo all'interno di testi anche pubblicistici della *Spätaufklärung* tedesca, in cui la costruzione del concetto stesso di *Bürgertugend* si è fondata sulla volontà di difendere l'ideale della *Humanität* nei suoi addentellati morali e politici.

Ugualmente intenso e ricco di passi che veicolano in prospettiva contrastiva le contaminazioni fra letteratura tedesca, italiana e nordica, il contributo di Bruno Berni indaga un momento cruciale per la circolazione di quest'ultima attraverso la traduzione in Germania e in Italia. Partendo dal presupposto che la prossimità geografica e politica ha agevolato la traduzione dei grandi autori nordici in Germania sin dalla prima metà del Settecento, mentre in Italia, a parte alcuni sporadici casi, essa è giunta di fatto solo sul finire del Novecento, Berni indaga le traduzioni tedesche e italiane di alcune opere dello scrittore norvegese Ludvig Holberg. In particolare, lo studioso prende in considerazione l'edizione originale di una delle sue prime commedie, *Den politiske Kandestøber* del 1722, confrontandola con le sue due traduzioni tedesche – una di August Detharding, pubblicata da Johann Christoph Gottsched nella *Deutsche Schaubühne*, e l'altra di Johann Georg Laub, apparsa nella *Dänische Schaubühne* – con quella italiana di Elisabetta Caminer Turra della *Nuova raccolta di composizioni teatrali* e, infine, con la versione francese della parte teatrale realizzata da Gotthard Fursman, contenuta in *Le Theatre Danois*, dalla quale è derivata l'edizione italiana della *pièce*. Questa articolata analisi transnazionale è condotta da Berni, da un lato, alla luce della concezione della traduzione di Holberg e dei suoi preziosi commenti alle traduzioni tedesche, italiana e francese di *Den politiske Kandestøber*, espressi dall'autore soprattutto in forma epistolare e, dall'altro, tenendo conto delle riflessioni normative sul teatro espresse da Gottsched nell'introduzione alla sua *Deutsche Schaubühne* e nella *Critische Dichtkunst*. Si tratta di due opere canoniche della riforma teatrale illuminista tedesca che forniscono gli strumenti ermeneutici necessari per comprendere appieno le scelte traduttive di Detharding e Laub della commedia di Holberg e che Berni proficuamente discute per spiegare le ragioni della lingua e della struttura dei testi di arrivo, intesi come risultato di una mediazione linguistica e/o di un processo culturale che *lato sensu* interessa la storia del teatro e quella della traduzione dal danese al tedesco e all'italiano.

Ancora affrontando testi canonici della storia della civiltà letteraria e artistica tedesca, il contributo di Elena Agazzi si misura con le traduzioni italiane del *Versuch einer Allegorie besonders für die Kunst* di Johann Joachim Winckelmann, inserendo in primo luogo la nozione di «allegoria» nel vasto sistema dello storico dell'arte di Stendal. Agazzi indaga il «concetto migrante» dell'allegoria alla luce delle sue ricorrenze e del suo significato per Winckelmann, ancora prima che nel saggio ad essa esplicitamente dedicato, nei *Gedanken über die Nachahmung der griechischen Werke in Malerei und Bildhauerkunst* e nella *Geschichte der Kunst des Alterthums*. Il saggio prende, infatti, le mosse dalla celebre *ékphrasis* del *Torso del Belvedere*, contenuta nella *Geschichte der Kunst des Alterthums*, in cui – secondo quanto si legge nella *Philosophie der Kunst* di Friedrich Schelling – lo storico dell'arte si sarebbe avvalso di una dilatazione descrittiva, grazie alla quale avrebbe pensato di restituire una vita mitologica alla scultura, trasformandola in un'allegoria. L'*ékphrasis* del *Torso*, che riemerge anche nel *Versuch einer Allegorie besonders für die Kunst*, segna un momento fondamentale nella storia dell'arte e dell'estetica settecentesca, perché grazie ad essa si è compiuto il passaggio dalla *Kunstbeschreibung*, la descrizione di un'opera d'arte, alla *Kunsterzählung*, ossia la narrazione artistica di un manufatto, che diventa anche un'occasione di divulgazione di conoscenze estetiche, storiche, letterarie e filosofiche.[27] Emerge, così, dal finissimo contributo, la fitta trama di relazioni che il concetto di «allegoria» intesse con la cultura greca antica e con quella tedesca moderna e che Agazzi dipana nei suoi tratti peculiari, ricorrendo oltre che al canonico concetto della *Nachahmung* («imitazione»), fondamentale nell'intera opera winckelmanniana, al polivalente termine «*Bild*» («immagine»), anche nella sua forma plurale «*Bilder*», che definisce immagini e artefatti in cui è insito un valore «*allegorisch*» («allegorico»). Come dimostra Agazzi, per converso, Winckelmann ha evitato di utilizzare il termine «*Symbol*», ritenendolo inadeguato, anche perché si rendeva conto che, nel secondo Settecento, l'interesse per il «simbolo» avrebbe potuto pregiudicare la relazione fra retorica e *logos*. Lo storico dell'arte ha, perciò, evitato concetti astratti che fossero riconducibili a un'invisibile metafisica, in favore di termini "in transito" dall'antropologia, come emerge dalla disamina offerta sulla base

---

27    Cfr. Gabriella Catalano, *Sintassi testuale e stile nella "Kunstbeschreibung" di Winckelmann. A proposito delle descrizioni del Torso del Belvedere*, in *Winckelmann und die Mythologie der Klassik. Narrative Tendenzen in der Ekphrase der Kunstperiode*, a cura di Heinz-Georg Held, Tübingen, Max Niemeyer, 2010, pp. 151-162.

della traduzione di passi scelti dal *Versuch einer Allegorie besonders für die Kunst*, la prima ad opera di Fea del 1831 e la seconda a cura di Elena Agazzi del 2004. Dall'analisi emerge come la prima traduzione dell'opera costituisce – per chi si accinge a tradurre nuovamente il testo – un modello di riferimento, ma al contempo un campo minato per le scelte terminologiche e metaforiche operate.[28]

Il concetto di «*Bild*» e la sua polivalenza semantica rappresentano, come è noto, uno dei cardini della poetica di Franz Kafka, in cui «l'immagine sussiste come insieme di evidenze parzialmente o potenzialmente significanti nella scrittura. Paradossalmente, lo straniamento che ne deriva non è il risultato di un'assenza, ma di una sovrabbondanza di evidenza, che sottrae all'oggetto il suo significato consueto per conferirgliene uno puramente visuale».[29] Perciò, anche il contributo di Gloria Colombo prende in considerazione le dieci traduzioni italiane di *Das Schloß* di Kafka, in particolare alla luce di peculiari «immagini» poetiche offerte dal romanzo incompiuto dell'autore praghese, apparso per la prima volta nel 1948, dissodandone il sostrato multiculturale e multilinguistico. Come è noto, il romanzo è certamente l'opera più astratta della produzione kafkiana in senso stilistico e iconografico. Il suo protagonista si muove in uno spazio bidimensionale, che si rivela inadeguato a condurlo a una «verità profonda», simboleggiata nel romanzo dal castello, dietro il quale si cela la Praga della «*westjüdische Zeit*»[30], definita da Claudio Magris come un luogo «dell'esilio e dell'artificio, dell'irrealtà e dell'inappartenenza»[31]. Kafka, «il più occidentale fra gli ebrei occidentali», come l'autore stesso si è definito,[32] era ben consapevole di appartenere ad una comunità ebraica praghese che, dopo essersi assimilata alla società austriaca, aveva perso le proprie radici. Questa consapevolezza aveva condotto l'autore a studiare la lingua e i testi sacri della tradizione ebraica e a svilup-

---

28  Per un regesto ragionato delle traduzioni italiane delle opere di Winckelmann, cfr. STEFANO FERRARI, *I traduttori italiani di Winckelmann*, in *Traduzioni e traduttori del Neoclassicismo*, a cura di Giulia Cantarutti, Stefano Ferrari, Paola Maria Filippi, Milano, Franco Angeli, 2010, pp. 161-174

29  FRANCESCO ROSSI, *Le immagini-pensiero di Franz Kafka*, in *Denkbilder. «Thought-Images» in 20th-Century German Prose*, ed. by Raul Calzoni and Francesco Rossi = "Odradek. Studies in Philosophy of Litertature, Aesthetics and New Media Theories", 2 (2016), p. 236 (http://zetesis.cfs.unipi.it/Rivista/index.php/odradek).

30  FRANZ KAFKA, *Brief an Max Brod*, in ID., *Briefe 1902-1924*, hrsg. von Max Brod, Frankfurt am Main, Fischer Verlag, 1958, p. 294.

31  CLAUDIO MAGRIS, *Narrativa*, in AA.VV., *Enciclopedia del Novecento*, Roma, Treccani, 1979, vol. IV, p. 462.

32  FRANZ KAFKA, *Brief an Milena*, in ID., *Briefe an Milena. Erweiterte Neuausgabe*, hrisg. von Jürgen Born und Michael Müller, Frankfurt am Main, Fischer, 1983, p. 294.

pare un grande interesse per l'yiddish e per la cultura degli *Ostjuden*. Ponendosi fra lingue e culture diverse, Kafka incarna di per sé la figura chiave del «viandante» con cui Ada Vigliani delinea il traduttore e che, di fatto, riemerge dall'analisi comparativa delle principali traduzioni del *Castello* menzionate nel saggio di Gloria Colombo. L'autrice insiste in particolare sulla complessità del tradurre l'opera di Kafka – da lei esperita in prima persona, perché ha firmato una delle 10 versioni italiane del romanzo –, penetrando nelle maglie di una lingua figurativa che si offre a spazio di aggregazione di *Bilder*, provenienti dalla cultura ebraica, dall'Austria imperiale, dalla magica capitale ceca e dalla *Bibbia* di Lutero.

Decisamente figurativa e anch'essa praghese è la poetica di Rainer Maria Rilke, che Raul Calzoni indaga alla luce della sua ultima fioritura in lingua francese. I *Poèmes Français* di Rainer Maria Rilke sono, infatti, studiati come estremo frutto di un lungo percorso poetico, scandito dalle tappe delle *Duineser Elegien* e dei *Sonette an Orpheus*, in cui la *«langue prêtée»*, ovvero il francese, diventa un potenziamento del tedesco, assumendo infine un valore simbolico che trascende anche la *«lingua* degli angeli» delle *Elegie Duinesi*, perché si spinge sino alla soglia del silenzio. Calzoni contestualizza le poesie francesi di Rilke, in particolare la raccolta *Vergers*, nella produzione letteraria dell'autore, mostrandone anche le relazioni con la poetica di Paul Valéry, del quale il poeta praghese fu attento traduttore. Emerge, così, l'immagine di una produzione letteraria in lingua francese che non è da considerarsi "altra" o "minore" rispetto a quella in tedesco, ma che, anzi, rivela una carica figurativa e linguistica *in limine* fra culture nazionali, capace di diventare espressione di un gesto transnazionale che abbraccia con sicurezza immaginari poetici italiani, tedeschi e francesi.[33] Rilke traduttore e autore di poesie in francese rappresenta, così, una figura di particolare rilievo per indagare «concetti migranti» fra le lingue e fra le culture europee, come viene dimostrato nel contributo. Esso mette in evidenza anche la ricorsività di medesime immagini poetiche nelle due produzioni parallele dell'autore, ma ne pone allo stesso tempo in rilievo le differenze sonore, ma soprattutto relative al portato culturale, implicite all'uso da parte dell'autore del tedesco e del francese.

Attorno alla ripetizione di immagini poetiche e linguistiche si sviluppa la produzione di Herta Müller, la scrittrice, saggista e poetessa tedesca, nata in Romania e vincitrice del Premio Nobel per la letteratura nel 2009, a cui è

---

33 Sulla traduzione dal tedesco al francese (e viceversa) come momento di disseminazione culturale, cfr. *Kultur übersetzen: Zur Wissenschaft des Übersetzens im deutsch-französischen Dialog*, hrsg. von Alberto Gil und Manfred Schmeling, Berlin, Akademie Verlag, 2009.

dedicato il contributo di Silvia Vezzoli che chiude questo volume. In particolare, Vezzoli si concentra sullo «stile formulare» della scrittrice, prendendo in esame il racconto *Drosselnacht*, che si presta molto bene all'indagine della ripetizione come strategia retorica e figurativa fondamentale nella scrittura della Müller. Ricorrendo a particolari «formule lessicali, sintattiche e figurali»,[34] Vezzoli dimostra che dietro alla ripetizione di concetti, metafore e narrazioni nell'opera della Müller si cela una poetica della memoria che si nutre di una lingua tedesca ibridata dalla figuralità del rumeno. L'analisi contrastiva di alcuni passi del racconto e della loro traduzione in lingua italiana esemplificano il portato celato dalla Müller nel suo tedesco apparentemente scarno ed essenziale. Sullo sfondo il traduttore e il lettore devono scorgere gli addentellati della lingua con la storia e con la biografia dell'autrice, per comprenderla appieno. Anche nel caso della Müller, quindi, si può parlare di concetti figurativi in transito fra culture, quella tedesca e quella rumena, il cui significato non è immediatamente veicolato dal significante, volutamente opaco. Esso cela una profondità che è compito del traduttore e del lettore ricercare.

In conclusione, i contributi raccolti in questo volume affrontano da diverse angolazioni e in differenti periodi storici la questione della «circolazione dei saperi in Occidente», soprattutto nel contesto di processi traduttivi e culturali, dimostrando come non solo i concetti, le metafore e le narrazioni viaggiano e migrano fra contesti differenti, ma che pure il lettore e il traduttore sono coinvolti in questo processo, diventando essi stessi «viandanti» fra le lingue e le culture attraverso l'esperienza del testo. La lettura e la traduzione di opere letterarie sono attività che rendono «viaggiatori» fra le culture, ma al contempo invitano a tracciare i percorsi che i concetti, le metafore e le narrazioni compiono nello spazio e nel tempo. Il lettore attivo è quindi ancora quello «ideale [...], indotto [...] dalla strategia testuale a interrogare l'opera all'infinito»,[35] perché anche nel caso dei testi studiati in questo volume la traduzione invita chi l'ha realizzata – e il suo fruitore – a indagare le trasformazioni che le unità testuali hanno subìto nel transito fra lingue e culture.

---

34 Federica Venier, *Formularità fra linguistica e testualità*, in Ead., *Appunti di viaggio. Percorsi linguistici fra storia, filologia e retorica*, Milano, Franco Angeli, 2017, p. 111.
35 Umberto Eco, *Appunti sulla semiotica della ricezione*, in "Carte semiotiche", 2 (1986), p. 12.

Ada Vigliani

# VIANDANTI TRA LINGUE E CULTURE.
# RIFLESSIONI DI UNA TRADUTTRICE LETTERARIA

1.

Nel maggio del 1828, in una lettera all'amico Carl Friedrich Zelter, Goethe fa menzione del breve componimento poetico che aveva scritto dopo aver letto la traduzione in francese di alcune sue poesie. *Ein Gleichnis* si intitola il componimento, credo molto noto fra i germanisti e probabilmente non solo:

> Jüngst pflückt'ich einen Weidenstrauss
> Trug ich gedankenvoll nach Haus,
> Da hatten vor der warmen Hand
> Die Kronen sich alle zur Erde gewandt.
> Ich setzte sie in frisches Glas
> Und welch ein Wunder war mir das!
> Die Köpfchen hoben sich empor,
> Die Blätterstengel im grünen Flor,
> Und allzusammen so gesund
> Als stünden sie noch auf Muttergrund.
> So war es mir's als ich wundersam
> Mein Lied in fremder Sprache vernahm.[1]

Il poeta coglie un mazzo di fiori di campo e, giunto a casa, li vede già un po' sciupati, le corolle reclinate. Appena messi nell'acqua, i fiori però riprendono vita, proprio come se stessero ancora in terra. La stessa impres-

---

[1] JOHANN WOLFGANG GOETHE, *Gleichnis*, in "Über Kunst und Altertum", VI, 2 (1828), p. 271, trad. it. di Andrea Landolfi, *Una parabola*, in JOHANN WOLFGANG GOETHE, *Tutte le poesie*, edizione con originale a fronte, vol. II, tomo II, Milano, Mondadori, 1994, pp. 1168-1169: «Colsi un mazzo di fiori di campo, / perduto in pensieri a casa lo portai:/per il calore della mano le corolle / tutte s'erano a terra reclinate. /Allora misi i fiori in un fresco vaso/ e subito un miracolo si diede:/ le testoline si rialzarono, / e così i gambi nel verde rigoglio, / e tutti insieme erano così belli / quasi stessero ancora in terra. /Così mi accadde quando con meraviglia / la mia canzone in altra lingua intesi».

sione ha provato il poeta nel sentire la sua poesia tradotta in una lingua straniera, immersa in quell'acqua rigeneratrice che è appunto la traduzione. La traduzione ha dunque per Goethe – e in generale per gli scrittori tedeschi dell'epoca, ma non solo – un immenso valore e fa parte a pieno titolo della letteratura nazionale.

Che *Gleichnis* non sia soltanto una graziosa trovata, una poesiola d'occasione, ma rispecchi il pensiero dello scrittore, è confermato dall'impressione analoga che Goethe proverà nel leggere la traduzione francese del *Faust* per mano di Gérard de Nerval: il suo poema gli pare rigenerato. L'opera ha dunque bisogno di risorgere allo specchio della lingua straniera. Ogni letteratura finisce per prosciugarsi, se non è rigenerata dal confronto con le lingue straniere.[2] Risorgere, rigenerato: espressioni che alludono a una visione dell'opera letteraria e anche della sua traduzione come qualcosa di vivo, di organico, non il prodotto meccanico di un'unione di parole, di frasi, opera di una "macchina per scrivere" o di una "macchina per tradurre".

È piuttosto il lavoro di un paziente artigiano o di un abile giardiniere, per riprendere quell'altra bella metafora sulla traduzione, tratta anch'essa dal mondo vegetale e ideata dal grande scrittore e traduttore Boris Pasternak: rispetto all'opera originale, la traduzione è ciò che la margotta è rispetto al fusto della pianta. Dalla pianta un abile giardiniere, scortecciando una parte di ramo e applicandovi un manicotto di terriccio bagnato, crea l'habitat adatto affinché sul ramo nascano nuove radici, che consentiranno al ramo stesso di essere trapiantato in terra e di dar vita a una nuova pianta. Pianta che ha dunque un rapporto di derivazione dalla prima, ma possiede una sua autonomia. E dai vari rami della pianta abili giardinieri che si succedono nel tempo o di diversa provenienza possono produrre innumerevoli margotte, ritraduzioni in una stessa lingua, traduzioni in lingue diverse.[3]

Le parole di Goethe e quelle di Pasternak suonano naturalmente lusinghiere e preoccupanti all'orecchio del traduttore. L'onore che viene attribuito alla traduzione è immenso, ma immenso è anche l'onere. Il nostro lavoro non solo può, ma deve rigenerare l'opera, sono costretti a dirsi i traduttori dopo aver ascoltato le parole di Goethe e di Pasternak. E di conseguenza anch'io mi domando: È questo che si attendevano da me i classici al pari degli autori contemporanei che da trentacinque anni sto traducendo?

---

2    Cfr. Franz Strich, *Goethe und die Weltliteratur*, Bern, Francke Verlag, 1946, p. 36.
3    Cfr. Borìs Pasternàk, *Zametki perevodčika*, in *Zarubežnaja poezija v perevodach B. L. Pasternaka*, a cura di E. Pasternak e E. Nesterov, Raduga, Moskva, p. 546. Su Pasternak e la traduzione, cfr. anche Giulia Baselica, *Le note del traduttore Borìs Pasternàk*, in "Tradurre. Pratiche, teorie, strumenti", 9 (2015) (www.rivistatradurre.it).

So bene che più o meno tutti desideravano e desiderano essere tradotti. E sicuramente non solo per vedersi accrescere royalties e nemmeno soltanto per la vanità di poter godere di un pubblico più vasto. Forse percepiscono consciamente o inconsciamente che la loro opera è un'opera aperta: alla critica, al dibattito, alla lettura dei diversi lettori che la ricreano, che la trasformano. E aperta in particolare a quella lettura al quadrato, a quella forma peculiare di critica che è la traduzione. Massimo Rizzante ha detto che «ogni opera letteraria è una bomba estetica a orologeria», che ha un potenziale infinito di comunicazione e di trasmissione di senso e di stile, per cui «nessuna opera degna di questo nome può esprime quel potenziale solo nella lingua in cui è stata scritta».[4] Anzi, quanto più un'opera è grande e importante, tanto più sa trovare nuove forme espressive nelle traduzioni. Non a caso i classici, quei libri che «non hanno mai finito di dire ciò che avevano da dire»[5] sono continuamente tradotti e ritradotti.

E non solo: fra gli scrittori c'è anche chi è persino disposto ad ammettere, come Umberto Eco ad esempio, che al contatto con l'altra lingua (con la lingua della traduzione) il testo esibisce potenzialità interpretative che lo scrittore stesso ignorava esistessero, mentre lo stava scrivendo e anche mentre lo rileggeva dopo averlo scritto.[6] Potenzialità, o talvolta soluzioni non felicissime nella stessa opera originale. Due anni fa, traducendo *Die Polifr*ä*se. Ticino città*[7] dello scrittore svizzero Peter Weber, opera ancora in fieri, è stato per me interessante e divertente constatare quante volte l'autore stesso, messo di fronte a pietre d'inciampo nella traduzione – ci siamo scritti, ci siamo parlati per telefono e poi finalmente incontrati a Bellinzona –, abbia deciso di modificare il testo, oppure si sia accorto dalle mie osservazioni di certi parallelismi da lui inconsciamente creati, ma di cui personalmente non si era reso conto. Mentre io traducevo, lui a volte riscriveva il testo.

---

4 MASSIMO RIZZANTE, *Un dialogo infinito. Note a margine di un massacro*, Trento, Effigie, 2015, p. 174.
5 ITALO CALVINO, *Italiani vi esorto ai classici*, "L'Espresso", 28/06/1981, pp. 56-68.
6 UMBERTO ECO, *Dire quasi la stessa cosa*, Milano, Bompiani, 2003, p. 14.
7 Cfr. PETER WEBER, *La polifresa. Ticinocittà*, in *Gotthard Super Express*, a cura di Matteo Terzaghi e Peter Weber, Milano, Humboldt, 2015, pp. 12-26. Il volumetto raccoglie le testimonianze (sotto forma di racconto fantastico e/o di memorie) di uno scrittore ticinese e di uno scrittore di Zurigo in occasione dell'apertura della nuova galleria del Gottardo, che unisce ad altissima velocità il Ticino con la Svizzera tedesca. Alcune pagine dei racconti sono state lette durante uno spettacolo al Teatro sociale di Bellinzona durante le giornate del Festival di letteratura e traduzione «Babel 2015».

## 2.

Gli scrittori, dicevo, desiderano essere tradotti, sanno che una delle prove del loro valore è proprio esporsi alla traduzione, ma nello stesso tempo la temono. W.G Sebald, ad esempio, nel conversare con il suo traduttore francese Patrick Charbonneau, gli confessava di essere molto preoccupato per le traduzioni dei suoi libri nelle lingue a lui sconosciute, dopo aver letto alcune traduzioni in altre lingue a lui più o meno note e averle giudicate decisamente non all'altezza dell'originale e della professionalità del traduttore.[8] L'opera in traduzione, secondo Sebald, è una «mutazione» che troppo spesso degenera nel mero «surrogato».[9] In teoria Sebald ha una concezione alta della traduzione, e mi riprometto di parlarne in seguito, ma è ben consapevole dei rischi del processo traduttivo, dello scempio che molto spesso ne patisce l'originale. E non è il solo.

Se apriamo la celebre raccolta di scritti filosofici di Arthur Schopenhauer *Parerga e Paralipomena*, ci attende un giudizio spietato circa il valore della traduzione, e questa volta senza i seppur timidi distinguo di Sebald:

> «Ogni traduzione rimane un'opera morta», dice lapidario Schopenhauer «e il suo stile è forzato, rigido, non naturale. Oppure diventa una traduzione libera, vale dire si contenta di un à *peu près*, e dunque è falsa. Una biblioteca di traduzioni somiglia a una pinacoteca di copie. Non parliamo poi delle traduzioni di scrittori antichi che sono un loro surrogato, come la cicoria lo è del caffè».[10]

Sicuramente non un buon viatico per chi deve sforzarsi di mantenere il rigore intellettuale e la terminologia precisa di un testo filosofico, che a differenza di molti altri, è scritto in un tedesco vivo, direi quasi brillante, con un periodare arioso seppur architettonicamente complesso.

Poiché Goethe, Schopenhauer e Sebald sono fra gli autori che ho tradotto, il giudizio che essi danno della traduzione non può che toccarmi da vicino. E tuttavia, nel momento in cui traduco, così come metto tra parentesi il mondo intero, riesco a mettere tra parentesi anche lo scrittore, riesco a non vedermelo sempre davanti con il suo fiero cipiglio. L'opera ha la sua vita, la sua po-

---

8    PATRICK CHARBONNEAU, *Correspondance(s). Le traducteur et son auteur*, in *Mémoires, Transfers, Images/Erinnerung. Übertragungen, Bilder*, a cura di Ruth Vogel-Klein = "Recherches germaniques", Hors Série 2, (2005), pp. 193-194.
9    Cfr. W.G. SEBALD, *Die Sensation der Musik*, in ID., *Auf ungheuer dünnem Eis, Gespräche 1971-2001*, Frankfurt am Main, Fischer, 2011, p. 129.
10   ARTHUR SCHOPENHAUER, *Parerga e Paralipomena. Scritti filosofici minori*, trad. it. di Eva Amendola, Milano, Adelphi, 1983, tomo II, pp.767-768.

tenzialità, ha spezzato il cordone ombelicale che la lega al suo autore e gira per il mondo attraverso le voci di chi la legge, la interpreta, la traduce. Ed è da queste voci che trae nuova linfa per iniziare la sua vita nel mondo.

Resta il fatto che leggere una traduzione come lettore, come critico, come scrittore, muovendo da un'idea della traduzione piuttosto che da un'altra, cambia sicuramente l'approccio ad essa. D'altronde l'opinione che vige intorno alla traduzione (alle sue potenzialità, più o meno realizzate da quegli esseri fallibili e mortali che sono i traduttori) si muove generalmente intorno a queste due polarità: traduzione come atto creativo e traduzione come ripiego.

3.

«Dimmi che cosa pensi della traduzione, e ti dirò che sei»: chi si occupa di traduzione (soprattutto se il suo campo d'azione è la germanistica) conosce e ama ripetere questa massima di Heidegger, la frase lapidaria che il filosofo pronunciò durante una lezione su Hölderlin, grandissimo poeta e grandissimo traduttore. Non intendo certo inoltrarmi nell'analisi del pensiero heideggeriano sul tema "traduzione". Mi limito a riflettere sulla frase decontestualizzandola, facendola per così dire scendere sul terreno del discorso comune, per verificare se – spogliata del contesto prettamente heideggeriano – essa possa aiutarci in queste semplici divagazioni sulla «traduzione». Ritengo che, magari un po' rivisitata, la frase sia sicuramente utile.

Se un traduttore chiede a un editore, a un critico letterario, a un professore di letteratura o a un semplice lettore e soprattutto a uno scrittore (magari allo scrittore che sta traducendo) che cosa costoro pensano sia la traduzione, dalla risposta non potrà forse dedurre chi sono i suoi interlocutori (impresa non alla sua portata e che esula se non dai suoi interessi, quanto meno dai suoi compiti), ma potrà sicuramente capire che cosa lui, traduttore, è per costoro, quale ruolo svolge ai loro occhi, più o meno importante, più o meno interscambiabile, se colui cui ha posto la domanda sta – volendo semplificare al massimo – dalla parte di Goethe o da quella di Schopenhauer.

Potrà capire il rapporto che, agli occhi di chi è stato interpellato, si crea fra l'originale e le sue traduzioni, se di depauperamento o di arricchimento, e potrà rendersi conto se i suoi interlocutori considerano analogamente depauperata o arricchita la lingua di arrivo, la lingua in cui viene tradotta l'opera. Così come, se porrà la domanda a se stesso, potrà dare definizioni molto diverse della sua attività, del suo mestiere. Perché la parola traduzione racchiude prospettive che vanno al di là della sua semplice definizione, quella che troviamo in un dizionario.

4.

«La traduzione è il trasferimento di un testo da una lingua (originale) all'altra e si rende necessaria per superare ostacoli di comprensione». Questo è in sintesi ciò che si legge su un qualsiasi dizionario della lingua italiana: una definizione brevissima, basilare che i non addetti ai lavori (ma anche alcuni addetti ai lavori) accoglierebbero forse come esaustiva. La traduzione è questo ovviamente, ma anche molto di più e nel "di più" c'è quello che la rende ricca di storia, di senso, di possibilità, di un'infinita interpretabilità, di tutto ciò che va al di là della sua pur importante "utilità immediata".

La traduzione è naturalmente comunicazione, trasmissione di messaggi, conversione da un codice all'altro e lo è anche, se vogliamo esplicitamente entrare in quello che l'oggetto della nostra conversazione, la traduzione letteraria, e mettere in primo piano il rapporto strettissimo che sussiste fra scrittura e traduzione.

Scrittura e traduzione viaggiano di pari passo fin dall'inizio della loro storia, che è poi la nostra storia. Pensiamo agli albori della nostra civiltà, pensiamo alle tante iscrizioni plurilingui o traduzioni ad hoc destinate a rendere comprensibile i messaggi alle diverse classi sociali di un Stato, che usavano differenti lingue o grafie, oppure ai diversi popoli di quegli Stati transnazionali che venivano a crearsi a seguito di ripetute conquiste e occupazioni, o ancora per facilitare gli scambi economici e culturali con i popoli vicini.

Sul filo della traduzione, a volte quasi interlineare, molto più spesso libera sino a diventare variazione sul tema, arricchita di commentari, di glosse e di postille, si è trasmesso, si è trasformato e soprattutto è cresciuto il nostro sapere. Ibridi, commistioni, eredità culturali, trasmissione e acquisizione sono parole che raccontano la nostra storia e non solo letteraria fin dalle più lontane origini nel Vicino Oriente, nel crogiuolo mesopotamico-egizio-ebraico-ittita-miceneo segnato da un lavoro infinito di traduzioni e di trasmissioni lessicali, di fabulae, di precetti, di invocazioni religiose.

E poi la trasmissione della Bibbia, la versione greca dei Settanta e la Vulgata di San Girolamo, e i poemi omerici e tragici greci, opere che nel continuo riproporsi, nell'essere interpretate in quella feconda dialettica fra la cura del testo e la cura del senso, nell'essere continuamente ritradotte e rivisitate si sono conservate nei secoli, si sono trasmesse e continuano a trasmettersi alle generazioni future. Che ne sarebbe di Omero, delle tragedie greche, di Lucrezio, di Ovidio, di Virgilio, se non fossero stati tradotti e ritradotti in varie lingue? Se non si fossero estesi nello spazio e nel tempo tra lingue e culture diverse, dalle quali hanno attratto nuova linfa? E questo vale non solo per i classici dell'antichità: anche Cervantes, Shakespeare, Tolstoj, Proust, Thomas Mann hanno bisogno di essere ritradotti. La letteratura va riraccontata, se no muore.

5.

Credo che questa visione della trasmissione culturale, anche e soprattutto grazie al lavoro di traduzione, sia generalmente condivisibile. Dove le strade cominciano a dividersi è quando, lasciati da parte questi grandi ed esaltanti affreschi, cominciamo ad analizzare che cosa è stato tramandato e, costretti a rispondere che nella traduzione, nell'ibridazione, l'originale si è trasformato, ha subito una metamorfosi, subito si affaccia in noi il sospetto che in questo processo ci sia anche e soprattutto una perdita, la perdita quanto meno di «quel nucleo intraducibile» che «ogni organismo linguistico contiene», come osservava Broch nelle sue riflessione sul tradurre[11].

Quel nucleo intraducibile, la grande sfida per ogni traduttore, che deve ricrearlo nella sua lingua e spesso è costretto ad alzare bandiera bianca, potrebbe essere ciò cui alludeva Elias Canetti quando in suo appunto risalente all'anno 1947 scriveva: «Nella traduzione è interessante solo ciò che va perduto. Per trovarlo bisognerebbe ogni tanto mettersi a tradurre».[12] Canetti è un altro scrittore che non faceva mistero di una posizione ambivalente, per non dire della sua diffidenza, nei confronti della traduzione. E poiché Canetti è anche un mio autore, di fronte a questa diffidenza vengo colta da timore e nervosismo, quando mi trovo alle prese con i suoi aforismi, con la fatica improba che comporta la loro versione.

Come a lui, anche a noi ogni tanto però può capitare di rimpiangere l'originale, di «provare invidia»[13] per la pregnanza dell'originale rispetto al nostro insoddisfacente risultato, e di pensare: abbiamo perduto l'originale e abbiamo guadagnato solo le traduzioni, le rivisitazioni. Connesso a questo rimpianto è anche il bisogno – che spesso ritorna nella nostra storia – di un ritorno alle origini, all'originale appunto. Ed è anche vero che là dove si tenta questo viaggio a ritroso, veramente a ritroso, per nostra fortuna, esso

---

11 Hermann Broch, *Osservazioni sulla filosofia e sulla tecnica del tradurre*, in Id., *Poesia e conoscenza*, trad. it. di Saverio Vertone, Milano, Lerici, 1965, p. 362.
12 Elias Canetti, *La provincia dell'uomo. Quaderni di appunti (1942-1972)*, trad. it. di Furio Jesi, Milano, Adelphi, 1981, p. 141 (anno 1947).
13 Cfr. Susanna Basso, *Sul tradurre. Esperienze e divagazioni militanti*, Milano, Bruno Mondadori, 2010, p. 21.

non lo è mai. È un ritorno che porta con sé tutto le ricchezze accumulate durante il viaggio e l'approdo sarà forse sulla stessa linea del punto di partenza, ma sicuramente più in alto.

Il mito dell'originale, il sogno dell'originale che ritroveremo quando parleremo più nel dettaglio del rapporto che intercorre fra un'opera letteraria e la sua versione in un'altra lingua, si connette strettamente al mito della lingua unica, primigenia. Ascoltiamo ancora che cosa dice in proposito sempre Elias Canetti:

> Misterioso e inquietante che ci siano più lingue, nomi diversi per le stesse cose, forse ciò significa che le cose non sono proprio le stesse. Babele è il frutto del secondo peccato originale, voler crescere fino al cielo. La punizione è appunto la confusione delle lingue, la pluralità dei nomi. [14]

Canetti ha ragione: Le cose non sono proprio le stesse, la traduzione non è mai fotocopia. Le lingue non si sovrappongono punto per punto. Ma questo è un male, o non è piuttosto una potenzialità? Certo, se crediamo che Babele sia una maledizione, la traduzione non sarà altro che un palliativo per una malattia incurabile, un ripiego, più o meno soddisfacente, ma pur sempre un ripiego.

6.

Ma siamo sicuri che Babele sia una maledizione? Che il sogno della lingua unica, che rende inutile il passaggio della traduzione, non sia piuttosto un incubo? Come scriveva Antoine Berman, chi come noi si ritrova a vivere in un'epoca di degrado del linguaggio, dovrebbe piuttosto difendere la propria lingua, tutte le lingue, contro l'omogeneizzazione crescente dei sistemi di comunicazione, all'insegna di quella lingua franca che è l'inglese depauperato e delle lingue nazionali spesso svigorite perché prive dell'apporto vivificante di un retroterra dialettale.[15]

L'inglese, non sempre depauperato, sta diventando sempre più l'unica lingua di comunicazione in ambito scientifico e/o accademico. Il dialogo fra gli studiosi si fa più ampio e serrato, senza "le perdite di tempo", le imprecisioni, gli errori di eventuali traduzioni, magari frettolose e abborracciate. È un bene, è un male? I vantaggi sono sotto gli occhi di tutti, ma

---

14   Canetti, *La provincia dell'uomo*, cit., p. 22.
15   Antoine Berman, *La prova dell'estraneo. Cultura e traduzione nella Germania romantica*, a cura di Gino Giometti, Macerata, Quodlibet, 1997, p. 233.

il rovescio della medaglia, se si continuerà su questa strada e l'uso delle lingue nazionali si ridurrà ancora, diventerà presto visibile. Perché porterà a un sempre maggiore scollamento della letteratura scientifica in senso lato dalla comunità nazionale, dalla lingua in cui parliamo e scriviamo, perché quella letteratura verrà elaborata in una sfera linguisticamente separata. E se pensiamo all'importanza che il lessico delle scienze, naturali e umane (la fisica teorica, la sociologia, la psicanalisi, il diritto, solo per fare qualche esempio), ha avuto per il linguaggio comune e soprattutto letterario, per la creazione di metafore, di modi di dire, al valore imprescindibile che il rigore scientifico ha per il nostro approccio alla realtà, in quanto correttivo dell'approssimazione, della facilloneria di un certo modo di ragionare, anzi di non ragionare, se si pensa che tutto questo immenso contributo culturale – oltremodo vivace quando, ad esempio, Sigmund Freud e Max Weber scrivevano in tedesco e le loro opere venivano tradotte – rischia di venir meno ed essere magari affidato ai soli divulgatori, c'è da rabbrividire. Anche perché non si vedono vie di uscita, se non un ampio plurilinguismo da parte della comunità scientifica, che dovrebbe possedere una conoscenza attiva e soprattutto passiva non del solo inglese oltre alla propria lingua materna, ma anche di altre due o tre lingue. Al momento ovviamente un'utopia.

7.

Con questo accenno ho già implicitamente ripreso l'altra questione legata alla traduzione e appena accennata sopra, ma che ora vado ad approfondire. L'importanza della traduzione non si misura solo sull'arricchimento, il potenziamento che l'opera originale guadagna grazie alle sue traduzioni, come abbiamo detto fin qua. L'opera tradotta, l'esercizio della traduzione si riverbera anche sulla lingua in cui si traduce, operando anche qui un arricchimento oppure un depotenziamento.

La «cicoria» di Schopenhauer lasciava presagire già un giudizio negativo sulla traduzione anche in questa prospettiva. La lingua della traduzione, la lingua italiana dei traduttori in italiano, ad esempio, è una lingua depauperata, omogenizzata, debole, banale? O meglio, se è tale, lo è perché non può essere diversamente, o per ragioni contingenti legate alle qualità del traduttore?

I germanisti sono forse più di altri, disposti a far credito alla lingua della traduzione, a riconoscerle un valore, o almeno il diritto di cercare di farsi valere come lingua a tutti gli effetti. La lingua tedesca – si sa – è nata con la traduzione della Bibbia per mano di Lutero. È nel processo di traduzione che si forma la lingua. Già per Lutero la formazione di una cultura propria e nazionale può e deve passare per la traduzione, cioè per un rapporto intensivo e deliberato con l'estraneo (con altre lingue e altre culture). E Lutero era ben consapevole della difficoltà del lavoro di traduzione, delle sue aporie che rendono necessario essere pragmatici: «Ah tradurre non è un'arte per tutti, come pensano i tanti insensati; ci vuole per essa un cuore veramente pio, fedele, zelante, prudente, cristiano, sapiente, esperto, esercitato».[16]

Un lavoro fatto di cura, di attenzione, di pazienza, che si rivolge a quel qualcosa di vivo, di capace di riprodursi, di crescere che è l'opera letteraria, per sollecitarne la crescita, la riproduzione.

8.

La formazione della cultura e della lingua, dicevamo a proposito di Lutero, ma non solo, passano attraverso la traduzione: una tesi eccessiva, che esagera l'importanza della traduzione, che induce i traduttori a insuperbirsi? Non credo proprio. Quale altro modello di crescita linguistica e culturale potremmo proporci, se non quello dell'assimilazione, del confronto, del prestito reciproco, della metamorfosi? Pensiamo davvero che salvare la lingua italiana e la cultura italiana (e questo vale per la lingua e la cultura di ciascuna nazione) significhi davvero chiuderla in una fortezza che la preservi da contaminazioni?

Non a caso l'Accademia della Crusca, l'istituzione chiamata a vigilare su quel bene culturale che è la lingua italiana, si propone anche – come recita il suo statuto – di promuovere lo scambio di lingue e culture, e non sarà dunque un caso se il piazzale antistante la sua prestigiosa sede fiorentina si chiama Piazza delle lingue d'Europa, dove Europa è sempre più parte per il tutto, per tutte le lingue del mondo. E mi piacerebbe interpretare questo proponimento come volontà di promuovere anche la qualità delle traduzioni, proprio perché – come già detto – ogni lingua evolve nel contatto e nelle scambio con altre lingue, attraverso le sfide che proprio la traduzione da altre lingue comporta.

Quanti scrittori sono stati e sono traduttori, perfettamente consapevoli di come la traduzione sia palestra di scrittura, di come essa aiuti ad allargare le possibilità non ancora manifeste nella loro lingua in fatto di costrutti, di

---

16 LUTERO, *Scritti religiosi*, trad. it. di Valdo Vinay, Torino, UTET, 1967, p. 713.

ritmo, di lessico. Sappiamo bene l'importanza che A.W. Schlegel, questo traduttore bulimico, attribuiva alla traduzione proprio come momento creativo della lingua tedesca. E con lui quante altre voci raccomandano la pratica della traduzione, come momento creativo ineliminabile: pensiamo a Novalis e alla sua lettera a Schlegel, quando dice che tradurre è poetare proprio come il produrre opere proprie.[17] Il traduttore "mima" l'originale, avanza fin dentro il testo, là dove lo scrittore lavorava ad esso, lo stava creando, attinge al senso, al pensiero dello scrittore, ancora prima che questo sia calato nella lingua d'origine. E qui mi permetto una parentesi per ricordare come anche lo scrittore francese contemporaneo Mathias Enard alluda a qualcosa di simile, anzi porti alle estreme conseguenze questo «attingere al senso» prima della formulazione linguistica, quando nel suo romanzo *Bussola* osserva: «L'originale si trova fra il testo e le sue traduzioni, in un paese fra le lingue, fra i mondi ...».[18]

9.

A questo punto dovremmo chiamare in causa Schleiermacher, Humboldt e poi Benjamin. Mi permetto solo qualche osservazione, qualche richiamo al loro pensiero per rafforzare ulteriormente quello che io ritengo l'orizzonte (la famosa idea regolativa) entro il quale dovrebbe muoversi il traduttore, stretto fra un obiettivo ambizioso e il riconoscimento dei propri limiti. L'orizzonte appunto della sfida che la traduzione deve rappresentare per lui, la sfida di riuscire a esprimere nella propria lingua, lavorando anche con audacia e coraggio su di essa, ciò che l'opera da tradurre contiene. E la sfida naturalmente è tanto più alta quanto più complessa, piena di risvolti, di allusioni, metafore, costruzioni particolari è la lingua dell'autore da tradurre.

Ma come fanno bene tutte queste difficoltà alla lingua d'arrivo, quanto sono importanti per farla crescere: «Non bisogna dimenticare che nella lingua molto di bello e di forte si è sviluppato ed è stato tratto dall'oblio grazie alla traduzione»,[19] ammoniva Schleiermacher, dopo aver esortato il traduttore a «presentare l'estraneo nella lingua materna, accet-

---

17   Cfr. BERMAN, *La prova dell'estraneo*, cit., p. 135.
18   MATHIAS ENARD, *Bussola*, trad. it. di Yasmina Melaouah, Roma, Edizioni e/o, 2016, p. 374.
19   FRIEDRICH SCHLEIERMACHER, *Etica ed ermeneutica*, trad. di Giovanni Moretto, Napoli, Bibliopolis, 1985, pp. 118-120.

tare che questa sia ampliata, fecondata, trasformata dall'estraneo». [20] Un'esortazione che ritroveremo in Benjamin, quando questi invita ad «allargare i confini della propria lingua», a «lasciarla potentemente scuotere e sommuovere» da quella straniera.[21]

Su questo sfondo della traduzione, anzi delle successive traduzioni nel tempo e delle contemporanee traduzioni nei vari spazi culturali e linguistici, cui fa da contraltare una lingua della traduzione che ha contribuito e dovrebbe continuare a contribuire allo sviluppo delle diverse lingue nazionali, la cosiddetta maledizione di Babele è priva di senso. Babele è una benedizione: anche se conoscessimo tutte le lingue del mondo come gli Apostoli dopo la discesa dello Spirito Santo, la traduzione non sarebbe meno necessaria. E uno dei punti di forza di tale necessità è proprio l'apertura verso l'altro, verso l'estraneo, lo sforzo di costruire ponti per varcare quei confini tra le lingue e le culture, che non vanno aboliti, ma nei quali vanno creati adeguati passaggi, costituiti appunto dalle traduzioni.

10.

Questo ruolo di ponte fra culture è ciò che W.G. Sebald, cui facevo cenno all'inizio, illumina in una pagina particolarmente suggestiva del suo libro *Gli Anelli di Saturno*, offrendo un quadro molto affascinante di quello che per lui è il compito del traduttore, il modello ideale di ciò che egli dunque si aspetta dalla traduzione e quindi ciò che noi traduttori dovremmo dargli. Nel mio lungo peregrinare fra le sue pagine, da sola o nel confronto con molti miei colleghi che hanno tradotto la sua opera, il ritratto di Edward FitzGerald, traduttore del poeta medioevale persiano Omar Khayyâm, è sempre stato un monito, una stella polare nel cammino che ho intrapreso sui suoi libri o anche sui libri di altri scrittori:

> L'unico lavoro che FitzGerald concluse davvero e diede alle stampe quand'era ancora in vita è la sua meravigliosa traduzione del *Robâiyyât* del poeta persiano Omar Khayyâm, con il quale – nonostante gli ottocento anni di distanza che lo separavano da lui – scoprì di avere le più profonde affinità elettive. FitzGerald definì le interminabili ore che aveva dedicato alla versione dei duecentoventiquattro versi del poema come un colloquio con il poeta morto, il cui messaggio cercava così di trasmetterci. I versi che creò a tale scopo, simu-

---

20 *Ivi*, p. 106. Vedi anche BERMAN, *La prova dell'estraneo*, cit., pp.193-194.
21 WALTER BENJAMIN, *Il compito del traduttore*, in ID., *Angelus Novus. Saggi e Frammenti*, a cura di Angelo Solmi, Torino, Einaudi, 2014, p. 51.

lano, nella loro bellezza apparentemente non voluta, un anonimato che esclude qualsiasi pretesa autoriale e rimandano, parola per parola, a un punto invisibile, là dove l'Oriente medioevale e l'Occidente al tramonto possono incontrarsi fuori dallo sventurato corso della Storia.[22]

Poche frasi, ma che contengono il richiamo a punti imprescindibili per un traduttore: l'affinità elettiva e il colloquio al di là del tempo e dello spazio con l'autore da tradurre; la discrezione, la capacità di non prevaricare e di restare nell'ombra, essere come «quei che porta il lume dietro e sé non giova», avrebbe detto Dante;[23] e infine la capacità di essere un traghettatore di cultura fra tempi e spazi lontani, il cui incontro non è conquista per l'uno e sottomissione per l'altro, ma resta un incontro di lingue e culture.

11.

Ho già accennato più volte nel corso di questa chiacchierata che una delle esperienze particolarmente affascinanti per un traduttore è il dialogo con l'autore e con i colleghi che traducono lo stesso autore nelle loro rispettive lingue. Traduttrice in prevalenza di classici, quale sono stata fino all'inizio di questo secolo, quando ho iniziato a tradurre W.G. Sebald che purtroppo è venuto a mancare prima che avessi avuto l'opportunità di scrivergli, non ho potuto instaurare un dialogo con lui (al di là di quello con il "poeta morto", cui si è appena fatto cenno nel brano degli *Anelli di Saturno*). Quel dialogo era stato possibile per coloro che si sono accostati prima alla sua opera, come il traduttore francese, i traduttori inglesi, la traduttrice olandese e quella polacca e anche Gabriella Rovagnati, che aveva tradotto in italiano due suoi libri alla fine del secolo scorso.

Intorno a Sebald e alla comunità di tutti i suoi traduttori, che dal 2008 ero riuscita a riunire con pazienza davvero certosina, è venuto però a crearsi un confronto utilissimo con i colleghi, attraverso un lavoro serrato sugli stessi testi da tradurre e un altrettanto serrato scambio di mail. È stato in questa occasione che l'apertura all'estraneo, di cui parlano i romantici a proposito della traduzione, si è ulteriormente estesa in una sorta di comparatistica della traduzione, dove le soluzioni prospettate per altre lingue venivano analizzate, valutate nella loro applicabilità alla propria lingua, dove

---

22  W.G. SEBALD, *Gli anelli di Saturno*, trad. it. di Ada Vigliani, Milano, Adelphi, 2010, p. 211.
23  *Purgatorio*, XXII, 68

le scoperte al di sotto della superficie del testo venivano condivise da tutti coloro che avevano lo stesso punto di partenza, ma diversi punti di arrivo.

Per quanto riguarda il confronto con i colleghi, esistono opportunità altrettanto interessanti grazie ai seminari Vice-versa organizzati da Pro-Helvetia presso lo Übersetzerhaus di Looren sul lago di Zurigo e altri centri non solo in Svizzera, con il sostegno di varie istituzioni per lo più tedesche. Guidati da un collega tedesco e da una collega italiana, sei traduttori verso l'italiano e sei verso il tedesco trascorrono insieme una settimana e si confrontano per sette, otto ore al giorno sui problemi traduttivi dei libri che ciascuno di loro sta traducendo: Keller, Montale, Maggiani, Sebald, Canetti, Calvino, Camilleri sono passati su quei tavoli. Il confronto con l'altro, con il traduttore dall'italiano è illuminante sia per l'aiuto che chi è di madre lingua può dare, sia per capire le affinità e le differenze di approccio alla traduzione, per imparare dagli altri e per insegnare agli altri, per superare certe diffidenze e certi pregiudizi, per aver sempre più chiaro il senso del nostro mestiere.

Mai come in queste occasioni si capisce che traduzione non è semplice lettura e trasferimento automatico di parole. Il lavoro interpretativo, lo smontaggio e il rimontaggio del testo, l'ascolto del suono (ritmo, cadenza, assonanze e dissonanze, accenti etc.), così come la capacità di vedere le immagini e descriverle nel dettaglio della sfumatura lessicale, nel giusto registro, per non parlare del lavoro meta traduttivo sull'autore, sui suoi studi, sulla sua biblioteca e, per la saggistica o per i classici, sulla "tradizione della traduzione" – ebbene tutto questo lavoro fa sì che i traduttori ripercorrano la vita del loro autore, le fasi della scrittura del testo e reinventino quel testo, lo ricostruiscano con fedeltà mimetica, seguendo passo passo la sua struttura, rivoltandola là dove è necessario per ottenere l'effetto il più possibile simile alla pagina dell'originale

Sempre a proposito dei seminari Vice-versa ci sarebbero infiniti episodi da citare: ricordo il mio Canetti, *Aufzeichnungen für Marie–Louise*,[24] una breve serie di aforismi, difficili come solo gli aforismi possono esserlo, perché testi totalmente decontestualizzati, spesso oscuri, misteriosi, surreali. E, come accade in particolare con quelli di Canetti, espressi in un linguaggio essenziale, icastico, che nulla concede alla spiegazione, alle circonlocuzioni. Ma spesso là dove il testo è oscuro, viene istintivo allungare, spiegare. Alcuni aforismi risultavano così meno incisivi, annacquati e questo mi è stato fatto notare, in particolare dai tedeschi, che non percepivano il ritmo, la

---

24  ELIAS CANETTI, *Aforismi per Marie-Louise*, trad. it. di Ada Vigliani, Milano, Adelphi, 2015

misura dell'originale. Ho così lavorato molto su questo punto, facendo attenzione a non lasciarmi prendere la mano. E questa osservazione ce l'ho sempre alla mente, in particolare per Canetti, e l'ho tenuta ben presente nella traduzione dell'ultima serie di aforismi *Das Buch gegen den Tod*.[25] La tendenza ad allungare è comune ai traduttori, a volte è addirittura la necessità di allungare. Ma su questo punto bisogna essere molto attenti, molto prudenti per evitare di stravolgere appunto la misura dell'originale.

12.

Negli ultimi anni ho finalmente avuto l'opportunità di scambiare mail e di incontrare scrittori contemporanei di cui traducevo un racconto o dei romanzi, come è accaduto con lo svizzero Peter Weber, di cui ho parlato prima, e con le due autrici tedesche Katja Petrowskaja e Jenny Erpenbeck, ospiti queste ultime insieme con i loro traduttori, dello *Europäisches Übersetzer-Kollegium* di Straelen, cittadina del Land Nord-Reno-Vestfalia ai confini con l'Olanda.[26] Tra le iniziative più interessanti di questa istituzione ci sono gli *Atriumgespräche* seminari di quattro giorni su un libro tedesco di recente pubblicazione, cui partecipano l'autore e i suoi traduttori nelle varie lingue europee ed extraeuropee. Da Straelen in questi ultimi anni sono passati scrittori come Günther Grass, Christoph Ransmayr, Uwe Tellkamp, Eugen Ruge, Lutz Seiler e molti altri ancora. Durante queste giornate i traduttori hanno modo di confrontarsi di persona con l'autore, chiariscono i propri dubbi, sentono l'autore leggere qualche pagina del proprio libro, entrano nella sua bottega, per capire come lavora, come costruisce il testo, per scoprire che cosa c'è sotto la superficie di quello stesso testo.

Io ho partecipato a due *Atriumgespräche*, la prima volta nel 2014, e in quell'occasione ho incontrato Katja Petrowskaja di cui traducevo *Vielleicht Esther*,[27] mentre lo scorso anno ho finalmente conosciuto di persona Jenny Erpenbeck, arrivata a Straelen per aiutare i traduttori del suo romanzo *Gehen, Ging, Gegangen*.[28] Con quest'ultima ero già in contatto epistolare da parecchio tempo perché, fin da 2009, avevo cominciato a tradurre le sue

---

25  ELIAS CANETTI, *Il libro contro la morte*, trad. it. di Ada Vigliani, Milano, Adelphi, 2017.
26  Su questo importante centro tedesco per la promozione della traduzione, cfr. http://www.euk-straelen.de/deutsch/das-kollegium/.
27  *Forse Esther*, nella versione italiana pubblicata da Adelphi, Milano, ottobre 2014.
28  *Voci del verbo andare*, nella versione italiana pubblicata da Sellerio, Palermo, agosto 2016.

opere. Ed ero in contatto epistolare anche con alcuni suoi traduttori in altre lingue, in particolare con le traduttrici olandese e americana che ho poi conosciuto personalmente in Germania. Ma un conto è il contatto virtuale, un altro è conoscersi di persona e parlarsi a quattr'occhi.

Katja Petrowskaja, una scrittrice ucraina di origine ebraica e di lingua madre russa, emigrata in Germania vent'anni fa, ci raccontava la sfida della scrittura in tedesco del suo romanzo, e ciò nondimeno la necessità che lei sentiva di scrivere quella storia nella "lingua del nemico" (l'orrore di Babi Jar che aveva inghiottito una sua *babuška* ebrea è uno dei punti cruciali del romanzo). E ci ha indirizzato alla cultura e alla letteratura russa celata fra le righe del suo libro in cripto citazioni.

Jenny Erpenbeck ci ha spalancato le porte del suo laboratorio di scrittrice, raccontandoci le sue esperienze nel campo della regia del teatro d'opera, la sua passione per la musica, per la cultura popolare e per la cultura "alta" (tedesca e classica), ci ha mostrato fotografie e filmati dei migranti da lei personalmente conosciuti e soccorsi a Berlino, prima che diventassero protagonisti del suo ultimo romanzo. In lei abbiamo conosciuto anche il profondo rispetto che uno scrittore può provare per il lavoro del traduttore. Anche se conosce più o meno bene parecchie altre lingue, la Erpenbeck ha sempre dimostrato assoluta discrezione nei confronti delle nostre scelte.

In entrambi i casi sono state giornate molto intense, non solo le regolamentari otto ore trascorse attorno al tavolo di lavoro, ma anche pranzi, cene, colazioni, dopo cena, sempre tutti insieme a parlare di letteratura, certo, ma anche di questioni di attualità, pubbliche e private. Dal dialogo con le autrici e con i colleghi sono emersi problemi linguistici, stilistici, culturali e nel contempo si sono prospettate soluzioni, alcune abbastanza generalizzate, altre semplici idee regolative in vista di una soluzione, che ogni traduttore doveva maturare per conto proprio, sulla base della particolarità della sua lingua e della sua cultura. E si sono formati spesso anche sottogruppi di lavoro fra traduttori verso lingue "neolatine", "germaniche" o "slave".

Come i giardinieri di Pasternak, alla presenza solerte, ma non invadente di quello che potremmo chiamare il giardiniere capo, o il padrone del giardino, che ha procurato la pianta da cui ricavare le margotte delle nostre traduzioni, abbiamo lavorato con cura e pazienza, imparando gli uni dagli altri, nella speranza che le nostre pianticelle crescessero forti e robuste. E in questi incontri tutti ci siamo ritrovati a condividere l'idea che Babele sia tutt'altro che una maledizione, fermamente persuasi che la traduzione, ben lungi dall'essere un ripiego, sia piuttosto una grande ricchezza per lo sviluppo linguistico e culturale di tutti i popoli.

LAURA BALBIANI

# USCIRE ALLO SCOPERTO: QUANDO IL TRADUTTORE PARLA DI SÉ

## 1. Introduzione

Il concetto di visibilità/invisibilità del traduttore è stato al centro di numerosi dibattiti in questi ultimi decenni, soprattutto da quando lo ha portato alla ribalta, nella teoria della traduzione, lo studioso americano Lawrence Venuti; con il suo volume *The Translator's Invisibility*[1] ha dato un nome e ha messo a fuoco con chiarezza quello che è sempre stato un aspetto problematico dell'attività di traduzione.

L'invisibilità da cui Venuti prende decisamente le distanze è la conseguenza di una traduzione che tende ad adattarsi il più possibile all'orizzonte di attesa dei destinatari, quasi a creare un secondo originale; la presenza del traduttore sembra trasparente, impercettibile, tanto che il lettore non percepisce di trovarsi di fronte a un testo tradotto se non quando inciampa in una svista, in un errore o in formulazioni goffe.[2] In questa accezione l'invisibilità è considerata indice di una traduzione "addomesticante", che vuole livellare il più possibile le differenze tra il contesto culturale di origine e quello ricevente – è un "modo" di tradurre, una strategia che è sempre stata dominante nel corso dei secoli ed è perseguita spesso anche oggi. E così, anche affrontando la questione dalla prospettiva opposta, non più quella del fruitore bensì quella del traduttore, l'ideale a cui si aspirava era

---

1   LAWRENCE VENUTI, *The Translator's Invisibility: A History of Translation*, London, Routledge, 1995 (*L'invisibilità del traduttore. Una storia della traduzione*, trad. it. di Marina Guglielmi, Roma, Armando, 1999).
2   In questo modo di intendere la traduzione, il traduttore non emerge se non *ex negativo*: cfr. CLAUDE AMBROISE, *L'«irrealtà» del traduttore*, in *Premio città di Monselice per la traduzione letteraria e scientifica* 18-19-20, Monselice, 1993, p. 182: «Sembra infatti di capire talvolta che al traduttore sia fondamentalmente richiesto di farsi dimenticare, giacché quando "si vede che è una traduzione" vuol dire che qualcosa non funziona. Al traduttore sarebbe concessa un'esistenza di puro negativo [...]».

il medesimo: essere «una lastra di vetro, trasparente e ininfluente», operatore invisibile nell'atto di traghettare parole altrui da una lingua a un'altra, da una cultura a un'altra.[3] L'invisibilità ha però anche altre accezioni, ad esempio quella tecnico-giuridica su cui si soffermano in particolar modo i traduttori professionisti e il loro sindacato, in forza della legge 633 che protegge il diritto d'autore ma anche quello del traduttore, troppo spesso disatteso.[4] L'invisibilità è in questo caso la negazione di un diritto, la svalutazione di una figura professionale a cui non viene riconosciuta la dignità dovuta. Gli «otto modi per essere invisibili» elencati in uno degli articoli in proposito[5] vanno dall'assenza del nome del traduttore sul frontespizio del volume tradotto, omissione particolarmente grave quando si tratta di traduzione letteraria, al fatto che le traduzioni non siano riconosciute come titoli in concorsi e graduatorie – quest'ultimo è un aspetto che interessa anche tanti settori scientifico-disciplinari del mondo accademico, dove comunque nell'ultimo periodo si stanno facendo molti passi avanti. Negli studi traduttologici la "presenza assente" del traduttore è stata non soltanto rivalutata, ma lo stesso concetto di "traduttore invisibile" è ormai ampiamente riconosciuto come un ossimoro, non ultimo grazie agli studi sulla riscrittura (basti ricordare André Lefevere);[6] non sono altrettanto veloci i cambiamenti nel pen-

---

3 Così descriveva il traduttore ideale, nel 2011, una traduttrice dal russo, ma era solo una voce tra tante: CLAUDIA ZONGHETTI, *La traduzione trasparente*, in "Il Sole 24 ore" n. 257, domenica 24 settembre 2017, p. 23. A qualche anno di distanza la traduttrice, insignita il 30 settembre 2017 del Premio delle Giornate della traduzione letteraria "Giovanni, Emma e Luisa Enriques", prende le distanze dal quell'ideale, sorridendo della sua ingenuità.

4 Regolamento di attuazione della legge 633 (Legge di protezione sul diritto d'autore del 22aprile 1941), R. D. n. 1369 del 1942 (Approvazione del regolamento per l'esecuzione della L. 633/41) art. 33: «Per le opere tradotte, sulla copertina o sul frontespizio dell'esemplare devono essere impressi, oltre il nome e cognome del traduttore, il titolo dell'opera e l'indicazione della lingua da cui è stata fatta la traduzione». Comma 3 dell'articolo 70 della legge 633 di cui sopra, consolidata al 9 febbraio 2008: «Il riassunto, la citazione o la riproduzione debbono essere sempre accompagnati dalla menzione del titolo dell'opera, dei nomi dell'autore, dell'editore e, se si tratti di traduzione, del traduttore, qualora tali indicazioni figurino sull'opera riprodotta». Cfr. Strade, Sindacato Traduttori Editoriali: www.traduttoristrade.it (ultimo accesso: 12.10.2017).

5 FEDERICA ACETO, *What's in a Name*, in "Strade Magazine", 1 (2012), https://strademagazine.wordpress.com/2012/06/03/whats-in-a-name/ (ultimo accesso: 12.10.2017).

6 ANDRÉ LEFEVERE, *Translation, Rewriting, and the Manipulation of Literary Fame*, London, Routledge, 1992 (*Traduzione e riscrittura. La manipolazione della fama*

sare comune e nel mondo editoriale, dove la prassi è piuttosto restìa a seguire la teoria, come mostra la quantità di articoli sul sito di Strade che continuano a segnalare plateali trascuratezze e omissioni nei confronti dei traduttori.

L'idea di invisibilità appare dunque declinata in molteplici sfumature nel mondo della traduzione, sia sul piano traduttologico sia su quello giuridico, ed entrambi gli ambiti sono stati oggetto di numerosi approfondimenti; in questo studio vorrei soffermarmi invece sulla controparte positiva del concetto: la visibilità. Vorrei cioè considerare come si comporta il traduttore quando ha l'opportunità di diventare visibile, quando gli viene chiesto di uscire allo scoperto, non soltanto inserendo il suo nome in evidenza sul frontespizio, ma concedendogli anche uno spazio tutto per lui. Come si manifesta, come prende forma la sua consapevolezza? In che modo entra in contatto diretto con il pubblico dei suoi lettori, presentando il suo ruolo di mediatore tra culture? Ciò avviene, in particolare, quando il traduttore ha la possibilità di accompagnare l'opera tradotta con una prefazione o una nota che abbia come tema specifico il suo lavoro.

Il termine "Nota" viene qui usato come equivalente di "Prefazione" o "Avvertenza" del traduttore, si intende cioè un breve testo autonomo, firmato dal traduttore in prima persona, che precede o segue la traduzione al fine di valorizzarne specificità e caratteristiche – da non confondere con la nota a piè di pagina.[7] Considerato nella prospettiva del genere testuale, questo paratesto non è ancora del tutto codificato né è stato studiato in

---

*letteraria*, trad. it. di Silvia Campanini, Torino, UTET, 1998). Lefevere considera ogni traduzione un processo di manipolazione testuale, durante il quale l'immagine globale di un'opera letteraria viene riplasmata e manipolata in funzione di diversi fattori (pubblico, patronato, ideologia vigente, convenzioni poetiche).

7   Anche nella nota a piè di pagina il traduttore diviene visibile, viene in soccorso al lettore nella comprensione di singoli elementi e concetti che non hanno un equivalente nella cultura di arrivo – si tratta di una strategia traduttiva molto interessante ma anche controversa. Molti, sulla scia della famosa affermazione di Umberto Eco, sconsigliano l'inserimento di note nel testo tradotto: «[…] il traduttore ricorre all'*ultima ratio*, quella di porre una nota a piè di pagina – e la nota a piè di pagina ratifica la sua sconfitta» (UMBERTO ECO, *Dire quasi la stessa cosa*, Milano, Bompiani, 2003, p. 95). Altri lo ritengono invece un elemento positivo, che permette di evitare eccessive semplificazioni e adattamenti del testo, conseguenti all'eliminazione o sostituzione di realia e culturemi, fornendo allo stesso tempo al lettore una chiave di accesso all'originale. Di questo parere è, ad esempio, ANDRÉ LEFEVERE, *Traduzione e riscrittura*, cit., p. 58. Cfr., inoltre, FEDERICA BARTESAGHI – BRUNO OSIMO – SILVIA ZECCA, *La nota del traduttore. Un sondaggio*, in "Testo a fronte", 47/2 (2012), pp. 23-29.

modo sistematico;[8] di conseguenza, trattandosi di un testo poco diffuso, è particolarmente interessante analizzare in quali forme esso si presenti, vedere come i diversi traduttori lo concepiscano, quando hanno la possibilità di scriverlo, e quali compiti gli affidino.

La prima difficoltà che uno studio di questo tipo incontra è quella di raccogliere un numero adeguato di Note del traduttore. Essa, infatti, non fa parte dei paratesti che accompagnano normalmente le opere tradotte; è un'opportunità che si presenta soltanto in modo sporadico, anche se sulla scia delle discussioni cui si è appena fatto cenno stanno emergendo delle iniziative che invertono questa tendenza e che meritano rilievo e diffusione. Una di queste ha fornito il corpus su cui si basa questa analisi.

## 2. Il corpus

Sebbene l'Avvertenza del traduttore non sia una consuetudine e spesso non incontri il favore di editori e collaboratori delle case editrici,[9] la sensibilità su questo tema sta crescendo, al punto che questo spazio concesso al traduttore è divenuto elemento costitutivo di alcune iniziative editoriali come la collana con testo a fronte *Il pensiero occidentale* dell'editore Bompiani, fondata nel 2000 e diretta fino al 2014 da Giovanni Reale.[10] Nata proprio come collana di traduzioni, essa ricopre uno status particolare nel mondo editoriale, non solo per la presenza del testo a fronte, una rarità che ben

---

8   Vi sono sì lavori che analizzano l'una o l'altra Avvertenza del traduttore nell'esame di opere specifiche, e anche André Lefevere, tra gli altri, si sofferma lungamente sulle dichiarazioni programmatiche e metodologiche contenute nelle Prefazioni a singole traduzioni, ma in nessuno di questi lavori l'Avvertenza è oggetto di studio in se stessa. Cfr. LEFEVERE, *Traduzione e riscrittura*, cit., in part. pp. 41-60.
9   In genere gli editori non prediligono questi apparati, «spesso considerati noiosi, didascalici, poco vendibili», BRUNO OSIMO, *Manuale del traduttore*, Milano, Hoepli, ³2011, p. 136.
10  Dopo la morte di Giovanni Reale, nell'ottobre 2014, la collana ha vissuto un periodo di transizione, durante il quale la casa editrice Bompiani è stata prima acquisita da Mondadori, insieme a tutto il comparto librario RCS, per poi venirne scorporata e passare, nel corso del 2016, prima a Marsilio e infine a Giunti. La collana *Il pensiero occidentale* prosegue ora sotto la direzione di Maria Bettetini. – Ogni opera prevede esplicitamente uno spazio riservato al curatore del volume, che in genere coincide con il traduttore: si tratta in prevalenza non di traduttori di professione, bensì di studiosi attivi nel mondo accademico e della ricerca, che predispongono edizioni di testi con traduzione, introduzione e apparato di commento. Analoghe caratteristiche ha anche una seconda collana dello stesso editore, intitolata appunto *Testi a fronte*.

pochi editori possono/vogliono permettersi,[11] ma anche per l'importanza conferita al traduttore – e questo è l'elemento che la rende interessante, non solo come oggetto di studio ma anche come buona prassi da diffondere.

Per la mia analisi ho preso in considerazione i volumi apparsi nella collana *Il pensiero occidentale* dal 2000 a tutto il 2016, che sono complessivamente 224.[12] Nei primi anni di pubblicazione, latino e greco erano le lingue di partenza (LP) preponderanti: la collana nasce orientata alla filosofia antica, per poi ampliarsi ai classici del pensiero europeo, e man mano vengono pubblicate opere dal tedesco, francese, inglese, spagnolo e russo, senza tralasciare lingue minori come occitano o danese.

**Lingue di partenza**

- latino (18%)
- tedesco (27%)
- greco (29%)
- spagnolo (2%)
- russo (5%)
- inglese (8%)
- polacco (1%)
- occitano (0,5%)
- francese (7%)
- danese (1%)
- ceco (0,5%)
- arabo (0,5%)

---

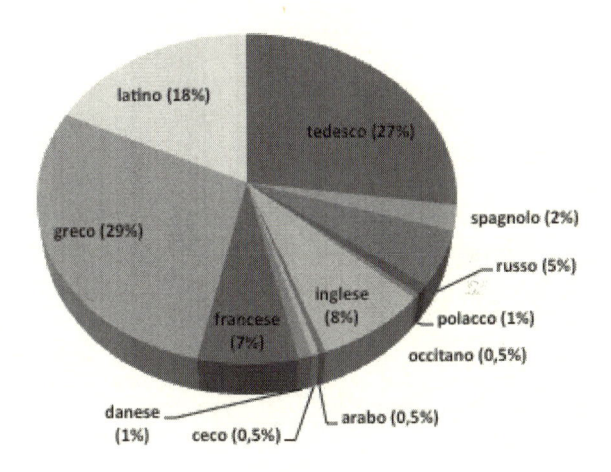

11  Il testo a fronte, prima considerato unicamente strumento umanistico e di studio, «nicchia editoriale di prestigio riservata a lettori per lo più professionisti», sta evolvendosi in direzioni nuove, diventando strumento di scambio socio-culturale. Ci auguriamo che questa tendenza possa consolidarsi e diffondersi. Cfr. ALESSANDRO TERRENI, *Testo a fronte, oltre la filologia?*, in *Tirature '16, Un mondo da tradurre*, a cura di Vittorio Spinazzola, Milano, Mondadori, 2016 (eBook).

12  Inizialmente la collana prevedeva soltanto traduzioni con testo a fronte; solo recentemente, per una più completa copertura del "pensiero occidentale", sono stati inseriti anche autori italiani. Dei 224 titoli usciti, 22 sono edizioni di opere italiane che quindi non presentano traduzione interlinguistica.

Il tedesco fa la parte del leone con il 27%, ed è secondo solo al greco (29%), ma di stretta misura (la differenza è di soli tre titoli); può a buon diritto essere considerato rappresentativo della collana nel suo complesso, e la coppia di lingue tedesco-italiano è proprio quella su cui mi soffermerò in modo più dettagliato.

Tutti i 55 volumi con tedesco LP sono stati esaminati direttamente per valutare la presenza del traduttore: le Avvertenze o Note sono state raccolte e sottoposte a un'attenta analisi empirica, volta a farne emergere le peculiarità e la ricchezza interculturale, linguistica e traduttiva. L'analisi si muove infatti in due direzioni: da una parte cerca di individuare quali parametri formali si stiano cristallizzando come caratteristici dell'Avvertenza del traduttore in quanto genere di testo (livello macrostrutturale); dall'altra si sofferma sui contenuti e sugli elementi più strettamente connessi al lavoro di traduzione compiuto: che cosa i traduttori segnalano, come utilizzano questo spazio, quali elementi del loro operare vengono messi maggiormente in rilievo.

### 3. Un nuovo genere di testo

Dall'analisi per autopsia è emerso come ciascun volume riservi un posto di primo piano al traduttore, non solo perché ne riporta chiaramente il nome in copertina e specifica sul frontespizio l'apporto di ogni collaboratore nel caso di lavori a più mani, ma anche perché il traduttore ha la possibilità di annotare e commentare il testo ed è invitato a redigere una Nota editoriale. Un primo passo è stato dunque quello di esaminarne le caratteristiche formali, che a livello macrostrutturale aiutano a delineare un profilo di questo paratesto.

### 3.1. Denominazione

Se tutti i paratesti che accompagnano un'opera hanno una loro denominazione stabile e generalmente riconosciuta, dal frontespizio all'indice, non è così per lo spazio riservato al traduttore: non essendo ancora codificato dalla consuetudine, non ha nemmeno un nome preciso.[13] Nella colla-

---

13  Questo dato è stato verificato non solo in edizioni italiane, ma anche in altre lingue, nelle quali si riscontrano altrettante variazioni. In inglese le denominazioni più frequenti sono: *Translator's Note – About this Translation – Preface* (del traduttore) – *Notes on the Translation, Note on the Text* ecc. In tedesco compare con

na si alternano i termini "Nota" e "Avvertenza", ma in una grande varietà di combinazioni, come mostra la tabella:

| | |
|---|---|
| Avvertenze e abbreviazioni | 1 |
| Avvertenza del curatore | 1 |
| Avvertenza | 3 |
| Avvertenza del traduttore | 3 |
| Avvertenza editoriale | 1 |
| Nota editoriale | 26 |
| Nota del traduttore | 2 |
| Nota del revisore | 1 |
| Nota all'edizione italiana | 1 |
| Nota redazionale | 1 |
| Nota introduttiva | 1 |
| Nota sulla traduzione italiana | 1 |
| Nota al testo e alla traduzione | 1 |
| Prefazione: una nota alla traduzione | 1 |

Le diverse denominazioni sono collegate anche alle diverse funzioni che il traduttore assume nel testo – egli è infatti non solo traduttore in senso stretto, ma anche editore del testo originale e curatore del volume nel suo complesso, con tutti gli apparati di introduzione e commento. Non c'è quindi una netta divisione tra i ruoli, spesso riuniti in una sola persona.[14] La netta prevalenza della dicitura "Nota editoriale" si spiega non tanto come una scelta individuale, quanto piuttosto come un'indicazione fornita dall'editor, che ha col tempo stabilizzato la sequenza e la denominazione degli apparati metatestuali della collana.

---

maggior frequenza *Vorwort des Übersetzers*, ma ci sono anche titoli più discorsivi (ad es.: *Meine Grundsätze bei der Übersetzung*).

14 Diverso è il caso di volumi curati a più mani, cui si è appena fatto cenno. Qui spesso capita che uno studioso si occupi della traduzione e un secondo provveda alla parte di commento; in altri casi, per opere che presentano raccolte di scritti, sono al lavoro anche più traduttori (ad esempio Wackenroder – Tieck 2014; Schelling 2013). – Tutti i volumi che costituiscono il corpus di questa analisi, nel testo citati solo con autore e anno, sono elencati in appendice.

## 3.2. Posizione

La Nota è sempre collocata all'inizio, immediatamente prima dell'opera tradotta; la precedono di solito soltanto l'introduzione e una tavola cronologica che riassume la vita dell'autore. È quindi posta molto in evidenza e garantisce al traduttore una posizione di primo piano all'interno del volume.

## 3.3. *Lunghezza*

Questo aspetto è invece decisamente più variabile. Nove curatori hanno rinunciato a questo paratesto, che quindi non è presente (nel grafico "n.p.") nei rispettivi volumi; per gli altri invece, partendo da Note editoriali molto brevi, che non raggiungono quasi la mezza pagina, si arriva a lunghezze considerevoli, fino a un massimo di nove pagine – ma questo è un caso eccezionale (Heidegger 2002).

**Lunghezza della Nota editoriale (in pagine)**

| 0,5 | 1 | 1,5 | 2 | 2,5 | 3 | 4 | 4,5 | 5 | 6 | 7 | 9 | N.P. |
|---|---|---|---|---|---|---|---|---|---|---|---|---|
| 3 | 10 | 3 | 11 | 4 | 5 | 2 | 1 | 3 | 1 | 1 | 1 | 9 |

Il traduttore ha piena libertà di esprimersi, non gli viene indicato alcun limite di lunghezza per la Nota; è quindi indice significativo di una tendenza che va stabilizzandosi il fatto che, mediamente, lo standard si concentri su una lunghezza compresa tra una e tre pagine.

## 3.4. *Articolazione interna*

Essendo di lunghezza piuttosto contenuta, è abbastanza raro che la Nota abbia una sua propria articolazione interna. Il caso più frequente, in quelle di breve e media lunghezza, è che ci sia una partizione scandita semplicemente dall'inserimento di una riga vuota o di un separatore grafico (asterischi, trattini).[15] Questo serve in genere a distinguere parti di testo con funzioni diverse e ben distinte, ad esempio i ringraziamenti o una dedica, che grazie alla spaziatura acquistano autonomia e maggiore evidenza.

Solo in pochi casi la Nota editoriale presenta invece una vera e propria articolazione interna con paragrafi numerati e/o dotati di titoli, eventualità che si verifica soprattutto nelle Note più lunghe. Qui la suddivisione non risponde più a un criterio prevalentemente funzionale (cfr. *infra*, § 3.5), ma aiuta il lettore a individuare i diversi temi che vengono trattati, facilitando e guidando la lettura. La Nota viene così a configurarsi come un vero e proprio piccolo saggio.

### 3.5. Funzione

La Nota editoriale, nel corpus esaminato, svolge in genere molteplici funzioni dal punto di vista pragmatico, proprio perché i curatori dei volumi lavorano al testo e con il testo da diverse prospettive. Una prima funzione, comune a tutte le Note editoriali, è quella informativa; si indicano cioè l'edizione di riferimento e i criteri di trascrizione e di presentazione grafica del testo originale, informazioni che il direttore della collana chiede esplicitamente di indicare. Chi scrive parla quindi in veste di editore del testo originale e qualche volta ripercorre in breve la storia del testo, oppure fornisce indicazioni circa la rilevanza delle edizioni disponibili e le motivazioni di scelta dell'una piuttosto che dell'altra.

Una seconda funzione spesso presente è quella volta a offrire indicazioni operative al lettore per muoversi all'interno dell'opera: a parlare è quindi il curatore del volume nel suo complesso. Egli fornisce informazioni sulla selezione dei testi proposti (nel caso di raccolte di scritti), illustra i criteri per il loro ordinamento, la composizione degli apparati, i princìpi seguìti per il commento e la strutturazione degli indici. Si tratta di una funzione strettamente operativa con indicazioni d'uso, a cui si aggiunge quella argomentativa nel momento in cui le scelte effettuate vengano motivate e difese.

Accenti più personali emergono nello spazio che quasi tutti riservano ai ringraziamenti, in genere sempre collocati in chiusura della Nota; ma la funzione che più investe il lavoro di traduzione è quella descrittivo-argomentativa, dove a prendere la parola è il traduttore. Si apre qui uno spazio dedicato alla riflessione sul tradurre, dove il traduttore può mettere in risalto quelli che ritiene essere gli elementi più significativi del suo lavoro; egli

---

15  Le Note editoriali senza alcuna partizione interna sono il 44%, quelle con una suddivisione puramente grafica il 43%. La parte restante (13%), in genere riguardante le note di maggiore lunghezza, presenta dei paragrafi numerati e/o dotati di titolo.

commenta le scelte compiute a livello teorico e procedurale, descrive le sue strategie traduttive, ma può anche segnalare i problemi più specificamente sintattici, lessicali e morfologici che ha incontrato e spiegare come li ha risolti. Quali aspetti contenutistici vengano toccati più di frequente e in che modo sarà oggetto del prossimo paragrafo.

### 4. *Il traduttore esce allo scoperto*

Quando si trova a dover parlare del suo lavoro, il traduttore adotta alcune strategie per "esplicitare" quello che nel testo rimane implicito e talvolta invisibile al lettore: cerca cioè di instaurare un secondo livello di comunicazione, un livello meta-traduttivo, fermandosi a riflettere sulle procedure seguite per poi commentare il risultato del processo di mediazione tra un sistema linguistico-culturale e l'altro. Descrivere queste procedure significa talvolta esplicitare l'implicito culturale, ovvero quei dati culturali che sono ovvi all'interno di un determinato sistema e quindi non formalizzati verbalmente nel testo; cambiando però l'ambito culturale, ecco che cambiano anche i dati impliciti e, traducendo, si deve trovare il modo per trasmettere al lettore anche ciò che nel testo di partenza non era espresso, ma che è indispensabile per una sua corretta comprensione.[16] L'oggetto profondo delle sue considerazioni è dunque questo "trovare il modo per", cioè le strategie che ha adottato per avvicinare due diversi sistemi di lingua e cultura.

Concretamente, questa meta-riflessione può avere come oggetto:
– il testo di partenza [TP];
– il testo di arrivo [TA];
– il processo di mediazione che ha portato dall'uno all'altro (le strategie traduttive testuali);
– il rapporto con eventuali traduzioni già esistenti.[17]

Per soffermarsi su questi elementi, il traduttore deve avviare un processo ragionato che lo "costringe" a rendere consapevoli le strategie che, spesso in

---

16  WERNER KOLLER, *Einführung in die Übersetzungswissenschaft*, Stuttgart, UTB, ⁸2011, p. 132. Questa esplicitazione avviene in genere nei meta-testi, cfr. anche OSIMO, *Manuale del traduttore*, cit., pp. 123-124. Osimo fa rientrare le prefazioni del traduttore e tutto l'apparato metatestuale in generale tra gli «artifici compensatori ed esplicitanti testuali» (*ivi*, p. 124).

17  Prendo spunto da Dirk Delabastita, che nella sua monografia sulla traduzione dei giochi di parole individua tre tipi di intervento metatestuale: «The category of editorial techniques [...] refers to the compensatory opportunities that follow from the fact that translators can establish a second level of communication, allowing

modo spontaneo, ha applicato nell'elaborazione del testo. Il suo lavoro è costituito infatti da tante piccole scelte, da tante decisioni prese e "rinegoziate"[18] riga dopo riga, e non sempre le strategie globali scaturiscono da princìpi a priori: si elaborano, si definiscono in corso d'opera, al punto che il traduttore stesso deve poi compiere uno sforzo di astrazione (o meglio, di "abduzione" per dirla con Peirce) per sistematizzarle e farle divenire riflessione critica, sistematica.[19] Deve insomma esplicitare, prima a se stesso e poi al lettore, le tendenze che si sono consolidate man mano, cioè le strategie traduttive testuali.

Le considerazioni che vengono esposte nelle Note editoriali nascono per lo più da problemi pratici, sono difficoltà concrete che si sono dovute risolvere, impressioni uscite direttamente dall'officina della traduzione: si percepisce tutta la fatica del tradurre, i dubbi, la necessità di compiere scelte sotto la pressione della linearità della scrittura. Di conseguenza sono molto rari i traduttori che si spingono a trattare problemi teorici, o quelli che dalla pratica arrivano a formulare osservazioni che investono la teoria della traduzione, e questo accade solo quando è il TP stesso a offrire lo spunto: è ad esempio il caso di Heidegger. I traduttori non possono non lasciar-

---

themselves to reflect and comment on the result of these transfer activities. The translated text being already a metatext in its own right, this meta-reflection of the translator can ultimately bear on the S.T., on the T.T., and on the transfer processes that led from the one to the other» (DIRK DELABASTITA, *There's a Double Tongue. An Investigation into the Translation of Shakespeare's Wordplay, with Special Reference to* Hamlet, Amsterdam, Rodopi, 1993, p. 218). Trattandosi di classici, ho ritenuto utile aggiungere un quarto punto concernente le traduzioni pre-esistenti, che fungono spesso da punto di riferimento per i traduttori successivi.

18  Questo è il termine con cui Umberto Eco definisce il processo traduttivo, in base al quale traduttore cerca di "dire quasi la stessa cosa" rispetto al testo originale. Su quel "quasi" si gioca l'essenza della traduzione. Cfr. Eco, *Dire quasi la stessa cosa*, cit., pp. 91-93.

19  Questa è una delle caratteristiche che rendono il processo traduttivo così complesso. La percezione del TP è stratificata, non è una sequenza lineare nella mente del traduttore, anzi, «è probabile che tale testo sia in forma ipertestuale, una sorta di 'terza dimensione' data dai valori connotativi e intertestuali che formano collegamenti potenziali con questa o quella zona della semiosfera» (OSIMO, *Manuale del traduttore*, cit., p. 144). La traduzione consiste nel ridurre poi tutto questo materiale pluristratificato alla bidimensionalità della scrittura verbale. Ciò significa formulare delle ipotesi interpretative, ma «deve essere un tipo di ipotesi molto avventuroso, perché dal particolare (da un Risultato) occorre inferire una Regola che non si conosce ancora; e per trovare da qualche parte la Regola, occorre ipotizzare che quel Risultato sia un Caso di quella Regola da costruire». UMBERTO ECO, *Kant e l'ornitorinco*, Milano, Bompiani, 1997, p. 74. Charles S. Peirce ha definito questo processo di riflessione che si costruisce gradualmente, caso per caso, tassello dopo tassello, "abduzione".

si interrogare e influenzare, nelle loro scelte, da quelle che sono le teorie dell'autore sul tradurre e sul linguaggio, e le tematizzano nella Nota prendendo posizione a loro volta (cfr. Heidegger 2002, 2012, 2013).

Ma a parte questi casi particolari, l'attenzione si concentra in genere su specifici aspetti linguistici del TP, mentre il TA viene considerato soltanto di riflesso. Si enunciano così le caratteristiche dell'originale per mettere in evidenza quelle che maggiormente influiscono sulla traduzione: il carattere frammentario o provvisorio di alcuni testi (manoscritti, materiali inediti), la sintassi ostica di certi autori, l'uso idiolettale di alcuni elementi (ad esempio l'uso dei ":" in Jaspers 2015) ecc. Si sottolineano, in sostanza, le peculiarità dell'originale, tutto ciò che esula dallo standard, come per avvisare il lettore che tali "anomalie" non sono state introdotte da chi traduce, ma sono attestate nell'autore stesso e in quanto tali preservate. Il TA viene considerato dunque in modo indiretto, mediato dai colori dell'originale che in esso si riflettono.[20]

Sempre rimanendo sui testi, molto spesso si riferisce dell'esistenza o meno di altre traduzioni, nella stessa o in altre lingue. Talvolta queste informazioni sono inserite all'interno di un breve storia del testo, talaltra ci si limita a indicarle semplicemente con gli estremi bibliografici; in un caso viene invece tematizzato in modo esplicito il ruolo importante svolto dalle traduzioni precedenti, che stimolano un'attenzione più rigorosa nei confronti del TP e offrono una preziosa possibilità di confronto e di approfondimento (il tema della ri-traduzione, cfr. Hölderlin 2015). Spesso il traduttore prende posizione rispetto ai predecessori: dichiara se li ha consultati o meno, se ne ha tratto ispirazione o beneficio per il proprio lavoro, in che misura se ne distacca... Ad esempio Tommaso Scappini, che traduce alcune opere di Heidegger nel 2012 e 2014 (*Hölderlin. Viaggi in Grecia* e *Pensieri-guida sulla nascita della metafisica*), dichiara il suo debito nei confronti di Vincenzo Cicero, che nel 2002 aveva tradotto *Holzwege*: Scappini non soltanto accoglie le strategie traduttive che Cicero aveva enunciato nella sua lunghissima *Nota del traduttore* (Heidegger 2002, pp. IX-XVII), ma riconosce di aver trovato utili anche i dettagliatissimi glossari aggiunti in appendice (ve ne sono addirittura quattro: Heidegger 2002, pp. 449-704). Quando si tratta invece di traduzioni della stessa opera, il tema del rapporto con i predecessori è ancor più delica-

---

20 Ci si sofferma sul TA solo quando vi siano aspetti particolari che richiedono attenzione, ad esempio Hölderlin 2003, dove si presenta la soluzione scelta per rendere il metro dei testi originali; oppure quando in una fase successiva il curatore rivede una traduzione (sua o altrui) per rendere il TA più scorrevole o migliorarne la coerenza – è il caso di Schelling 2002, dove lo stesso traduttore rivede una sua traduzione precedente per approntarne una nuova edizione.

to, poiché entrano in gioco anche questioni di onestà e di etica professionale, dove il confine tra tradurre in prima persona o "appoggiarsi" a una traduzione altrui non è sempre chiaro e apre zone d'ombra piuttosto ambigue (cfr. Hegel 2012).

Ma il punto che più di frequente viene trattato è quello relativo ai processi traduttivi: l'attenzione si fissa molto più sul processo che sul prodotto. L'argomentazione ricorre in molti casi alle categorie della traduzione estraniante/addomesticante, anche se ciascuno esprime questi due concetti in termini diversi, e l'aspetto che quasi tutti i traduttori tendono a trattare è il difficile equilibrio tra aderenza, fedeltà, rispetto del TP da una parte, e leggibilità, scorrevolezza e chiarezza dall'altra.[21] Si tratta di un *continuum* fatto di tante sfumature, dove ciascuno, recependo in varia misura le sollecitazioni dell'originale e del contesto culturale ricevente, assume una diversa posizione: chi sceglie l'aderenza al testo tedesco, anche a costo di durezze grammaticali (tra gli altri Husserl 2007, Eckhart 2014, Kant 2016), chi invece adotta come valore dominante la facilità di lettura del TA e si mette piuttosto al servizio del lettore (Jaspers 2015, Heidegger 2013, Rilke 2008), persino di quello non abituato a leggere filosofia (Rosenkranz 2012). I termini più usati per descrivere il processo traduttivo sono: conservare, rispettare, riprodurre il TP, renderne le sfumature, restituire lo spirito del testo, mantenere (ad esempio il ritmo del periodare), non modificare, evitare la sovrainterpretazione, ma di contro si parla spesso anche della necessità di interpretare (soprattutto per opere comprendenti appunti o manoscritti), esplicitare i rimandi e così via. I traduttori di Heidegger (che anche in questo si distinguono e risentono evidentemente del lessico del loro autore) chiamano invece in causa il livello etico e parlano della traduzione in termini più metaforici che concreti, dipingendola come un'azione aggressiva nei confronti del TP: compaiono quindi lessemi come verità e violenza, «tradimento estetizzante», lottare con, tradire il TP (in particolare Heidegger 2012).[22]

---

21 La sostanziale asimmetria nella relazione tra TP e TA fa sì che il concetto di "fedeltà" sia relativo e possa variare da un testo all'altro, sia sul piano formale che funzionale. Come è ormai acquisito negli studi traduttologici, è opportuno parlare più di "adeguatezza" che di "fedeltà", e si distinguono diversi livelli di equivalenza (KOLLER, *Einführung in die Übersetzungswissenschaft*, cit., pp. 218-270). È compito del traduttore scegliere di volta in volta il grado di equivalenza a cui mirare, basandosi sui diversi fattori (le caratteristiche del TP, il contesto socio-culturale di arrivo, le convenzioni letterarie vigenti ecc.), ed è comprensibile che questo aspetto occupi una parte rilevante delle sue riflessioni.

22 Sarebbe molto interessante potersi soffermare anche sulle metafore che i vari traduttori utilizzano per parlare del loro lavoro; nelle Note qui esaminate prevale il tono concreto e orientato alla prassi, di conseguenza balzano subito all'occhio de-

L'argomentazione affronta i problemi e le difficoltà più frequenti a livello generale, e non sempre vengono portati esempi concreti per mostrare come una certa intenzione sia stata realizzata: chi entra più nel dettaglio si sofferma sul ruolo della sintassi o sull'uso della punteggiatura per scandire e alleggerire il ritmo del discorso, quando eccessivamente pesante per l'italiano – un problema sentito in particolare dai traduttori di Kant, ma che investe comunque sempre la mediazione tedesco-italiano, lingue in cui lunghezza della frase e ipotassi hanno caratteristiche molto diverse. Alcuni dichiarano di aver evitato l'uso eccessivo di tecnicismi (Schelling 2002) e di neologismi (Heidegger 2013) per non intralciare troppo la lettura, altri informano se sono stati esplicitati o meno i rimandi intertestuali e le ambiguità referenziali, altri ancora spiegano come sono stati resi specifici elementi testuali.

L'aspetto preponderante su cui però si concentra l'attenzione di tutti, e in questo caso con dovizia di argomentazioni, esempi e commenti, è la terminologia. Del resto pare anche naturale, trattandosi di testi comunque specialistici, talvolta con un livello di astrazione molto elevato. Alcuni filosofi fanno un uso molto peculiare della terminologia, da Meister Eckhart a Kant a Heidegger, e sviluppano un vero e proprio idioletto che mette a dura prova il traduttore (in Heidegger 2002, pp. XII-XIII si parla di una lotta vera e propria, una «lessicomachia»). Così nessun traduttore può evitare di documentare queste difficoltà con degli esempi, anche per presentare eventuali scelte innovative. C'è chi illustra come ha trattato la terminologia raggruppandola per famiglie semantiche o *Wortfelder*; chi raccoglie i termini tecnici in liste ed elenchi, chi redige in appendice un vero e proprio glossario; chi si sofferma unicamente sui termini che variano rispetto a traduzioni precedenti. Oltre a singoli lessemi vengono affrontati anche problemi legati a categorie specifiche che hanno richiesto interventi mirati (i composti, i titoli, i toponimi, il recupero delle etimologie), spiegando e motivando di volta in volta le scelte compiute con argomentazioni anche molto articolate e non sempre scevre di polemica nei confronti di altri traduttori o scuole di pensiero. A proposito di singole scelte traduttive è frequente che si rimandi o a eventuali glossari in appendice o alle note di commento al testo in cui vengono approfonditi quegli elementi lessicali che non hanno equivalente (intraducibili) o che richiedono una spiegazione aggiuntiva riguardo alle scelte del traduttore.[23]

---

scrizioni metaforiche dell'atto traduttivo come quelle appena citate. Cfr. THEO HERMANS, *Metaphor and Image in the Discourse on Translation: A Historical Survey*, in *Übersetzung Translation Traduction. Ein internationales Handbuch zur Übersetzungsforschung*, hrsg. von Harald Kittel – Armin Paul Frank *et al.*, Berlin, de Gruyter, 3 voll., 2004-2012, vol. I, pp. 118-128.

23   Sono questi i casi in cui si ritiene utile o necessario esplicitare i dati culturali impliciti nel TP, o presentare quelle accezioni di un termine che non si riescono a mante-

## 5. Considerazioni conclusive

I volumi della collana *Il pensiero occidentale*, con la presenza regolare della Nota editoriale, offrono al traduttore uno spazio prezioso e particolarmente significativo, che contribuisce alla disseminazione culturale non soltanto con riferimento alla cultura "altra" che costituisce il *background* del testo originale, cultura che viene trasmessa e resa "prossima" al lettore, ma con riferimento alla traduzione stessa: grazie all'intervento diretto del traduttore, che riflette in modo esplicito sulla prassi del tradurre, anche gli aspetti e i risvolti della mediazione interculturale vengono portati alla consapevolezza del lettore.

Il principale elemento problematico emerso da questa prima indagine riguarda la questione della visibilità *tout court*: nonostante sia una questione fortemente avvertita, non sempre il traduttore sa cogliere e valorizzare l'opportunità di parlare del proprio lavoro.

**Presenza della Nota editoriale**

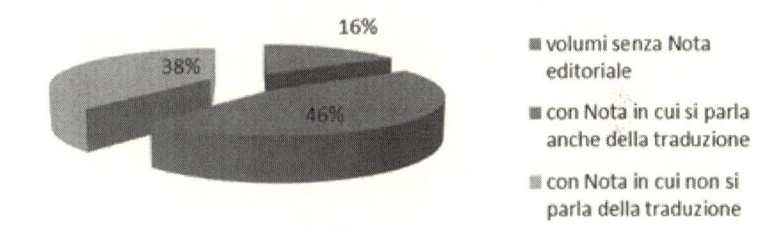

- 38% volumi senza Nota editoriale
- 46% con Nota in cui si parla anche della traduzione
- 16% con Nota in cui non si parla della traduzione

---

nere nel TA. La casistica è molto complessa e variegata e non sempre può essere trattata in modo esaustivo considerando unicamente le Note editoriali. Un esempio è il volume di Spalding 2011, dove la scelta traduttiva fortemente innovativa visibile già dal titolo («vocazione dell'uomo» preferito al tradizionale «destinazione dell'uomo» per la locuzione «*Bestimmung des Menschen*») non viene tematizzata nella Nota editoriale, ma è oggetto di un ampio capitolo del saggio introduttivo. Sui cosiddetti "intraducibili", di cui la filosofia è particolarmente ricca, cfr. *Vocabulaire européen des philosophies. Dictionnaire des intraduisibles*, sous la direction de Barbara Cassin, Paris, Éditions du Seuil, 2004.

Alcuni non redigono proprio la Nota editoriale (16%), come già rilevato in precedenza; altri lo fanno ma senza soffermarsi sugli aspetti traduttivi e, come mostra il grafico, si tratta di un gruppo piuttosto consistente (38%). A questi andrebbero aggiunti anche i casi, peraltro rari, di traduttori che mostrano evidenti difficoltà a parlare degli aspetti traduttivi: lo fanno con un certo imbarazzo, in modo molto generale o in poche righe, dove magari ci si limita a comunicare l'esistenza di precedenti traduzioni (Fichte 2008), oppure si accenna di sfuggita alla caratteristica del testo ritenuta dominante (Schelling 2013; Rosenkranz 2012).[24] Sommando i primi due gruppi (volumi senza Nota e Note in cui non si parla di traduzione), risulta che i traduttori che decidono di non uscire allo scoperto, di non manifestarsi, sono comunque la maggioranza – un dato sorprendente, soprattutto a fronte del dibattito in corso in questi ultimi decenni sul linguaggio e sulla traduzione, non soltanto tra i linguisti e i traduttori, ma anche tra i filosofi.

Volgendo invece l'attenzione alle caratteristiche delle Note editoriali presenti nel corpus, il livello formale appare ben delineato: nonostante si tratti di un genere di testo poco diffuso e per il quale non esiste ancora uno standard di riferimento, si notano già precise tendenze che, si può presumere, si andranno via via cristallizzando come elementi distintivi (*textkonstitutiv*) di questo meta-testo, ad esempio una lunghezza media che va dalle due alle quattro pagine, la collocazione in apertura, nella prima parte del volume e subito prima della traduzione stessa, e infine un'articolazione interna poco marcata e rispondente a criteri funzionali più che tematici. Appare più sfumata, invece, la questione della denominazione, nel corpus troppo influenzata dalle norme editoriali della collana ma comunque poco soddisfacente dal punto di vista traduttivo, poiché focalizza l'attenzione più sul lavoro di edizione che su quello di traduzione. Sarebbe quindi auspicabile trovare una denominazione diversa che permetta di valorizzare entrambi i ruoli.

Nella Nota i diversi traduttori affrontano con maggiore o minore slancio il compito della riflessione meta-testuale e avviano un processo ragionato che li aiuta a rendere consapevoli le strategie che, spesso in modo spontaneo, hanno applicato traducendo. L'occhio rimane puntato sulla prassi traduttiva, sulla concretezza delle situazioni e sulle scelte a cui esse costringono, e da

---

24  Ne porto un solo esempio: «Si è cercato di evitare ogni pesantezza e, pur mantenendo il necessario rigore, di rendere agevole la lettura a chi non si interessa esplicitamente di filosofia» (Rosenkranz 2012, p. 33). Questa è l'unica frase che il curatore/traduttore del volume dedica agli aspetti traduttivi.

qui si innescano considerazioni più generali sulle strategie adottate a livello testuale, un processo che porta il traduttore stesso a mettere meglio a fuoco il proprio *modus operandi*. Questa operazione, che non è affatto priva di fatica, soprattutto le prime volte, si rivela però di grande utilità.

In primo luogo, richiamare l'attenzione su alcune peculiarità linguistiche e stilistiche di un testo ha come risultato quello di stimolare l'attenzione del lettore meno predisposto a questo tipo di considerazioni, aiutandolo ad avvicinarsi al testo in modo più consapevole e a valorizzare aspetti su cui forse non si sarebbe soffermato. Nei volumi del *Pensiero occidentale* la presenza del testo a fronte mantiene sempre chiara la percezione che quello che si sta leggendo è una traduzione; in altri contesti, dove ciò non accade, la possibilità di inserire un'Avvertenza del traduttore sarebbe di grande aiuto per sollevare, almeno in parte, il velo dell'invisibilità. Inoltre sarebbe molto interessante indagare con studi empirici quali effetti questi meta-testi sortiscano sui lettori: sono rarissimi gli studi che hanno affrontato questo tema, ma sarebbe un *feedback* utilissimo per capire se e in che modo le dichiarazioni del traduttore e, in generale, la sua visibilità influiscano sulla lettura del testo e sulla percezione delle sue caratteristiche.[25]

In secondo luogo (ma non secondario per importanza), a trarre vantaggio dal lavoro di riflessione meta-traduttiva è il traduttore stesso, che impara a conoscere sempre meglio il proprio modo di lavorare e a tenere maggiormente sotto controllo processi inconsapevoli come inferenze e automatismi nella selezione lessicale. Riuscire a descrivere in modo semplice e pregnante le varie fasi di decodifica e ricodifica del testo, valutare i residui che in ogni passaggio si sono prodotti e motivare le priorità che si sono fissate in base alla propria valutazione della dominante del testo non è semplice, e richiede di riprendere in mano il proprio lavoro per guardarlo da un punto di vista diverso, con uno sguardo critico esterno – si tratta di una fatica aggiuntiva di cui non tutti evidentemente sono disposti a farsi carico, ma il salto di qualità che ne deriva in termini di consapevolezza e affinamento delle tecniche traduttive compensa generosamente la fatica.

---

25 Uno dei rari esempi è lo studio compiuto da JELLE STEGEMAN, *Übersetzung und Leser: Untersuchungen zur Übersetzungsäquivalenz dargestellt an der Rezeption von Multatulis "Max Havelaar" und seinen deutschen Übersetzungen*, Berlin, de Gruyter, ²2011 (si vedano in part. pp. 102-104 e 298-308). Tramite dei questionari somministrati a gruppi di lettori-campione, Stegeman analizza come vengano recepiti dai lettori i meta-testi, ma nelle traduzioni che egli considera non vi è purtroppo alcuna "Avvertenza" o "Nota del traduttore" nel senso considerato qui.

Un primo passo verso il raggiungimento della piena visibilità è senz'altro costituito dal rispetto della figura del traduttore, ma il tema della visibilità non va visto soltanto *ex negativo*, come si accennava all'inizio. In un secondo momento deve essere considerato in positivo, come un valore da promuovere, e una delle iniziative che portano in questa direzione potrebbe essere proprio la Nota del traduttore, che permette di presentarsi al lettore in modo attivo e propositivo in qualità di mediatore o co-autore del testo.[26] Considerata in quest'ottica, la visibilità non è più soltanto un diritto, ma anche un compito.

## APPENDICE – IL CORPUS

Tutti i volumi della collana *Il pensiero occidentale* contenenti opere tradotte dal tedesco all'italiano sono elencati in ordine cronologico in base all'anno di pubblicazione (dal 2000 al 2016 compreso); segue l'autore, il titolo dell'opera e il nome del/i traduttore/i. L'indicazione tipografica "Milano, Bompiani" è valida per tutti e quindi omessa.

| 2000 | Hans-Georg Gadamer | Verità e metodo | Gianni Vattimo |
|---|---|---|---|
| 2001 | Karl R. Popper | Tutta la vita è risolvere problemi. Scritti sulla conoscenza, la storia e la politica | Dario Antiseri |

---

Nella stessa direzione va l'indagine di BARTESAGHI – OSIMO – ZECCA, *La nota del traduttore*, cit., che riguarda però le note a piè di pagina.

26 Si muove in questa direzione già Appiah con la sua teoria della *thick translation*, che egli colloca però soprattutto in un contesto didattico (KWAME ANTHONY APPIAH, Thick translation, in "Callaloo", 16.4 [1993], pp. 808-819). Gaetano Chiurazzi mette invece in campo la responsabilità etica del traduttore come «difensore della differenza»: «I traduttori – la cui opera è ingiustamente svilita a livello professionale, proprio perché non se ne capisce la vera funzione etica e sociale – sono così dei "difensori della differenza": lo sono proprio perché parlano più lingue, e sono perciò in grado di capire quella differenza che il monolingue non è in grado di comprendere. [...] La *Nota del traduttore*, per quanto ciò possa apparire paradossale, è perciò il gesto etico più alto che un traduttore possa fare: non come ammissione di una sconfitta, ma come difesa della verità della differenza». GAETANO CHIURAZZI, *La nota del traduttore, spia della diversità*, in "Tradurre. Pratiche teorie strumenti", 7 (autunno 2014), https://rivistatradurre.it/2014/11/la-nota-del-traduttore-spia-della-diversita/ (ultimo accesso: 19.02.2018).

| | | | |
|---|---|---|---|
| 2002 | Martin Heidegger | Holzwege. Sentieri erranti nella selva | Vincenzo Cicero |
| 2002 | Friedrich Wilhelm J. Schelling | Filosofia della Rivelazione | Adriano Bausola |
| 2003 | Werner Jaeger | Paideia. La formazione dell'uomo greco | Luigi Emery, Alessandro Setti |
| 2003 | Dietrich von Hildebrand | Essenza dell'amore | Paola Premoli De Marchi |
| 2003 | Christian Wolff | Metafisica tedesca. Annotazioni alla Metafisica tedesca | Raffaele Ciafardone |
| 2003 | Friedrich Hölderlin | La morte di Empedocle | Laura Balbiani |
| 2004 | Paul Friedländer | Platone | Andrea Le Moli |
| 2004 | Immanuel Kant | Critica della ragion pura | Costantino Esposito |
| 2004 | Immanuel Kant | Critica della ragion pratica | Vittorio Mathieu |
| 2004 | Immanuel Kant | Critica del giudizio | Massimo Marassi |
| 2005 | Max Pohlenz | La Stoa. Storia di un movimento spirituale | Ottone De Gregorio |
| 2005 | Martin Heidegger | Inni di Hölderlin *Germania* e *Il Reno* | Giovanni Battista Demarta |
| 2006 | Hans-Georg Gadamer | Ermeneutica. Uno sguardo retrospettivo | Giovanni Battista Demarta |
| 2006 | Dietrich von Hildebrand | Estetica | Vincenzo Cicero |
| 2006 | Max Pohlenz | L'uomo greco | Beniamino Proto |
| 2006 | Martin Heidegger | Sul principio | Giovanni Battista Demarta |
| 2006 | Immanuel Kant | Metafisica dei costumi | Giuseppe Landolfi Petrone |
| 2006 | Arthur Schopenhauer | Il mondo come volontà e rappresentazione | Sossio Giametta |
| 2006 | Paul Yorck von Wartenburg | Tutti gli scritti | Francesco Donadio |

| 2007 | Wilhelm Dilthey | Introduzione alle scienze dello spirito | Gian Antonio De Toni, rivista da Giovanni Battista Demarta |
|---|---|---|---|
| 2007 | Edmund Husserl | Esperienza e giudizio: ricerche sulla genealogia della logica | Filippo Costa, Leonardo Samonà |
| 2008 | Johannes Nikolaus Tetens | Saggi filosofici sulla natura umana e sul suo sviluppo | Raffaele Ciafardone |
| 2008 | Johann Gottlieb Fichte | Sistema di etica | Enrico Peroli |
| 2008 | Edmund Husserl | La teoria del significato | Anselmo Caputo |
| 2008 | Rainer Maria Rilke | Tutti gli scritti sull'arte e sulla letteratura | Elena Polledri |
| 2009 | August Wilhelm Schlegel – Friedrich Schlegel | *Athenaeum* 1798-1800 | Giorgio Cusatelli, Elena Agazzi, Donatella Mazza |
| 2009 | Max Scheler | L'Eterno nell'uomo | Paola Premoli De Marchi |
| 2010 | Hans Jonas | Gnosi e spirito tardo antico | Claudio Bonaldi |
| 2010 | Rudolf Hermann Lotze | Logica | Franco De Vincenzis |
| 2010 | Friedrich Nietzsche | Così parlò Zarathustra | Sossio Giametta |
| 2011 | Eduard Zeller | Gli Eleati | Rodolfo Mondolfo |
| 2011 | Karl Marx – Friedrich Engels | Ideologia tedesca | Diego Fusaro |
| 2011 | Johann Joachim Spalding | La vocazione dell'uomo | Laura Balbiani |
| 2012 | Günter Figal | Oggettualità, esperienza ermeneutica e filosofia | Antonio Cimino |
| 2012 | Heinrich Friedemann | Platone. La sua forma | Giancarlo Lacchin |
| 2012 | Georg Wilhelm F. Hegel | Estetica | Francesco Valagussa |
| 2012 | Martin Heidegger | Hölderlin. Viaggi in Grecia | Tommaso Scappini |
| 2012 | Karl Rosenkranz | Vita di Hegel | Remo Bodei |

| Anno | Autore | Opera | Traduttore |
|---|---|---|---|
| 2013 | Theodor Gomperz | Pensatori greci. Storia della filosofia antica dalle origini ad Aristotele e alla sua scuola | Luigi Bandini |
| 2013 | Martin Heidegger | Ernst Jünger | Marcello Barison |
| 2013 | Max Scheler | Il formalismo nell'etica e l'etica materiale dei valori | Roberta Guccinelli |
| 2013 | Friedrich Wilhelm J. Schelling | L'età del mondo. Redazioni 1811-1813-1815/17 | Vincenzo Cicero, Vito Limone |
| 2013 | Heymann Steinthal | Ermeneutica e psicologia del linguaggio | Davide Bondì |
| 2014 | Gotthold Ephraim Lessing – Johann Gottfried Herder | Dialoghi per massoni | Moreno Neri |
| 2014 | Wilhelm H. Wackenroder – Ludwig Tieck | Opere e lettere. Scritti di arte, estetica e morale | Elena Agazzi, Federica La Manna, Andrea Benedetti |
| 2014 | Martin Heidegger | Pensieri-guida sulla nascita della metafisica, della scienza contemporanea e della tecnica moderna | Tommaso Scappini |
| 2014 | Meister Eckhart | Le 64 prediche sul tempo liturgico | Loris Sturlese |
| 2014 | Károly Kerényi | Rapporto con il divino e altri saggi | Fabio Cicero |
| 2015 | Friedrich Hölderlin | Iperione o l'eremita in Grecia | Laura Balbiani |
| 2015 | Karl Jaspers | Della verità. Logica filosofica | Diego D'Angelo |
| 2016 | Martin Heidegger | Dell'essenza della libertà umana. Introduzione alla Filosofia | Matteo Pietropaoli |
| 2016 | Immanuel Kant | Lezioni sul diritto naturale (*Naturrecht Feyerabend*) | Norbert Hinske, Gianluca Sadun Bordoni |
| 2016 | Friedrich Wilhelm J. Schelling | Sui principi sommi. Filosofia della rivelazione 1841/42 | Francesco Tomatis |

Lucia Salvato

# DALLA TRADUZIONE ALL'AUTO-TRADUZIONE. QUALI CAMBIAMENTI LINGUISTICI COMPORTA LA «DIVULGAZIONE CULTURALE»?

## 1. Introduzione

Nell'esperienza traduttiva, il passaggio da una lingua all'altra comporta spesso mutamenti di ordine culturale. Il traduttore, impegnato a offrire una versione linguistica adatta al nuovo lettore, si fa carico anche di variazioni e nuovi sviluppi testuali in funzione della cultura "altra" sottostante la lingua di arrivo. Nello stesso tempo, però, nel passaggio linguistico il traduttore può anche riprendere determinanti aspetti dell'originale, contribuendo così alla *cultural dissemination* (divulgazione culturale). Con tale termine si indica la tendenza di una cultura di arrivo ad adottare alcuni tratti della cultura di partenza, e, nel caso di una traduzione, l'inclinazione del traduttore a formulare una traduzione orientata al prototesto e quindi alle sue esigenze filologiche, mantenendone gli aspetti culturali più rilevanti.[1]

Ma «che cosa accade quando a tradurre è l'autore stesso?».[2] Che tipo di variazioni o divulgazione culturale viene operata introducendo un secondo testo 'originale'? Se, infatti, l'autore da una parte può cercare di rimanere fedele alla manifestazione lineare del testo, dall'altra potrebbe voler prediligere la sua poetica, e quindi quella specifica arte di scrivere che, nel caso di un'auto-traduzione, non è altro che la realizzazione inedita dello stesso testo in un'altra lingua.

Per comprendere meglio questo complesso fenomeno, si partirà qui dal concetto stesso di "auto-traduzione" e dalle sue principali differenze con la traduzione tout-court.

---

[1] Cfr. tra gli altri Robert Axelrod, *The Dissemination of Culture. A Model with Local Convergence and Global Polarization*, in "The Journal of Conflict Resolution", 41/2 (1997), Sage Publications, pp. 203-226.

[2] Umberto Eco, *Come se si scrivessero due libri diversi*, in *Autotraduzione e riscrittura*, a cura di Andrea Ceccherelli *et al.*, Bologna, Bononia University Press, 2013, p. XVII.

## 2. Che cosa si intende per auto-traduzione

Nel suo saggio "Il processo autotraduttivo" Laura Salmon mette in luce l'importanza di non delimitare la discussione sull'auto-traduzione considerando solo il prodotto, ma di estenderla anche al processo che ad esso porta.[3] Secondo la definizione ufficiale dello studioso canadese Rainier Grutman, riportata nella *Routledge Encyclopedia of Translation Studies*, il termine "auto-traduzione" definisce, infatti, sia l'atto del tradurre un proprio scritto in un'altra lingua, sia il prodotto di tale atto:

> The terms **auto-translation** and **self-translation** refer to the act of translating one's own writings or the result of such an undertaking. A fairly common practice in scholarly publishing, auto-translation is frowned upon in literary studies. Translation scholars themselves have paid little attention to the phenomenon, perhaps because they thought it to be more akin to bilingualism than to translation proper.[4]

Se in inglese la traduzione tradizionale viene indicata con i termini *normal* e *ordinary translation*,[5] quelli ufficialmente usati per descrivere l'auto-traduzione sono *self-translation* e *auto-translation*, con una preferenza per il secondo che ha ormai sostituito del tutto il primo (cfr. *Routledge Encyclopedia* 2009); in tedesco, invece, si usa per lo più il termine *Selbst-Übersetzung*, affiancato da *Eigenübersetzung* e *Ipsoübersetzung*.[6]

A partire dalle intense ricerche del XX secolo nel campo della traduzione (vd. rif. bibl. in nota 5), le auto-traduzioni hanno attirato nel tempo l'attenzione di linguisti e traduttori, così che – anche grazie alla pubblicazione della prima edizione della *Routledge Encyclopedia* (1998) – la loro ricerca è stata riconosciuta come parte integrante degli studi sulla traduzione.

---

3    Laura Salmon, *Il processo auto traduttivo: definizioni e concetti in chiave epistemologico-cognitiva*, ivi, p. 79.
4    *Routledge Encyclopedia of translation studies*, ed. by Mona Baker, London/New York, Routledge, 1998/2001, p. 17 (grassetto nell'originale); cfr. Rainier Grutman, *Self-translation*, in *Routledge Encyclopedia of Translation Studies*, ed. by Mona Baker and Gabriela Saldanha, London-New York, Routledge, ²2009, p. 257.
5    Cfr. Jan Walsh Hokenson – Marcella Munson, *The Bilingual Text. History and Theory of Literary Self-Translation*. Manchester & Kinderhook, St. Jerome Publishing, 2007, pp. 12-14; Gideon Toury, *Descriptive Translation Studies and Beyond*, Revised edition, Amsterdam/Philadelphia, John Benjamins, 2012, pp. 279, 282-284.
6    Cfr. Gou-Yeun Chung, *Ipsoübersetzung: Untersuchung der Funktionsgerechtigkeit von Abweichungen in Ahn Junghyos Selbstübersetzung Silver Stallion*, "독일언어문학 제62집", 12 (2013), pp. 95-113.

Tra i più famosi autori della letteratura europea che hanno realizzato auto-traduzioni vi sono James Joyce, Samuel Beckett, Stefan George e Rainer Maria Rilke. La domanda, però, è come mai noti scrittori hanno deciso di riprodurre in una seconda lingua un lavoro che avevano già formulato in una versione precedente. Tralasciando le più complesse considerazioni di mercato, i motivi che possono spingere un autore ad auto-tradursi possono essere diversi; fra questi l'insoddisfazione rispetto alle traduzioni già esistenti o un bilinguismo (quasi) perfetto che porta ad affrontare questa pratica come una sfida, che offre anche la possibilità di "künstlerische und kulturelle Unterschiede in verschiedenen Sprachen auf unterschiedliche Weise darzustellen".[7]

Tuttavia, un'esperienza comune è la percezione delle numerose difficoltà nascoste in questo non facile compito, come sottolineò lo scrittore e artista tedesco Wolfgang Hildesheimer (1916-1991) nell'osservare la grande difficoltà sia dei suoi traduttori a rendere i suoi testi in un'altra lingua, sia di se stesso come auto-traduttore.[8] Una simile esperienza deve averla fatta anche Samuel Beckett, il quale spesso sottolineava quanto fosse difficile e impegnativo il compito di tradurre certe opere. Non a caso, in una lettera del 1957 all'amico Thomas MacGreevy si legge: «How sick and tired I am of translation, and what a losing battle it is always. Wish I had the courage to wash my hands of it all, I mean leave it to others and try and get on with some work».[9] Anche Joyce, nella sua lunga esperienza di traduzione del romanzo *Finnegans Wake*, dichiarò serenamente che vi era una sola persona al mondo in grado di capire quanto egli aveva scritto, e quella persona era egli stesso.[10]

Alla luce di tale sfida traduttiva, nel presente lavoro verrà proposta un'analisi di alcune parti di auto-traduzioni prodotte da Joyce e da Hildesheimer; l'analisi intende mettere a fuoco quelle scelte linguistiche dei due autori che maggiormente evidenziano la strategia traduttiva e quindi l'impostazione culturale ad essa sottostante rispetto al testo di arrivo.

---

7   CHRISTINE LOSERL, *Übersetzung und Selbstübersetzung im Werk von Ariel Dorfman*, Diplomarbeit, Universität Wien, 2011, p. 35.
8   Cfr. WOLFGANG HILDESHEIMER, *Ich werde nun schweigen. Gespräch mit Hans Helmut Hillrichs in der Reihe „Zeugen des Jahrhunderts"*, hrsg. von Ingo Hermann, Göttingen, Lamuv Verlag, 1993, p. 80.
9   Cit. in JAMES KNOWLSON, *Damned to Fame: The Life of Samuel Beckett*. London, Bloomsbury, 1996, p. 438.
10  «For the moment there is still a person in the world, I, who can understand what I've written»; JAMES JOYCE, *Letters of James Joyce*, ed. by Stuart Gilbert, London, Faber and Faber, 1957, p. 67.

## 3. Wolfgang Hildesheimer: bilinguismo e traduzione

Wolfgang Hildesheimer è noto sia come scrittore sia come artista di *collage*. Come scrittore è famoso soprattutto per le sue opere in prosa, tra cui la sua prima raccolta di racconti *Lieblose Legenden* (1952), il romanzo *Tynset* (1965) e l'ormai famosa biografia *Mozart* (1977) con la sua controparte *Marbot* (1981).

Alla carriera di scrittore è legata la sua esperienza di traduttore, favorita dal suo vivo interesse per le lingue, con le loro diversità, come dal suo bilinguismo, in quanto conosceva molto bene sia il tedesco che l'inglese grazie ai lunghi periodi di studio e lavoro tra Germania, Inghilterra e nella Palestina del Mandato britannico.[11]

### 3.1 Hildesheimer traduttore

Il primo lavoro di traduzione di Hildesheimer risale agli anni 1947-1949, quando egli ricevette l'offerta di fare da interprete simultaneo ai processi di Norimberga. Questa fu per lui occasione per rimanere a stretto contatto con le lingue tedesca e inglese e per approfondirne le peculiarità. Anche come traduttore egli lavorò soprattutto con testi inglesi e tedeschi; i suoi primi esperimenti traduttivi avvennero nel periodo precedente la fine della II guerra mondiale, quando pubblicò la traduzione di una poesia di Stefan George dalla raccolta *Das Jahr der Seele* (1897) e la traduzione del racconto di Kafka *Elf Söhne* (1916); a partire dagli anni '50, invece, si dedicò soprattutto alla letteratura inglese[12].

---

11   Cfr. WOLFGANG HILDESHEIMER, *Der Autor als Übersetzer. Der übersetzte Autor*, in ID., *Gesammelte Werke in sieben Bänden*, hrsg. von Christiaan Lucas Hart Nibbrig und Volker Jehle, Frankfurt am Main, Suhrkamp, 1985/1991, vol. VII (1991), p. 211.

12   Hildesheimer tradusse in tedesco *Nightwood* (1936) di Djuna Barnes, un capitolo del *Finnegans Wake* (1923-39) di James Joyce, un'opera in prosa di Samuel Beckett (*As the Story was Told*, 1966; ted. *Wie die Geschichte erzählt wurde*, 1973) e due testi teatrali di George Bernard Shaw (*Saint Joan*, 1924; ted. *Die heilige Johanna*, 1966 e *Arms and The Man*, 1898/1930; ted. *Helden*, 1970). Dall'inglese tradusse soprattutto testi teatrali, due di Richard Brinsley Sheridan (*The School for Scandal*, 1782; ted. *Die Lästerschule*, 1960 e *The Rivals*, 1775; ted. *Rivalen*, 1961) e uno di William Congreve (*The Way of the World*, 1700; ted. *Der Lauf der Welt*, 1982), arrivando perfino a confrontarsi con la traduzione di un testo del drammaturgo e librettista Carlo Goldoni (*Un curioso accidente*, 1760 riadattato in tedesco con il titolo *Die Schwiegerväter*, 1961), le didascalie nel *Quo vadis?* di Ronald Searle e sei dei suoi fotoromanzi (1962).

La caratteristica principale del suo modo di interpretare testi di altri autori consiste in una certa libertà traduttiva e quindi nell'allontanamento dalla più specifica equivalenza linguistica fra testo di partenza e testo di arrivo. La maggior parte dei suoi lavori in questo campo rientra, infatti, in altre tipologie di rielaborazione testuale, come la *Bearbeitung* e la *Nachdichtung*.[13] Tra le forme di traduzione, che dimostrano la sua capacità di conservare contenuto, effetto ed espressività dell'originale evitando la rielaborazione letterale, vi è la traduzione in inglese della poesia di George, *Trauervolle Nacht* (1897), apparsa con il titolo *In mournful night* (1944):

| Stefan George[14] | Wolfgang Hildesheimer[15] |
|---|---|
| Trauervolle nacht! Schwarze sammetdecke dämpft Schritte im gemach Worin die liebe kämpft. | In mournful night you heard Steps on black velvet floor Of darkened rooms, where love Fought but to rise no more. |
| Den tod gab ihr dein wunsch Nun siehst du bleich und stumm Sie auf der bahre ruhn Es stecken lichter drum. | Your wishful thought gave death; Now speechless, without sound You look at her: at rest She lies; with lights around. |
| Die lichter brennen ab Du eilest blind hinaus Nachdem die liebe starb – Und weinen schallt im haus. | The lights burn low; and you Go blind into the night, To leave your house and hers: The house where love has died. |

---

13 Per la definizione delle tipologie di rielaborazione testuale di veda DUDEN, *Deutsches Universalwörterbuch*, 5. überarbeitete Auflage, Mannheim/Leipzig u.a., Dudenverlag, 2003, p. 240, p. 1115 e la sua versione online (*Duden online*); cfr. anche MICHAEL SCHREIBER, *Übersetzungen und andere Formen der Textverarbeitung und Textproduktion in sprachwissenschaftlicher Sicht*, in *Übersetzung – Translation – Traduction. Ein internationales Handbuch zur Übersetzungsforschung. An international Encyclopedia of Translation Studies. Encyclopédie internationale des sciences de traduction*, hrsg. von Armin Paul Frank *et al.*, Berlin/New York, Teilband, de Gruyter, 2004.

14 STEFAN GEORGE, *Das Jahr der Seele,* in Id., *Gesamt-Ausgabe der Werke,* Berlin, Verlag der Blätter für die Kunst, 1928, vol. IV, pp. 99-100.

15 Cit. in VOLKER JEHLE, *Wolfgang Hildesheimer – Werkgeschichte*, Nordhausen, Traugott Bautz Verlag, 2003, vol. II, p. 402.

Che si tratti di una traduzione più libera lo si nota già dal primo verso, che dà il titolo alla poesia, *In mournful night you heard*, nel quale il traduttore Hildesheimer dimostra di godere della stessa libertà, "die der Dichter genießt".[16] Nella traduzione si osservano, infatti, alcune caratteristiche sintattico-lessicali e differenze stilistiche, che però non provocano forti cambiamenti nell'espressività della resa traduttiva.

Da un punto di vista *lessicale*, Hildesheimer aggiunge termini, espressioni e aggettivi con l'obiettivo di rendere esplicito ciò che nell'originale tedesco è rimasto implicito o talvolta oscuro. Nel *mournful night* i passi, cui in tedesco solo si accenna, vengono esplicitamente sentiti (*you heard*); le stanze, menzionate nell'originale con un termine singolare della lingua aulica (*gemach*), che suggerisce un luogo raffinato e fa pensare a un amore fra nobili, assumono nella versione inglese la forma moderna (*rooms*) con l'aggiunta del plurale e dell'aggettivo (*darkened*), forse per sottolineare il fatto che l'amore ha lottato ovunque nella casa, anche se invano (*but to rise no more*). Inoltre, sebbene entrambe le versioni sono formate da tre strofe a quattro versi, solo George cerca di associare i versi in modo omogeneo con rima incrociata attraverso una più precisa scelta lessicale (*dämpft–kämpft*; *stumm–drum*; *hinaus–haus*); i versi di Hildesheimer, invece, sono legati per lo più dall'assonanza e quindi seguono una struttura rimica più libera (*heard–love*; *death–rest*; *night–died*).

Se dunque nella traduzione poetica Hildesheimer opera con una certa libertà, quando egli si fa traduttore di se stesso, dimostra un forte attaccamento al testo originale, riproponendone le singolarità «mit größtmöglicher Genauigkeit»[17].

### 3.2 *Hildesheimer traduttore di se stesso*

I due discorsi, che Hildesheimer aveva originariamente pianificato in inglese per un pubblico inglese, sono *The End of Fiction* (1975/1991)[18] e *The Jewishness of Mr Bloom* (1984/1991); nello stesso anno egli li tradusse per un pubblico tedesco con il titolo *Das Ende der Fiktionen*[19] e *Das Jüdische an Mr Bloom*[20]. Tuttavia, come egli stesso dichiarò più tardi, non si trattò di

---

16  Ibidem.
17  WOLFGANG HILDESHEIMER, *The Jewishness of Mr. Bloom. ,Bloomsday Dinner Speech'*, in ID., *Gesammelte Werke*, cit., vol. VII, p. 196.
18  WOLFGANG HILDESHEIMER, *The End of Fiction*, ivi, pp. 125-140.
19  WOLFGANG HILDESHEIMER, *Das Ende der Fiktionen*, ivi, pp. 141-158.
20  WOLFGANG HILDESHEIMER, *Das Jüdische an Mr. Bloom*, ivi, pp. 196-210.

un'attività semplice o meccanica, "denn es gibt Dinge, die in allen Sprachen anders klingen"[21] contro cui non si può far nulla.

Nei paragrafi che seguono verranno perciò presentate alcune scelte linguistiche operate da Hildesheimer nel passaggio dalla versione inglese a quella tedesca di entrambi i discorsi.[22] Scopo dell'analisi è quello di mostrare la strategia traduttiva, con cui Hildesheimer ha inteso evidenziare sia le potenzialità delle due lingue che, in quanto traduttore, ha riscontrato nel suo personale incontro con i propri testi, sia le particolarità culturali in essi racchiuse. Quattro sono i campi di ricerca in cui è stata suddivisa l'analisi: allitterazione, termini stranieri e calchi linguistici, metafore e modi di dire, estensione del testo.

### 3.2.1 *Allitterazione*

Fra i brani che presentano espressioni linguistiche allitteranti, uno in particolare pare prototipico in un'analisi comparativa fra inglese e tedesco; queste sono infatti lingue caratterizzate da simili fenomeni linguistici, che spesso le diversificano solo graficamente ma non foneticamente. Grazie alla rotazione consonantica, ad esempio, la fricativa labiodentale sorda [f] cambia in tedesco semplicemente in sonora [v], così che la traduzione dei termini corrispondenti li rende concordanti sia a livello semantico che a livello fonetico:

> And in his desire to **forg**ive and to **forg**et (JB 193)
> Und in seinem **Ver**langen nach **Verg**ebung und **Verg**essen (JB 208)

L'introduzione di un terzo termine, *Verlangen*, per tradurre l'inglese *desire* – che in tedesco corrisponderebbe a *Wunsch* o *Wille*, differenti però foneticamente rispetto agli altri due – fa pensare che Hildesheimer abbia volutamente operato con una forte precisione nella scelta traduttiva, per sottolineare le affinità linguistiche tra le due lingue. È noto, infatti, quanto Hildesheimer amasse analizzare fin nei particolari la lingua da usare nei suoi scritti, sia letterari che personali, ma è anche interessante notare quanto le sue scelte linguistiche abbiano spesso riguardato anche e soprattutto il livello fonetico.

---

21　HILDESHEIMER, *Ich werde nun schweigen*, cit., p. 80.
22　I brani presi dalle due versioni in inglese e dalle due versioni in tedesco saranno indicati con le iniziali del rispettivo titolo (*EF* per *The End of Fiction* e *Das Ende der Fiktionen* e *JB* per *The Jewishness of Mr Bloom* e *Das Jüdische an Mr Bloom*) affiancato dalla pagina corrispondente; i termini oggetto di analisi saranno evidenziati in grassetto.

È quanto accade di fronte all'espressione inglese seguente, che non presenta particolarità fonetiche, che Hildesheimer invece propone nella traduzione:

> As aggressor and pleader (JB 192)
> Als **Ang**reifer und **Ang**egriffener (JB 207)

Con i due termini allitteranti in *ang-*, che fa mantenere una certa affinità fonetica al solo primo termine inglese (*aggressor*), l'autore-traduttore reinventa un singolare ossimoro, nel quale i due termini, semanticamente opposti, sono resi in modo foneticamente affine.

### 3.2.2 *Termini stranieri e calchi linguistici*

Un altro elemento che dimostra il profondo interesse di Hildesheimer per le lingue e le loro differenze è la grande quantità di termini stranieri e calchi linguistici presenti in diversi brani di entrambe le versioni dei due discorsi. A volte si tratta di un termine straniero preso *tout court* da un'altra lingua, soprattutto il francese; a volte si tratta di un derivato, un calco linguistico, la cui origine può risalire anche alle lingue latina o greca.

Nell'esempio seguente si ha una forma particolare di calco linguistico preso dal francese:

> Any writer would be, speaking about **writing** [...] (EF 125)
> Das allerdings tut jeder Schriftsteller, der sein **Metier** behandelt (EF 141)

Il sostantivo *Metier* si presenta come calco linguistico del francese *métier* in qualità di "iperonimo" rispetto al denotato inglese *writing*, che avrebbe potuto essere reso anche con il termine *Beruf*, evidentemente troppo prevedibile per un amante dell'originalità linguistica come Hildesheimer.

In un altro passaggio, per il termine inglese *example* Hildesheimer evita la traduzione letterale che si avrebbe usando il termine *Beispiel* e privilegia il calco linguistico *Exempel* proveniente dal latino *exemplum*, già presente nel medio alto tedesco:

> he set an **example** (EF 129)
> er hat ein **Exempel statuiert** (EF 145-46)

A questo termine Hildesheimer affianca un secondo calco linguistico, il verbo *statuieren* (con il significato di *aufstellen, festsetzen, bestimmen*) proveniente dal latino *statuere* e qui usato in senso figurato.

Sono infine diversi i termini stranieri presi *tout court* dal latino e mantenuti in entrambe le versioni inglese e tedesca, tra i quali le espressioni *ad libitum* (EF 134/152) e *ad nauseam* (EF 132/149); mentre è curioso che il termine *Pathos* sia presente solo nella versione tedesca (EF 147) e non nel corrispondente inglese (EF 130). Evidentemente Hildesheimer era avvezzo a "giocare" con la lingua più in tedesco che in inglese, come dimostrano le numerose lettere e cartoline ai familiari tedeschi ricche di particolari descrizioni.[23]

### 3.2.3 Metafore e modi di dire

Nonostante Hildesheimer abbia fatto spesso ricorso a numerosi artifici letterari, l'uso di metafore, figure retoriche o modi di dire non si presenta mai in entrambe le versioni dei suoi discorsi: esse sono considerate intraducibili («schlechthin unübersetzbar») e neppure la migliore traduzione sarebbe in grado di rendere la versione originale («die optimale Lösung [kann] das Original nicht wiedergeben»); il testo di arrivo sarebbe, perciò, destinato ad assumere "einen artifiziellen Charakter".[24]

Secondo Hildesheimer, le figure retoriche sono un primo esempio di elementi linguistici che, se tradotti in un'altra lingua, semplicemente perdono il loro carattere naturale. Tropi e figure retoriche si sviluppano infatti in una specifica cultura e riflettono la forma di vita delle persone di quella stessa cultura. Il tentativo di riprodurli in un'altra lingua sfida perciò il traduttore a trovare espressioni che possano rendere un effetto simile all'originale per mezzo di immagini appropriate.

Hildesheimer preferì sottrarsi al problema prendendo due strade: da una parte convertendo la metafora inglese nel corrispondente termine denotativo tedesco, dall'altra, se opportuno, aggiungendo una metafora presa dalla cultura tedesca in corrispondenza del denotato inglese. In questo secondo caso, spesso la scelta lessicale cade su forme più complesse, e quindi su espressioni figurate riprodotte sotto forma di collocazioni o di strutture verbali con supporto nominale come i *Funktionsverbgefüge*[25]. Esse sono costituite da un *Vorverb* semanticamente debole in un determinato contesto e un *Nachverb* che può essere complesso (*Präpositionalobjekt*) e che contiene l'informazione lessicale principale. Un esempio di tale struttura complessa è dato dall'espressione *zur Weißglut bringen*, la quale riproduce il semplice verbo inglese *to infuriate*:

---

23 WOLFGANG HILDESHEIMER, *Was ist eigentlich ein Escoutadou? Briefe mit Zeichnungen an Julie*, Vorwort v. S. Hildesheimer, Warmbronn, Urlich Keicher, 1996.
24 HILDESHEIMER, *Das Jüdische an Mr. Bloom*, cit., p. 196.
25 HARALD WEINRICH, *Textgrammatik der deutschen Sprache*, Mannheim u.a., Dudenverlag, 1993, p. 1053.

> Bloom finally **infuriates** the „citizen" by arguing [...] (JB 189)
> Bloom **bringt** schließlich den „Bürger" **zur Weißglut** mit dem Argument [...] (JB 203)

Il contrario accade, invece, ogni volta che Hildesheimer, al posto della forma metaforica, usa la denotazione corrispondente al termine da tradurre, come si nota nel caso della traduzione della figura retorica del *climax*:

> However that may be, **this apparent pantomime** is moving towards a terrible **climax** (JB 192)
> **Diese seltsam eindringliche Pantomime** bewegt sich auf einen furchtbaren **Höhepunkt** zu (JB 206)

Qui va però notato che l'aggettivo *apparent* (in tedesco *deutlich, offensichtlich*) non è tradotto letteralmente; al suo posto prevale un'unità sintatticamente complessa, che unisce il dimostrativo *diese*, l'avverbio *seltsam* e l'aggettivo *eindringlich*, e che con il nome *Pantomime* forma un intero sintagma nominale.

*Eine Runde* in tedesco equivale metaforicamente a un certo numero di bevande, prevalentemente alcoliche, che vengono ordinate per fare "un giro di birra" (*eine Runde Bier*), di vino o di liquore:

> Bloom has never learnt from experience that **paying for a drink or two** was a so much more effective way to pacify fury (JB 189)
>
> Offensichtlich hat Bloom niemals aus Erfahrung gelernt, daß **die Einladung zu ein paar Runden** eine wesentliche wirksamere Methode ist [...] (JB 203)

In inglese, Hildesheimer avrebbe potuto usare la metafora simile "a round of drinks", ma ha preferito l'espressione denotativa *to pay for a drink* e scegliere invece l'espressione metaforica solo nella versione tedesca.

### 3.2.4 Estensione del testo

Nella prefazione alla versione tedesca del discorso *The End of Fiction* Hildesheimer spiega che egli, rispetto all'originale, ha allungato il testo in diversi passaggi, così che la sua seconda versione è divenuta "um etwa ein Fünftel länger", esperienza che sarebbe comune ad ogni traduttore di testi inglesi.[26]

---

26 Hildesheimer, *Das Ende der Fiktionen*, cit., p. 141.

Un primo esempio è il termine *erudition*, che in tedesco viene reso con l'espressione più estesa, *brillante Demonstration von Bildung*, la quale assume la forma di una parafrasi e quindi di un'amplificata descrizione del concetto originale:

> Its style or **erudition** (EF 125)
> oder seiner **brillanten Demonstration von Bildung** (EF 142)

L'estensione del testo può anche coinvolgere l'aggiunta di aggettivi o sostantivi non presenti nell'originale, fungendo così da annotazione o da spiegazione. È il caso del termine *Mitteilung*, che in tedesco sembra voler completare l'espressione "quality of despair", alla quale si associa la possibilità della sua comunicazione:

> What then about the "**quality of despair**"? (EF 137)
> Wie steht es also um die „**Qualität der Verzweiflung" und ihrer Mitteilung**? (EF 154)

Questi ultimi esempi di estensione del testo ricordano la libertà traduttiva dimostrata da Hildesheimer nel rendere in inglese la poesia di George. Tuttavia, la maggior parte degli esempi riportati ha fatto emergere anche la capacità contraria dello scrittore tedesco, ovvero quella di produrre traduzioni letterali con un evidente richiamo a entrambi gli aspetti basilari della lingua, quello semantico e quello fonetico. Gli esempi dimostrano, infatti, che suono e contenuto per Hildesheimer non sono da considerare separati, ma componenti costitutive uno dell'altro, in cui l'aspetto linguistico non si ferma ad essere un semplice veicolo di un contenuto letterario.[27] È quanto si osserva nella difficile traduzione del *Finnegans Wake* di Joyce, oggetto d'analisi del prossimo paragrafo.

## 4. *James Joyce: l'auto-traduzione del Finnegans Wake*

Come secondo esempio di autore che traduce se stesso viene qui proposta la traduzione italiana di alcuni brani dell'ottavo capitolo, *Anna Livia Plurabelle*, del *Finnegans Wake*, di cui James Joyce (1882-1941), scrittore e poeta irlandese, scrisse tre versioni successive (1928, 1930, 1939). La tra-

---

[27] Cfr. WOLFGANG HILDESHEIMER, *Erläuterung, Analyse und Interpretation einer Passage aus Finnegans Wake*, in ID., *Gesammelte Werke*, cit., vol. VII, p. 340.

duzione italiana, da cui verranno presi gli esempi, è del 1939 e sarà confrontata con alcuni brani della versione tedesca dello stesso Hildesheimer. Nel suo saggio intitolato *Erläuterung, Analyse und Interpretation* riguardante le prime 56 righe del capitolo[28] lo scrittore tedesco definisce il suo lavoro come «eine Demonstration der Unübersetzbarkeit», che si avvicina all'originale solo «streckenweise», e che pertanto non potrebbe rendere adeguatamente l'originale, ovvero «seine verblüffende und zwingende Genauigkeit, seine Schönheit» (p. 347). Egli definì, infatti, il suo tentativo interpretativo (*Interpretationsversuch*) e traduttivo (*Übersetzungsversuch*) «nicht mehr als eine Paraphrase» (*ibidem*), sottolineando tutte le difficoltà e le impossibilità a rendere in modo adeguato la lingua di Joyce.

Sulla grande difficoltà – per non dire impossibilità – a tradurre il testo dell'autore irlandese sono state spese molte parole da parte di numerosi autori e studiosi di diverse nazionalità, tutti concordi nell'affermare che:

> *Finnegans Wake* ist das wohl sprachgewaltigste, überbordendste und unübersetzbarste Werk von James Joyce, und *Anna Livia Plurabelle* ist sein bekanntestes Kapitel und seine berühmteste Figur.[29]

È noto che per quest'impresa quasi titanica Joyce non portò a termine l'avventura traduttiva da solo. Al progetto italiano partecipò anche Nino Frank e, più tardi, Joyce beneficiò anche delle annotazioni di Settanni e Crémieux. La collaborazione di più persone testimonia un tipico atteggiamento di Joyce: approfittare di ogni occasione per sviluppare la lingua della sua opera considerata polisemica, poliglotta e transculturale.[30] Ciononostante, in più di una lettera egli attribuì a se stesso la completa paternità della traduzione, riferendosi alla versione italiana in quanto opera che egli stesso aveva portato a termine: «the (partial) Italian version I made of Anna Livia Plurabelle».[31]

Ma in quale modo Joyce lavorò alla sua traduzione?

Osservando le sue scelte traduttive e confrontandole con quelle assai diverse di Hildesheimer, si nota una forte libertà espressiva, che fa ricondurre la traduzione ad una tipologia *target-oriented*, intenta a creare un nuovo

---

28  *Ivi*, pp. 338-351.
29  Il romanzo di Joyce è stato così definito durante un'intervista alla *ARD* – *Hörspieldatenbank* (http://hoerspiele.dra.de).
30  Cfr. ROSA MARIA BOLLETTIERI BOSINELLI, *A proposito di Anna Livia Plurabelle*, in JAMES JOYCE, *Anna Livia Plurabelle*, a cura di Rosa Maria Bollettieri Bosinelli, versione italiana di James Joyce e Nino Frank, Torino: Einaudi, 1996, p. 57s.
31  JOYCE, *Letters*, cit., p. 410.

testo ricco di elementi adeguati ai lettori di lingua italiana e dunque alla loro cultura. Joyce pare, infatti, essere stato particolarmente ansioso di inventare parole con la stessa vivacità che aveva dimostrato nel manipolare e continuamente reinventare la sua versione originale. Fra i cambiamenti lessicali e sintattici di maggior rilievo si nota spesso l'uso dell'*apocope*, un espediente linguistico caratterizzato dalla caduta di uno o più suoni in fine parola, che spesso si affianca allo storpiamento di alcuni termini[32]:

> Well, you know, when the old cheb went futt and did what you know. Yes, I know, go on (JE)
> Beh, sai quando **il messercalzone** andò **in rovuma** e **fe'** ciò che **fe'**? Sì, lo so, **e po'** appresso? (JI)

Hildesheimer, però, non si azzarda a usare tanta libertà, e preferisce tradurre le parole di Joyce in modo più letterale:

> Na, du weißt, als **der alte Eiersack** fehltrat und tat was du weißt. Ja, **weiter, weiter,** ich weiß. (HD)

Spesso Joyce fa uso di originali e sorprendenti costruzioni nominali che sostituiscono costruzioni verbali, mantenute da Hildesheimer, già di per sé caratterizzate da giochi fonetici di vario tipo, come è evidente nei due termini italiani riportati qui di seguito:

> Tuck up your sleeves and loosen your talk-tapes. (JE)
> **Rimboccamaniche e sciogliliguagnolo.** (JI)
> Krempel hoch, laß die Redseele locker (HD)

Uno dei livelli di maggior cambiamento stilistico riguarda l'alternanza dei registri linguistici. Se, ad esempio, nell'originale il registro è più legato alla *Allgemeinsprache*, in italiano spesso Joyce fa uso di un registro più colloquiale, inserendo espressioni tipiche del linguaggio popolare e aggiungendo modi di dire che danno colore alla traduzione. È il caso delle espressioni seguenti:

> Look at the **shirt of** him! Look at the **dirt of** him! And it **steeping and stuping** since this time last wik. (JE)
> **Che sudiciume di camiciaccia! Bagno di qua, bagno di là, otto giorni** di bucato. (JI)

---

32  I termini oggetto di analisi saranno evidenziati in grassetto.

Il cambiamento di registro, che avviene nel passaggio dall'originale inglese alla versione italiana, non si nota invece nella traduzione di Hildesheimer, che invece preferisce restare fedele in modo quasi letterale:

> **Guck mal** das Hemd **auf ihm**! **Guck mal** den Dreck **an dem**! Und **gew**eicht und **gew**ickelt seit heut vor 'ner Wanne. (HD)

Nel brano è inoltre interessante notare la fedeltà di Hildesheimer anche alla struttura sintattica originale, caratterizzata dall'anafora; egli riprende quasi letteralmente la ripetizione della stessa espressione anaforica (*Look at the*/*Guck mal*), impegnandosi a trovare due participi (*geweicht und gewickelt*) che ripropongono l'allitterazione inglese (*steeping and stuping*). Non sorprende, forse, l'allontanamento di Joyce rispetto a questa scelta fonetica: al posto della forma allitterante egli usa infatti espressioni prese dal linguaggio popolare (*bagno di qua, bagno di là*), mentre al posto della struttura anaforica delle prime due espressioni egli sceglie un imperativo che le unisce entrambe (*Che sudiciume di camiciaccia!*).

Una più decisa fedeltà all'originale si nota in diverse scelte linguistiche di Hildesheimer, il quale – a differenza di Joyce – pare non avere il coraggio di fuoriuscire dal seminato dell'autore. Mentre infatti quest'ultimo si permette di rendere due espressioni anaforiche con una frase che unisce le quattro parole chiave attraverso la rima:

> **And the cut of him! And the strut of him!** (JE)
> E l'**incesso** di quel **desso** capeggiando da **gradasso** di **gransasso**. (JI)

Hildesheimer si limita a riprendere quasi letteralmente le due espressioni originali, mantenendole in forma esclamativa:

> **Und der Zuschnitt! Und der Ausschnitt!** (HD)

Fra i cambiamenti lessicali introdotti da Joyce, un esempio in particolare è utile a mostrare quanto la differenza nella resa traduttiva con Hildesheimer, più propenso a mostrare l'originalità del testo di partenza, a volte si restringe, mostrando un Hildesheimer-traduttore più audace. Nelle espressioni seguenti se ne ha un esempio calzante:

> **W**allop it **w**ell **w**ith your battle and **clean** it. My **wr**ists are **wr**usty rubbing the mouldaw stains. (JE)
> Sbatacchiali duro e **falli netti**. Ho i polsi **stronchi** a rimestolare la muffa. (JI)

Se da una parte la versione tedesca mostra il mantenimento dell'aspetto fonetico, e quindi dell'allitterazione, in essa Hildesheimer introduce un elemento lessicale di novità:

> Drisch's **fl**ach **m**it de**m Fl**egel, **m**ach's **Rh**ein. Die Gelenke gallertig vom Reiben an Moltau und Fleck. (HD)

La particolarità di entrambe le traduzioni consiste in primo luogo nella scelta fonetica: Joyce rimane in parte fedele all'allitterazione dell'originale (*wallop/well*; *wrist/wrusty*), scegliendo termini caratterizzati dalla ripetizione della fricativa alveolare sorda [s] e della bilabiale nasale sonora [m] (*polsi/stronchi/rimestolare*, *rimestolare/muffa*). Lo stesso fa Hildesheimer, mantenendosi però più fedele alla scelta dell'allitterazione (*flach/Flegel*; *mit/dem/mach*). Ma è un elemento lessicale a farsi largo in questa citazione; è il verbo *clean*, reso in italiano con *falli netti*, che Hildesheimer traduce con un espediente che sembra avere un effetto a sorpresa: egli usa il nome proprio del fiume Reno (*Rhein*) che sta in rapporto di omofonia con l'aggettivo *rein* corrispondente al verbo inglese *to clean*, e che dimostra quanto Hildesheimer abbia compreso la peculiarità linguistica del *Finneganian* di Joyce e, dove possibile, si sia impegnato a renderla efficace anche in tedesco.

Sono dunque assai numerosi i passaggi che rivelano il duro lavoro che Joyce intraprese per la sua traduzione. Per ottenere un'armonia linguistica, egli si avvalse perfino della "tecnica di deformazione" linguistica, usata dal massimo poeta italiano Dante Alighieri nella *Divina Commedia*, e che tanto aveva affascinato Joyce. Come, infatti, Dante aveva operato in una commistione di registri linguistici, di anafore, rime, assonanze e consonanze, così anche Joyce ha sperimentato un rifacimento della sua versione originale attraverso un particolare lavoro su tre livelli: la struttura sintattica, il ritmo e la struttura fonetica. In questo gioco fonetico-linguistico Joyce tentò di mantenere, e più spesso di alterare e alternare, molti degli elementi linguistici necessari a formare un delicato ma efficace gioco musicale.

Un ultimo esempio vale la pena di riportare per mostrare un altro aspetto, non meno importante, che caratterizza la traduzione di Joyce. Fra le numerose coraggiose scelte linguistiche, l'allusione a termini dell'ambito alimentare è spesso motivo per inventare neologismi che non soltanto richiamano il gioco fonetico, ma rimandano alle singolari scelte linguistiche dello stesso Dante. Nell'esclamazione riportata qui di seguito, Joyce non solo richiama a livello sonoro il gruppo fonetico caratterizzato dall'occlusiva bilabiale sorda [p] con una simile allitterazione in [p]; egli riesce anche a fare un richiamo a livello semantico-culinario, ovvero proponendo il nome di un dolce tipico toscano, il panforte, affiancandolo con il termine onomatopeico tipico del linguaggio infantile, *pappa*:

> Who sold you that jackalantern's tale? **Pemmican's pasty pie!** In a gabbard he barqued it, the boat of life, from the harbourless Ivernikan Okean [...] (rr. 51-53; p. 6, 8).

> Ah, ma chi ti vendé quella lucciolanterna? **Pasta pesta di pappa panforte!** Salpò in maona, l'Arca di Barca, sull'inapprodabile Satantrionale [...] (rr. 44-46; p. 7-8)

Il termine *pemmican* indica, infatti, una carne secca e compressa, che Joyce utilizza metaforicamente per un'argomentazione estremamente sintetica. Il termine *Pemmican's pasty pie* (FW 197.27) diventa perciò *Pasta pesta di pappa panforte*, un'eco deformata ma potente del famoso versetto di Dante, *Pape Satàn, Pape Satàn aleppe* (Inf. VII, 1). La stessa allitterazione mantiene l'allusione al termine italiano *pappa*, e al dolce tipicamente toscano, che Joyce italianizza in un gioco straordinario di assonanze evocative.[33]

Qui Hildesheimer osa solo fino a un certo punto, in quanto mantiene il primo termine *Pemmican*, e tenta la resa del dolce, avvalendosi di un'esclamazione colloquiale usata solitamente per indicare il contrario di un'affermazione, *Pustekuchen*. Joyce, invece, si muove quasi furtivo fra registri bassi e alti, tra proverbi, detti popolari e citazioni colte; egli li alterna e sovrappone con arguzia e destrezza linguistica, fino a ottenere un delicato ma potente gioco musicale, ricco di sonorità e voci provenienti da quell'Italia multi-regionale che Joyce ben conosceva e amava vedere riunita dalla lingua dantesca.[34]

## 5. Conclusioni

Con il presente lavoro si è voluto mettere in luce la diversità nella resa linguistica e culturale fra due autori che sono anche traduttori di se stessi, James Joyce e Wolfgang Hildesheimer. Osservando il modo in cui il primo scelse di prendere quasi le distanze dalla manifestazione lineare del suo stesso romanzo, il *Finnegans Wake*, preferendo mantenere nella traduzione

---

33 Cfr. BOLLETTIERI BOSINELLI, *A proposito di Anna Livia Plurabelle*, cit., p. 58s.
34 Cfr. *ivi*, p. 59.

italiana solo le caratteristiche più singolari del linguaggio e della poetica, si è potuto confrontare l'impostazione del suo lavoro traduttivo con quella di Wolfgang Hildesheimer, sia in quanto traduttore di se stesso che come traduttore del *Finnegans Wake*.

Sebbene il romanzo sia fra i testi più commentati del XX secolo, esso è sicuramente anche il meno tradotto. La sua (dichiarata) intraducibilità deriva dal fatto che si tratta di un testo multilingue e polisemico; il *finneganian* è, infatti, una lingua inventata e dalle ambizioni "ultra-semantiche", determinata da un evidente gioco linguistico tra oralità e scrittura. Trattandosi, dunque, di un'opera "transculturale", perché si dovrebbe tradurlo? E, avendo il coraggio di riportarlo in un'altra lingua, quali possono essere i risultati più evidenti di una tale trasformazione? Secondo Romana Zacchi, tradurre il *Finnegans Wake* vuol dire "inventare, reinventare" la lingua di arrivo, per farla "interagire e reagire con la lingua di partenza, fino ad amplificarla e arricchirla"[35]. È quanto avvenuto con la traduzione di Joyce, il quale esprime un bisogno quasi esagerato di reinventarsi e quindi di ricreare le espressioni originali, per mostrare al lettore le grandi potenzialità linguistiche e culturali della lingua italiana. La sua tipologia traduttiva di riferimento è pertanto riconducibile alla strategia *target-oriented*, volta a reinventare il testo di partenza attraverso una certa libertà espressiva, per rendere l'effetto originale adeguato al nuovo lettore, e quindi alla sua lingua e cultura. Il verso che maggiormente rispecchia questa tendenza di Joyce è il primo endecasillabo del VII canto dell'Inferno di Dante, «Pape Satàn, Pape Satàn aleppe»: costituito da sole tre parole, esso è celebre per il suo scandito ritmo di metrica, che Joyce considerò quasi un modello a cui ispirarsi. Egli cercò, infatti, di inscrivere la tecnica letteraria dantesca nella sua versione italiana, appropriandosi, quasi rubando, elementi lessicali dal linguaggio del massimo poeta italiano. Così facendo, Joyce ha operato una vera e propria trasformazione del testo originale, "metamorfizzando" gli elementi linguistici più singolari, per ideare un inconsueto gioco musicale. Mescolando i registri linguistici, egli inserisce proverbi e detti popolari accanto a citazioni culturali, arricchendo foneticamente il linguaggio dei personaggi attraverso l'uso di allitterazioni, assonanze, consonanze e apocopi.

Convinto dell'impossibilità a riformulare un qualunque testo così come esso è in origine, Hildesheimer opera, invece, la traduzione dei suoi due discorsi aderendo strettamente al testo di partenza, dimostrando un bisogno di fedeltà che in Joyce non si riscontra. Hildesheimer si allontana dunque

---

35 ROMANA ZACCHI, *Chi ha paura di FW?*, in *Manuale di traduzioni dall'inglese*, a cura di Romana Zacchi e Massimiliano Morini, Milano, Mondadori, 2002, p. 89.

dalla sua libertà dimostrata nell'uso di tecniche traduttive come la *Bearbeitung* o la *Nachdichtung*, per la traduzione ad esempio della poesia di Stefan George, e, nel farsi traduttore di sé o di Joyce, si dimostra più fedele all'originale. Nel cercare di tradurre i propri discorsi o di rendere lo stile del *Finnegans Wake* in tedesco, Hildesheimer manifesta una grande differenza rispetto a Joyce. Questa si nota in particolare nel maggiore o minore 'coraggio' di allontanarsi dalla lingua e dall'impostazione stilistico-sintattica dell'originale e quindi nella maggiore o minore audacia (se non capacità) di reinventarsi come nuovi autori di una realizzazione inedita dello stesso testo. L'eterno dilemma fra libertà e fedeltà traduttiva resta dunque anche nelle auto-traduzioni di esperti scrittori e traduttori. Lo stesso Umberto Eco, chiamato a riproporre in italiano il suo trattato *A Theory of Semiotics* (1976), si rese subito conto che la sua auto-traduzione sarebbe stata una riscrittura, un ripensare l'opera in italiano. Se dunque lo stesso *Trattato di Semiotica Generale* "non è lo stesso libro", esso testimonia il fatto che con auto-traduzione si può intendere non solo una letterale traduzione di un proprio originale, ma anche la sua "riscrittura", la sua "reinvenzione" in una lingua diversa.[36]

---

36 Eco, *Come se si scrivessero*, cit., p. 27.

Guglielmo Gabbiadini

# L'ESERCIZIO DELLA VIRTÙ CIVICA. LETTERATURA POLITICA, PRATICHE TRADUTTIVE E *TRANSFERT* CULTURALE NEL TARDO ILLUMINISMO TEDESCO

> Quanto più si sviluppa la consapevolezza della dimensione storica e della pluralità dei ceppi e delle discendenze culturali e la tradizione occidentale incontra e riceve le culture delle proprie medesime origini medievali e dei continenti vicini, in particolare quelle dell'Asia (ossia nel Settecento di Vico e di Herder) tanto più la traduzione, che per un millennio si era proposta di annettere e assimilare il diverso e il lontano comincerà ad avvertire il bisogno di restituire anche, o invece, le specificità e le diversità.
>
> Franco Fortini[1]

Parlare di virtù, e in particolare di virtù civica («Bürgertugend»)[2] all'epoca del tardo Illuminismo,[3] significa affrontare una riflessione che investe

---

[1] Franco Fortini, *Lezioni sulla traduzione*, a cura e con un saggio introduttivo di Maria Vittoria Tirinato, Macerata, Quodlibet, 2011, p. 51. – Vorrei cogliere l'occasione per ringraziare la Prof.ssa Elena Agazzi per i suggerimenti e il dialogo costante. Un grazie inoltre a tutti i membri del Comitato scientifico del convegno *Found in Translation. Translation as Cultural Dissemination from the Middle Ages to the New Millennium* e in particolare alla sua Presidente, Prof.ssa Marina Dossena.

[2] Al concetto della «virtù civica» non è stata dedicata una voce *ad hoc* nei volumi dei *Geschichtliche Grundbegriffe. Historisches Lexikon zur politisch-sozialen Sprache in Deutschland*, hrsg. von Otto Brunner, Werner Conze und Reinhart Koselleck, 10 Bände, Stuttgart, Klett-Cotta, 2004. Tuttavia, esso emerge *passim* nel suo significato specifico come concetto autonomo e delineato. Entro il vasto e ramificato orizzonte in cui si articola la riflessione sulla virtù nel Settecento europeo, si prenderà dunque qui in considerazione questa specifica linea concettuale che, adeguatamente circoscritta dal termine «virtù civica», si distingue dalle molte altre accezioni della virtù, più vicine all'orizzonte della condotta morale e del comportamento socialmente lecito.

[3] Su tale categoria storiografica si veda Vincenzo Ferrone, *Il tardo Illuminismo come epoca storica europea e la rivoluzione estetica di Denis Diderot*, in *Progetti culturali di fine Settecento fra tardo Illuminismo e Frühromantik*, a cura di Elena Agazzi e

ad un tempo la sfera della morale, intesa come disposizione etica individuale, e la sfera della politica. Questa verrà intesa qui, in un senso piuttosto generale, come ciò che riguarda la vita associata nel suo insieme, vale a dire la vita colta nella dimensione collettiva della *civitas*, del vivere civile nella città, nella *res publica* o, per dirla in altri termini, nello Stato. Il presente contributo intende indagare aspetti di questo nodo concettuale ricostruendo riflessioni di esponenti del tardo Illuminismo di lingua tedesca e prestando rinnovata attenzione al ruolo giocato dalle pratiche traduttive nel processo di ricodifica del concetto di «virtù civica» all'interno di un serrato dialogo tra storia ed elaborazione intellettuale.

*1. Letteratura politica? Effetti di transfert culturale nei Briefe di Herder e la questione della «virtù»*

Nella «Seconda raccolta» delle *Lettere per la promozione dell'umanità*, uscita a Riga nel 1793, Herder propone una serie di «paragrafi», come lui stesso li definisce, che hanno il compito di illuminare con la forza tipica del tono aforistico aspetti salienti del «carattere dell'umanità».[4] Herder intende, soprattutto, individuare nuove possibilità d'azione in grado di tutelare le istanze della «Humanität» di fronte ai vortici della storia, con l'auspicio che lo spirito di parte («Partheigeist»), annoverato tra le piaghe più gravi della pubblicistica politica moderna, non offuschi la riflessione. Oltre la filosofia, la teologia e la ragione, ad essere chiamata in causa è anzitutto la sfera della comunità politica: «Quanto migliore è uno Stato», così si legge al paragrafo 31, «tanto più in esso l'umanità sarà coltivata in modo accurato e felice; tanto più esso sarà disumano, tanto più sarà infelice e intransigente. E ciò riguarda tutti i membri e i legami al suo interno, dalla capanna fino al trono».[5]

---

Raul Calzoni, Napoli, Università degli Studi Suor Orsola Benincasa, 2016 (= "Cultura tedesca", 50), pp. 25-35: «Il tardo Illuminismo (*Spätaufklärung*, *Late Enlightenment*, *Lumières tardives*) dell'ultimo quarto di secolo se analizzato finalmente *iuxta propria principia*, senza pregiudizi teleologici, come epoca storica europea e mondo culturale del tutto autonomo in senso diltheyano, lungi dall'essere poco originale e significativo sul piano della vita intellettuale, riducendo l'operato dei protagonisti a mera anticipazione del romanticismo e dello storicismo, a vittime o carnefici della Rivoluzione, si sta infatti rivelando ricco di suggestioni inattese» (p. 27).

4  JOHANN GOTTFRIED HERDER, *Sämtliche Werke*, hrsg. von Bernhard Suphan, Nachdruck: Hildesheim-Zürich-New York, Olms-Weidmann, 33 Bände, 1994, Band XVII, *Briefe zu Beförderung der Humanität*, cit., pp. 115-122.

5  *Ivi*, p. 121: «Je beßer ein Staat ist, desto angelegentlicher und glücklicher wird in ihm die Humanität gepfleget; je inhumaner, desto unglücklicher und ärger. Dies

Al *desideratum* di uno Stato che sia davvero a misura d'uomo – assunto valoriale d'indirizzo in ogni progetto costituzionale tardo-settecentesco[6] – si accompagna, quale corollario, la necessità di un ripensamento rigoroso della politica e della morale. Herder si confronta a questo scopo con fonti antiche e moderne, tratteggiando nelle pagine 'polifoniche' della sua opera un paesaggio intellettuale di respiro interazionale e diacronico che rappresenta uno dei momenti più significativi del fenomeno di «*transfert* culturale» di fine secolo.[7] Dietro i rimandi e le traduzioni dalle fonti più disparate emerge, costante, la preoccupazione per il presente e il futuro della causa di emancipazione dell'umanità. Herder è un illuminato osservatore della storia e dalle sue affermazioni si possono inferire, in maniera più o meno diretta, puntuali riferimenti ai sommovimenti epocali a lui coevi.[8] La sua attenzione si sofferma in maniera rilevante sui nuovi rapporti entro cui andavano configurandosi categorie tradizionali del vivere civile: «Per la politica», così si legge

---

geht durch alle Glieder und Verbindungen desselben von der Hütte an bis zum Throne» (dove non diversamente indicato, le traduzioni italiane sono nostre).

6 Sulla «nuova politica *ex parte civium*» si veda VINCENZO FERRONE, *La società giusta ed equa. Repubblicanesimo e diritti dell'uomo in Gaetano Filangieri*, Roma-Bari, Laterza, 2008, pp. 124-158.

7 Sulla centralità delle pratiche traduttive in questo contesto si veda HANS ADLER, *Übersetzen als Kulturtransfer*, in *Übersetzen bei Johann Gottfried Herder. Theorie und Praxis*, hrsg. von Clémence Couturier-Heinrich, Heidelberg, Synchron, 2012, pp. 45-52. Si veda, inoltre, MICHEL ESPAGNE, *Il ruolo della traduzione nella genesi del Neoclassicismo*, in *Traduzioni e Traduttori del Neoclassicismo*, a cura di Giulia Cantarutti, Stefano Ferrari e Paola M. Filippi, Milano, Franco Angeli, 2010, pp. 13-21 (in part. p. 15: «Affinché lo studio delle traduzioni sfoci in uno studio dei transfert culturali, bisogna concentrarsi sui vettori sociali del passaggio, ovvero interrogarsi sull'identità dei traduttori e sulle loro motivazioni intraprendendo una microstoria di tali vettori»). Sui «traduttori filosofi» si veda GIULIA CANTARUTTI, *Fra Italia e Germania. Studi sul* transfert *culturale italo-tedesco nell'età dei Lumi*, Bologna, Bononia University Press, 2013, pp. 141-154. Per considerazioni sui dibatti intorno alla pratica di traduzione al volgere del secolo si veda ELENA POLLEDRI, *Die Aufgabe des Übersetzers in der Goethezeit. Deutsche Übersetzungen italienischer Klassiker von Tasso bis Dante*, Tübingen, Narr, 2010, pp. 43-84.

8 L'attenzione di Herder per le vicende storiche del passato e del suo tempo è stata di recente messa in luce in tutta la sua ampiezza nel contributo di HANS-JÜRGEN SCHINGS, *Regeneration. Humanität und Revolution im Denken Herders*, in Id., *Klassik in Zeiten der Revolution*, Würzburg, Königshausen & Neumann, 2017, pp. 155-205. Sul rapporto di Herder con la Rivoluzione si veda, inoltre, il capitolo ad esso dedicato in GIULIANO BAIONI, *Goethe. Classicismo e rivoluzione*, Torino, Einaudi, 1998, pp. 118-125.

nella stessa pagina, «l'uomo è un mezzo; per la morale, è un fine; entrambe queste scienze devono unirsi in una sola oppure risulteranno nocive l'una all'altra».[9] La tutela della «Humanität» in un'epoca che si vuole 'post-assolutista' si affida, di conseguenza, anzitutto a una rinnovata alleanza tra politica e morale, un'alleanza che trova nel concetto di «virtù» uno dei suoi luoghi più legittimi di elaborazione. Il giro di anni che seguì immediatamente al 1789 parve segnare per molti davvero anche in Germania la nascita di un nuovo ordine, di una nuova morale e di una nuova politica al servizio di un'umanità «rigenerata».[10] L'«antropologia politica»[11] della Rivoluzione francese sembrava, cioè, aver dato forma concreta all'ideale del «ganzer Mensch», all'ideale cioè di un'umanità integra e non più oppressa, ma restituita alla dignità della sua destinazione e vocazione nel pieno riconoscimento politico e non solo teorico dei propri diritti naturali.[12] Le convinzioni palingenetiche che avevano accompagnato gli avvenimenti epocali furono tuttavia ben presto frenate dagli esiti più cruenti e problematici dell'esperimento rivoluzionario. Ma ciò non impedì che si cercasse di salvaguardare l'eredità 'alta' di quell'esperienza, non da ultimo rifiutando di credere nell'immutabilità della natura umana, ma al contrario affermando *malgré tout* l'idea di progresso, temprata dal disincanto, ma non riducibile a un'illusione. Per questo era necessario tornare a riflettere sul nesso tra politica e morale lasciando da parte lo spirito di parte e di faziosità che tanto aveva

---

9   HERDER, *Briefe*, cit., p. 121: «Der Politik ist der Mensch ein Mittel; der Moral ist er Zweck. Beide Wissenschaften müssen Eins werden, oder sind schädlich wider einander». – Va notato qui almeno per inciso che con la scelta di definire morale e politica due «scienze», Herder prende le distanze da una concezione che aveva trovato nell'aristotelismo di Machiavelli – politica come «ars» – un punto di riferimento anche nell'epoca di Goethe. Herder si mostra, al contrario, molto più vicino alla tradizione platonica, per la quale politica e morale sono considerate forme della *episteme*. È lecito supporre che il testo sotteso a questa massima di Herder sia il *Menone* di Platone che tratta anche di talé questione. Sul problema in Aristotele e Machiavelli si veda CARLO GINZBURG, *Diventare Machiavelli. Per una nuova lettura dei «Ghiribizzi» al Soderini*, in "Quaderni storici" XLI, 2006, pp. 151-164, in part. p.159.

10  MONA OZOUF, *Rigenerazione*, in *Dizionario critico della Rivoluzione francese*, a cura di François Furet e Mona Ozouf (edizione italiana a cura di Massimo Boffa), Milano, Bompiani, ²1989, pp. 748-758.

11  HAIM BURSTIN, *Rivoluzionari. Antropologia politica della Rivoluzione francese*, Roma-Bari, Laterza, 2016, pp. 20-29.

12  ELENA AGAZZI, *Alcune osservazioni sul concetto di «ganzer Mensch» nel tardo Illuminismo tedesco*, in "Cultura tedesca", 50 (2016), pp. 75-99.

contribuito ad alimentare gli scontri di un conflitto civile dalle dimensioni quanto meno europee.[13]
Herder, l'illuminista che fa della nozione di «Humanität» l'oggetto principe della riflessione intellettuale in quanto unica speranza cui affidare il progresso («Fortgang») del genere umano,[14] non a caso richiama nelle sue pagine due varianti della virtù. Da un lato, c'è la «virtù del cittadino» legato allo Stato da un amore spesso feroce, che esige stoica rinuncia agli affetti; una virtù, questa, che essendo spesso modellata su antichi ideali di coesione patriottica, celebra trionfi nelle tragedie d'ispirazione classicista ed è sempre pronta a farsi strumento di belligeranza e competizione. Herder si avvale di risorse intertestuali e riporta in proposito i versi di *Der Patriot*, un componimento di Johann Peter Uz, scritto nel contesto della Guerra dei Sette Anni per magnificare le truci virtù guerriere del «buon cittadino» nello stato d'eccezione dell'emergenza bellica. In una delle prime strofe si legge:

> Umsonst sucht von der Tugend Bahn
> Der Eigennutz dich zu verdrängen,
> Und führet wider dich, mit Jauchzen und Gesängen,
> Die lockende Verführung an.[15]

L'atteggiamento stoico del singolo cittadino è, nella visione di Uz, fonte della sua prosperità e di quella dello Stato:

> Des Bürgers Glück blüht mit dem Staat,
> Und Staaten blühn durch Patrioten.
> Athen besiegten Stolz und Eigennutz und Rotten,
> Noch eh' es Philipps Ehrsucht that.[16]

---

13 Si veda in proposito DAVID ARMITAGE, *Civil Wars. A History in Ideas*, New Haven, Yale University Press, 2017, in part. pp. 148-158.
14 HERDER, *Briefe*, cit., p. 115. Sulla centralità della nozione di «Humanität» nella letteratura tardo-illuminista si veda THOMAS BERGER, *Der Humanitätsgedanke in der Literatur der deutschen Spätaufklärung*, Heidelberg, Winter, 2008 (sui *Briefe* di Herder in part. pp. 232-235). Per una lettura del concetto in chiave sperimentale nell'età di Goethe si veda RAUL CALZONI, *L'«esperimento» di J. W. von Goethe fra scienza e Humanität*, in "Testi e linguaggi", V (2011), pp. 81-96.
15 HERDER, *Briefe*, cit., p. 23: «Invano l'interesse personale cerca di distoglierti dal sentiero della virtù, e contro di te, tra giubilo e canti, conduce la seduzione tentatrice».
16 *Ivi*, p. 24: «La felicità del cittadino fiorisce con lo Stato, e gli Stati fioriscono grazie ai patrioti. Orgoglio, interesse personale e consorterie sconfissero Atene, prima che a farlo fosse l'ambizione di Filippo». Sul contesto di questa poesia: ERNST ROHMER, »Der Vater seines Landes [...] ist nicht geringer, als der Held«. Johann Peter Uz und die Haltung zum Krieg, in *»Krieg ist mein Lied«. Der Siebenjährige Krieg in den*

Alla «Bürgertugend» politica e spartana cantata da Uz, Herder accosta la «virtù dell'uomo» («Menschentugend»), declinata secondo un'endiadi morale che abbraccia le nozioni di equità («Billigkeit») e bontà («Güte»), baluardi della filosofia herderiana eretti contro le «passioni distruttive» della faziosità politica e del fanatismo («Schwärmerei») ideologico.[17] Per questa forma altra di virtù, che accomuna ogni individuo ai suoi simili al di là d'ogni appartenenza sociale o nazionale, Herder mostra a più riprese il proprio favore. A suo avviso l'universalità di questa «Menschentugend» costituisce, infatti, un tratto essenziale dell'ideale di «Humanität». La vera virtù è allora la virtù che antepone la tutela dell'individuo in quanto essere umano, al di là della sua identità di cittadino. Herder lo ribadisce riportando un componimento di Johann Wilhelm Gleim intitolato proprio *Menschentugend*. In strofe sintatticamente impervie si possono trovare riepilogati gli elementi di una tradizione che vede nella virtù un senso di solidale fratellanza e soccorso universale.[18] Virtù significa infatti, da questo punto di vista:

> Dem Nackenden von zweien Linnen Eins
> Um seine Blöße selbst ihm schmiegen, und
> Von zweien Broten Eins dem Hungrigen
> Darreichen, und aus seinem Quell dem Mann,
> Der frisches Wasser bittet, einen Trunk
> Selbst schöpfen, flöß' er noch so tief im Thal.[19]

I dativi dei beneficiari di tale virtù, collocati con enfasi negli snodi dei versi («Dem Nackenden [...] dem Hungrigen»), sottolineano il carattere essenzialmente transitivo e corale di tale virtù, che risulta così distante dall'idea del valore militare e della abnegazione di sé, usata e abusata a fini politici di coesione statale. È, piuttosto, una virtù caritatevole, tesa verso l'altro e fondata sulla gioia della condivisione:

---

*zeitgenössischen Medien*, hrsg. von Wolfgang Adam und Holger Dainat, in Verbindung mit Ute Pott, Göttingen, Wallstein 2007, pp. 177-191, in part. pp. 187s. Sul concetto di patriottismo nel Settecento si veda FERRONE, *La società giusta ed equa*, pp. 159-222.

17   HERDER, *Briefe*, cit., p. 119. Sulla nozione di «Billigkeit» si veda WOLFRAM MAUSER, *Billigkeit. Literatur und Sozialethik in der deutschen Aufklärung. Ein Essay*, Würzburg, Königshausen & Neumann, 2007 (su Herder in part. pp. 191-202).

18   Già Voltaire aveva scritto: «Qu'est-ce que vertu ? Bienfaisance envers le prochain», in VOLTAIRE, *Dictionnaire philosophique*, dir. de Christiane Mervaud, Oxford, Voltaire Foundation, 1994, p. 581.

19   HERDER, *Briefe*, cit., p. 195: «Con uno dei due mantelli avvolgere chi è svestito nella sua nudità, offrire uno dei due pani all'affamato e dalla propria fonte, per quanto scorra lontana nella profondità della valle, attingere acqua fresca offrendola all'uomo che la chiede».

> Ihr meine liebe Menschen, Tugend ist:
> Dem Hülfedürftigen zuvor mit Gold
> Und Weisheit kommen; seine Seele sehn,
> Und seinen Kummer messen; und sich freun,
> Daß etwa Gold und etwa Weisheit ihn
> Der Freude wiederbringen [...][20]

Attraverso questi e altri riferimenti poetici – si noti ad esempio la consonanza rispetto alle posizioni di Schiller sulla «Freude» come concetto-chiave dell'armonia cosmica, ma anche etico-politica[21] – Herder contribuisce a un dibattito sulla virtù civica, mettendo in rilievo il rapporto di correlazione che lega la morale alla politica, i rischi a esso connessi, ma anche le modalità con cui si dovrebbero armonizzare le istanze individuali rispetto agli interessi collettivi.

## 2. Tradire e tradurre la «virtù» negli anni del Terrore. Georg Forster e Friedrich Gentz a confronto con Robespierre

Politica e morale, le due anime della virtù civica, costituiscono i termini di una polarità concettuale che può venire a configurarsi nella storia secondo diverse direttrici, pur mantenendo costante il nesso di dipendenza reciproca che intercorre tra i suoi due elementi costitutivi. Si tratta, come già notava Herder, di un rapporto che varia in maniera più o meno sensibile a seconda delle circostanze e delle contingenze che lo influenzano e che contribuiscono a determinarne gli sviluppi. Se si volesse abbozzare un prospetto tipologico delle forme in cui si è storicamente manifestata tale polarità nel corso del Settecento, si potrebbero individuare – in prima istanza e, in questa sede, per sommi capi – momenti in cui a prevalere è stata una certa separazione o divaricazione dei due termini. Da un lato, la politica e la ragion di Stato. Dall'altro, la morale e la sfera del privato. In tal caso, politica e morale si configurano secondo un rapporto di *tensione* reciproca.[22]

---

20  *Ibidem*: «Miei cari uomini, la virtù è venire incontro a chi ha bisogno d'aiuto con oro e saggezza; è scrutare l'animo di costui e misurare la sua afflizione, rallegrandosi che un po' d'oro e saggezza lo restituiscano alla gioia [...]».
21  Su questo aspetto si veda ANTONIO TRAMPUS, *Il diritto alla felicità. Storia di un'idea*, Roma-Bari, Laterza, 2008, pp. 210-212.
22  Lo ha sottolineato, in un libro molto influente e per certi aspetti tuttora controverso, Reinhart Koselleck. In riferimento, ad esempio, al teatro del giovane Schiller, Koselleck ha mostrato come fu proprio la «scissione della realtà in due regni, quello della morale e quello della politica, che l'assolutismo aveva accettato» sin

Tale uso della morale come strumento di critica politica non è certo una peculiarità del solo caso tedesco, ma si diffonde a livello europeo in maniera capillare, e si può dire che esso abbia segnato poetiche ed estetiche del tardo Illuminismo nel suo insieme.[23] Come è noto, tale uso si acuisce vistosamente – e assai problematicamente – al volgere del secolo, nel contesto della Rivoluzione francese, in particolare nei discorsi di matrice giacobina.[24] Herder, e molti altri come lui, hanno presente quei discorsi quando auspicano che politica e morale si alleino e non risultino nocive l'una all'altra: in quei discorsi il rapporto tra morale e politica assume, proprio in relazione al concetto di virtù civica, una configurazione probabilmente inedita.[25] Per inquadrare i termini della complessa questione può risultare utile richiamare un passo di Albert Mathiez: «Per Robespierre», così scrive il celebre storico della Rivoluzione, «come del resto per i *philosophes* del XVIII secolo, la politica non è che un ramo della morale, una morale in azione».[26] La metafora vegetale, derivata da Mathiez direttamente dalle fonti settecentesche,[27] coglie un altro fondamentale aspetto del rapporto tra

---

dai tempi di Luigi XIV a costituire il «presupposto della critica» rivolta dagli intellettuali illuministi alla politica sulla base di argomentazioni morali. REINHART KOSELLECK, *Critica illuministica e crisi della società borghese*, Bologna, il Mulino, 1972, p. 118. Per una disamina del valore storiografico del testo di Koselleck si veda VINCENZO FERRONE, *Lezioni illuministiche*, Roma-Bari, Laterza, 2010, pp. 75-76. Su Schiller e il significato politico del suo teatro: MARIA CAROLINA FOI, *La giurisdizione delle scene. I drammi politici di Schiller*, Macerata, Quodlibet, 2013. Da ricordare, inoltre, le pagine fondamentali sul binomio di politica e morale in JÜRGEN HABERMAS, *Storia e critica dell'opinione pubblica*, Roma-Bari, Laterza, ³2008, pp. 67-102.

23  Si veda in proposito il caso francese studiato da GERARDO TOCCHINI, *Arte e politica nella cultura dei Lumi. Diderot, Rousseau e la critica dell'antico regime artistico*, Roma, Carocci, 2016, in part. pp. 355-370.
24  Si veda MARISA LINTON, *Choosing Terror. Virtue, Friendship and Authenticity in the French Revolution*, Oxford, Oxford University Press, 2013, in part. pp. 185-200.
25  SCHINGS, *Regeneration*, cit., p. 204.
26  ALBERT MATHIEZ, *Etudes sur Robespierre (1758-1794)*, Préface de Georges Lefebvre, Paris, Editions sociales, 1958, pp. 167-168: «Pour Robespierre comme pour les philosophes du XVIII$^e$ siècle, la politique n'est qu'une branche de la morale, qu'une morale en action». Sulle ricerche di Mathiez si veda MICHEL VOVELLE, *Albert Mathiez*, in *L'albero della Rivoluzione. Le interpretazioni della Rivoluzione francese*, a cura di Bruno Buongiovanni e Luciano Guerci, Torino, Einaudi, 1989, pp. 458-468.
27  Sulla metaforica vegetale della virtù si veda GIULIA DELOGU, *The Political Functions of Virtue in the Eighteenth-Century Italian Debate*, in "History of European Ideas", 2017, pp. 1-16: «Eighteenth-century theorists agreed with the affirmation

politica e morale, un rapporto non più di divaricazione o collisione questa volta, bensì di *inclusione*. È la morale, in questa prospettiva, a voler includere la politica reclamando, per così dire, la propria precedenza e, di conseguenza, la propria preminenza. Da notare, inoltre, che la politica è qui intesa come morale «in azione», con un accento marcato sulla necessità di un esercizio pratico della stessa.

A sostegno di questa osservazione, Mathiez cita un passo tratto dal discorso sulle idee religiose e morali» – siamo nel maggio 1794 – in cui Robespierre afferma: «Il fondamento unico della società civile, è la morale! [...] L'immoralità è invece la base del dispotismo, come la virtù è l'essenza della Repubblica».[28] La virtù civica, intesa qui come coronamento della morale e fondamento diretto di una comunità politica che ha idealmente sconfitto il dispotismo, si fa strumento esplicito di lotta e di discrimine tra amici e nemici, tessendo in un momento di gravissima crisi della causa rivoluzionaria[29] – sono le giornate del cosiddetto Grande Terrore e delle sue esecrabili esasperazioni – alleanze semantiche nuove con termini che tradizionalmente si erano collocati agli antipodi della stessa virtù. «Se la forza del governo popolare in tempo di pace è la virtù», scrive ancora Robespierre nel discorso *Sui principi della morale politica* rinfocolando gli animi patriottici, «la forza del governo popolare in tempo di rivoluzione è ad un tempo la virtù ed il terrore. La virtù, senza la quale il terrore è cosa funesta; il terrore, senza il quale la virtù è impotente. Il terrore non è altro che la giustizia pronta, severa, inflessibile. Esso è dunque una emanazione della virtù».[30] Parole, queste, che nell'arditezza di accoppiamenti concettuali

---

of Ludovico Antonio Muratori that virtue was a 'noble tree', but there was no consensus as to its species» (p. 1).

28  MATHIEZ, *Etudes*, cit., p. 168: «Le fondement unique de la société civile, c'est la morale! [...] L'immoralité est la base du despotisme, comme la vertu est l'essence de la République [...]».

29  GEORGES LEFEBVRE, *La rivoluzione francese*, con una postfazione di Daniel Roche, Torino, Einaudi, 1987, pp. 364-468 e ALBERT SOBOUL, *Storia della Rivoluzione francese*, Milano, Rizzoli, 1988, pp. 287-419 e ADRIANO PROSPERI – PAOLO VIOLA, *Dalla Rivoluzione inglese alla Rivoluzione francese*, Torino, Einaudi, 2000, pp. 369-373.

30  MAXIMILIEN ROBESPIERRE, *Écrits*, présentés par Claude Mazauric, Paris, Messidor/ Editions sociales, 1989, p. 300: «Si le ressort du gouvernement populaire dans la paix est la vertu, le ressort du gouvernement populaire en révolution est à la fois la vertu et la terreur : la vertu, sans laquelle la terreur est funeste ; la terreur, sans laquelle la vertu est impuissante. La terreur n'est autre chose que la justice prompte, sévère, inflexible ; elle est donc une émanation de la vertu», trad. it. a cura di Umberto Cerroni, in MAXIMILIEN ROBESPIERRE, *La rivoluzione giacobina*, Roma, Editori riuniti, 1975, p. 167.

inauditi – virtù e terrore erano ad esempio per Montesquieu due antonimi da tenere rigorosamente separati per il bene della comunità politica[31] – suscitarono, ad un tempo, entusiasmi cruenti e violente reazioni di rigetto in tutta Europa, innescando un dibattito che, non da ultimo attraverso una serie di pratiche traduttive, ha diviso generazioni di commentatori e pubblicisti fino ai tempi più recenti.

A quanti ad esempio, con sentimento «anti-gallicano», riscontravano analogie tra l'«insensibilità e la crudeltà» delle azioni rivoluzionarie estreme, da un lato, e il terrorismo del dispotismo precedente dall'altro, Georg Forster, il grande sostenitore tedesco della causa rivoluzionaria, rispondeva da Parigi che quei fenomeni erano in realtà «infinitamente diversi tra loro, poiché prodotti da forze del tutto differenti». «Un'ingiustizia» – così proseguiva Forster nelle vibranti pagine dei suoi *Profili parigini*, pubblicati tra il 1793 e il 1794 nella rivista *Friedens-Präliminarien* di Ludwig Ferdinand Huber – «perde il suo aspetto sconcertante, violento e arbitrario se a decidere in qualità di giudice è, in ultima istanza, la pubblica opinione del popolo, il quale convintamente rispetta la legge della necessità che ha prodotto tali azioni, ordini o provvedimenti».[32] Facendo interagire le risorse della visualità con i concetti della politica, Forster 'traduce' le scelte drastiche adottate dai rivoluzionari in immagini che suggeriscono la necessità e la inesauribilità del movimento rivoluzionario. A questo scopo si avvale costantemente di immagini della natura devastatrice. Paragona, ad esempio, la Rivoluzione a una «valanga di neve» che «precipitando a velocità accelerata, in caduta acquista massa e annienta ogni resistenza che incontra sul proprio cammino».[33] Tentare di

---

31  Si veda MARCO PLATANIA, *Montesquieu e la virtù. Rappresentazioni della Francia di Ancien Régime e dei governi repubblicani*, Torino, UTET, 2007, pp. 218-224 e HANS-JÜRGEN SCHINGS, *Revolutionsetüden. Schiller Goethe Kleist*, Würzburg, Königshausen & Neumann, 2012, pp. 128-136.

32  GEORG FORSTER, *Werke in zwei Bänden*, Berlin-Weimar, Aufbau Verlag, 1983, Band I, p. 220: «doch sind sie schon um deswillen himmelweit verschieden, weil sie durch ganz verschiedenartige Kräfte bewirkt werden und von der öffentlichen Meinung selbst einen ganz verschiedenen Stempel erhalten. Eine Ungerechtigkeit verliert ihr Empörendes, ihr Gewalttätiges, ihr Willkürliches, wenn die öffentliche Volksmeinung, die als Schiedsrichterin unumschränkt in letzter Instanz entscheidet, dem Gesetze der Notwendigkeit huldigt, das jene Handlung oder Verordnung oder Maßregel hervorrief».

33  *Ivi*, p. 218: «[...] wie eine Schneelawine, mit beschleunigter Geschwindigkeit dahinstürzt, stürzend an Masse gewinnt und jeden Widerstand auf ihrem Wege vernichtet [...]». Sulle metafore naturali in Forster si veda MARITA GILLI, *L'interprétation du processus révolutionnaire grâce à la métaphore scientifique chez Georg*

intralciare il corso della Rivoluzione significava, secondo Forster, commettere un atto di anti-patriottismo contro le leggi della natura. L'entusiasmo apologetico in quelle righe e in pagine successive scaturisce *in primis* dall'adesione al programma etico-politico delineato da Robespierre. Pronunciate il 5 febbraio 1794, le parole di quest'ultimo sulla virtù terribile del governo rivoluzionario – *vertu* e *terreur*, come detto, vengono da lui presentate come solidali sorelle, alleate per la causa dell'umanità – furono immediatamente tradotte anche nei territori tedeschi ad opera di un brillante retore di formazione kantiana, Friedrich Gentz che, dopo gli iniziali entusiasmi per la causa rivoluzionaria, a partire dal 1792 si era sempre più avvicinato alle posizioni evoluzionistico-reazionarie di Edmund Burke, di cui peraltro fu traduttore e commentatore, fino a farsi la penna più affilata della cancelleria di Metternich.[34] Nei suoi interventi Gentz denuncia, in particolare, ciò che lui definisce l'abuso («*Mißbrauch*») e il tradimento («*Verrat*») dei termini impiegati da Robespierre e delle tradizioni intellettuali ad essi sottese. Egli stigmatizza, in particolare, le 'torsioni semantiche' cui fu sottoposta la nozione di virtù, costretta ora, nei passi di Robespierre da lui analizzati e tradotti, ad abbandonare la sua precipua valenza morale, per identificarsi in quanto virtù esclusivamente politica e «demagogica» – il termine è di Gentz – in un terribile «amor di patria e delle sue leggi», nel contesto di ciò che Gentz definisce un «terribile interim che ha posto il Terrore [*das Schrecken*] all'ordine del giorno».[35] Mentre Forster aveva tradotto gli accadimenti rivoluzionari in immagini di una natura devastatrice e irruenta, Gentz si dichiara a favore di un progresso graduale della legislazione che guardi al futuro come destinatario di un'eredità antica. Come per Burke, anche per lui il «paradigma evolutivo, organicamente concepito in analogia a processi biologici, si incarna nella storia».[36] Per questo Gentz traduce quasi con immedesimazione nel 1793 i passi in cui Burke, nelle *Reflections on the Revolution in France* (1790), aveva parlato di una legislazione dagli esiti felici che seguis-

---

  Forster, in *Tropen und Metaphern im Gelehrtendiskurs des 18. Jahrhunderts*, hrsg. von Elena Agazzi, Hamburg, Felix Meiner, 2011, pp. 59-80.
34 Golo Mann, *Friedrich von Gentz. Gegenspieler Napoleons, Vordenker Europas*, Frankfurt am Main, Fischer, 2011, pp. 35-58.
35 Friedrich Gentz, *Ueber die Grundprinzipien der jetzigen französischen Verfassung nach Robespierre's und St. Just's Darstellung derselben*, in "Minerva", 1794, pp. 166-189 e 232-300, qui p. 187: «zu diesem fürchterlichen Interim welches das Schrecken zur Tages-Ordnung [...] machte».
36 Angela Locatelli, *Concezioni della storia ad una svolta epocale: i contributi inglesi di Edmund Burke e William Godwin*, in *Una piazza per l'Ateneo. L'Ateneo 1810-2010*, a cura di Maria Mencaroni Zoppetti, Bergamo, Officina dell'Ateneo – Sestante edizioni, 2012, pp. 105-119, qui p. 115.

se l'agire graduale della natura («the happy effect of following nature») e si ispirasse alle sue forme generative («working after the pattern of nature»).[37] Gentz traduce liberamente con «der glückliche Lohn derer, die im Wege der Natur wandeln» (la felice ricompensa di quanti camminano nel sentiero della natura) e parla di una «Staatsweisheit, die nach dem Vorbilde der Natur operirte» (saggezza di stato che opera secondo il modello della natura), innestando nel testo burkiano immagini di ricompensa, cammino ed esemplarità soltanto implicite nell'originale.[38]

Poco dopo aver completato l'impresa della traduzione di Burke, Gentz consolida la propria immagine di traduttore politicizzato di primo piano nel panorama di fine secolo, selezionando per la rivista *Minerva* di Archenholz alcuni passaggi salienti dei discorsi parigini di Robespierre e Saint-Just.[39] La traduzione si fa nelle sue pagine strumento di una lotta politica ispirata a un «impegno controrivoluzionario e controterroristico».[40] Egli fornisce anzitutto al pubblico tedesco un cappello introduttivo sulle campagne militari e i dibatti costituzionali del 1793, procedendo poi alla redazione di glosse di commento alle parti selezionate, in cui intende dimostrare il suo talento retorico nel demistificare le ardite architetture concettuali dei parigini. Dalla traduzione e dell'analisi serrata dei passi dei discorsi di Robespierre e Saint-Just deriva una sorta di ritratto intellettuale e ideologico dei leader giacobini.

L'articolo di Gentz esce nel 1794 in due parti, a brevissima distanza dalla pubblicazione degli stessi discorsi nel *Moniteur*, l'organo ufficiale della Rivoluzione.[41] Ciò significa che la traduzione procedette a ritmo oltremo-

---

37 EDMUND BURKE, *Reflections on the Revolution in France*, edited with an Introduction and Notes by L. G. Mitchell, Oxford, Oxford University Press, 2009, p. 33.

38 *Betrachtungen über die französische Revolution, nach dem Englischen des Herrn Burke neu-bearbeitet, mit einer Einleitung, Anmerkungen und politischen Abhandlungen und einem critischen Verzeichniß der in England über die Revolution erschienenen Schriften von Friedrich Gentz*, Teil I, Berlin, bei Friedrich Viehweg dem Älteren, 1793, p. 46 e 47.

39 Sul ruolo politico della pubblicistica gentziana si veda GÜNTHER KRONENBITTER, *Wort und Macht. Friedrich Gentz als politischer Schriftsteller*, Berlin, Duncker&Humblot, 1994, pp. 31-65. Inoltre: HARRO ZIMMERMANN, *Friedrich Gentz. Die Erfindung der Realpolitik*, Paderborn, Schöningh, 2012, pp. 33-68. Sulla rivista "Minerva" si veda ELISA LEONZIO, *Scrivere la storia, divulgare la storia: Archenholz e la rivista «Minerva»*, in *Metamorfosi dei Lumi 8. L'età della storia*, a cura di Simone Messina e Valeria Ramacciotti, Torino, Accademia University Press, 2016, pp. 160-178.

40 L'espressione è tratta da RICHARD COBB, *Reazioni alla Rivoluzione francese*, Milano, Adelphi Edizioni, 1990, p. 37.

41 FRIEDRICH GENTZ, *Ueber die Grundprinzipien der jetzigen französischen Verfassung nach Robespierre's und St. Just's Darstellung derselben*, in "Minerva",

do serrato e che la sottile analisi si fondava necessariamente su intuizioni di grande profondità e capacità penetrativa. Gentz propone in traduzione al lettore una serie di passi nodali dei discorsi rivoluzionari, procedendo a un'analisi critica. Essa si fonda, non da ultimo, su un abile uso delle risorse tipografiche dell'epoca, distinguendo anche graficamente, come in un trattato di geometria, l'esposizione del teorema, da un lato – in questo caso, le citazioni di Robespierre e Saint-Just – e la dimostrazione, o meglio la demolizione dello stesso, in un carattere e una spaziatura differenti, dall'altro. La resa traduttiva dell'originale è piuttosto fedele, anche se Gentz non propone una traduzione "filologica" di Robespierre, operando tagli e abbreviazioni non sempre segnalati. Basti in questa sede un esempio in chiave contrastiva. Poco dopo l'inizio del discorso *Sur les principes de morale politique qui doivent guider la Convention nationale dans l'Administration intérieure de la République*, pronunciato da Robespierre il 5 febbraio 1794, si poteva leggere la seguente dichiarazione:

> Or, quel est le principe fondamental du gouvernement démocratique ou populaire, c'est-à-dire le ressort essentiel qui le soutient et qui le fait mouvoir ? C'est la vertu ; je parle de la vertu publique qui opéra tant de prodiges dans la Grèce et dans Rome, et qui doit en produire de bien plus étonnants dans la France républicaine; de cette vertu qui n'est autre chose que l'amour de la patrie et de ses lois.
> Mais comme l'essence de la république ou de la démocratie est l'égalité, il s'ensuit que l'amour de la patrie embrasse nécessairement l'amour de l'égalité.
> [...] Puisque l'âme de la République est la vertu, l'égalité, et que votre but est de fonder, de consolider la République, il s'ensuit que la première règle de votre conduite politique doit être de rapporter toutes vos opérations au maintien de l'égalité et au développement de la vertu.[42]

---

1794, pp. 166-189 e 232-300.
42 ROBESPIERRE, Écrits, cit., p. 299: «Ora, quale è mai il principio fondamentale del governo democratico o popolare, cioè la forza essenziale che lo sostiene e che lo fa muovere? È la virtù. Parlo di quella virtù pubblica che operò tanti prodigi nella Grecia e in Roma, e che ne dovrà produrre altri, molto più sbalorditivi, nella Francia repubblicana. Di quella virtù che è in sostanza l'amore della patria e delle sue leggi. Ma, dato che l'essenza della Repubblica, ossia della democrazia, è l'uguaglianza, ne consegue che l'amore della patria comprende necessariamente l'amore dell'uguaglianza. [...] Dato che l'anima della Repubblica è la virtù, l'uguaglianza, e dato che il vostro scopo è di fondare, di consolidare la Repubblica, ne consegue che la regola prima della vostra condotta politica dev'essere quella di indirizzare tutte le vostre opere al mantenimento dell'uguaglianza ed allo sviluppo della virtù», trad. it. a cura di Umberto Cerroni, ROBESPIERRE, *La rivoluzione giacobina*, cit., pp. 162-163.

Gentz abbrevia il testo originale, privandolo delle interrogative retoriche, delle riprese anaforiche e del suo iterato andamento sillogistico («comme ... il s'ensuit que...») – si potrebbe dire che opera una sorta di mutazione radicale della tipologia testuale, trasformando un discorso concepito per l'oralità in un trattato sistematico, inserendo nuove enfasi e sopprimendo passaggi intermedi dell'argomentazione. Rende infatti così il lungo passo di Robespierre:

> Das Fundamental-Princip der democratischen Verfassung ist die Tugend. – Das heißt, die Liebe zum Vaterlande, und zu den Gesetzen desselben, – mithin auch zur Gleichheit, als der Quelle aller guter [sic] Gesetze: und die ganze Politik der Franzosen muß von nun an auf Erhaltung der Gleichheit und Entwicklung der Tugend gegründet seyn.[43]

Nel discorso di Robespierre – questa forse la principale intuizione di Gentz – l'opposizione *morale* tra vizio e virtù si trasforma in un'opposizione esclusivamente *politica* che «sospende» i «precetti dell'equità, dell'umanità e di ciò che si è soliti definire morale generale»,[44] ovvero i capisaldi della cultura illuminata del *Mitleid* e del rispetto dei diritti dell'uomo.[45] Morale e politica vengono così a sovrapporsi e nella perfetta e pericolosa identificazione dell'una nell'altra, privata del filtro mediatore della cosiddetta «etica pubblica», prende forma un'azione politica che in nome dell'ideale si assume la responsabilità di una provvisoria liquidazione dell'ideale stesso. L'esercizio («Ausübung») della civica virtù si era identificato – nella teoria e nei fatti – con l'esercizio del terrore.[46]

---

43  GENTZ, *Ueber die Grundprinzipien*, cit., p. 182: «Il principio fondamentale della costituzione democratica è la virtù. – Vale a dire, l'amore per la patria e per le sue leggi, – con ciò dunque anche per l'uguaglianza in quanto fonte di ogni buona legge: e l'intera politica dei francesi deve d'ora in avanti essere fondata sulla conservazione dell'uguaglianza e sullo sviluppo della virtù».
44  *Ivi*, p. 243: «die Vorschriften der Billigkeit, der Menschlichkeit und dessen, was in einem solchen Zustande gemeine Moral heißt».
45  VINCENZO FERRONE, *Storia dei diritti dell'uomo. L'Illuminismo e la nascita del linguaggio politico dei moderni*, Roma-Bari, Laterza, 2014.
46  GENTZ, *Ueber die Grundprinzipien*, p. 185. Recente, sul nesso tra virtù e violenza: JAMES T. KLOPPENBERG, *Toward Democracy. The Struggle for Self-Rule in European and American Thought*, Oxford, Oxford University Press, 2016, pp. 505-588 e JOHANNES WILLMS, *Tugend und Terror. Geschichte der Französischen Revolution*, München, Beck, 2014, pp. 503-536. Sul potenziale etico-estetico di questa coppia si veda SIMONETTA SANNA, *L'altra rivoluzione. La morte di Danton di Georg Büchner*, Roma, Carocci, 2010.

Il paradosso, o meglio l'ossimoro di un 'terrore virtuoso', così come esso si era mostrato in maniera più acuta nel 1793/94, provoca un vero e proprio trauma intellettuale che induce al ripensamento le coscienze di molta parte dell'opinione pubblica illuministica. Tale paradosso appare come la propaggine estrema di un nuovo, rovinoso intreccio tra morale e politica. Se Kant aveva fondato l'edificio morale e giuridico della sua riflessione filosofica sulla necessità di considerare l'uomo come «fine» dell'agire politico, con il Terrore emergeva ancora una volta una visione belluina della politica in cui l'uomo non solo era considerato mero strumento in vista di una nobile causa, ma era dichiarato tale sulla base di una riflessione, *soi-disant*, morale. Si era aperto così un fronte abissale per la riflessione dell'epoca. Come era possibile ripensare e rilanciare gli ideali della virtù civica dopo che essa si era associata ad un patriottismo che, di fronte all'emergenza, si era tradotto in terrore? Quale nuova configurazione avrebbe potuto assumere il binomio di politica e morale ai fini di una vera «Beförderung» dell'umanità?

Per questo tipo di rinnovata riflessione sulla virtù politica le pratiche di traduzione riscontrabili nella Germania degli ultimi anni del secolo, offrirono una risorsa particolarmente preziosa, perché immisero nel dibattito pubblico tedesco dei testi, la cui fruizione era stata fino ad allora appannaggio delle gilde erudite, generando così un nuovo moto di *transfert* culturale che non riguardava testi contemporanei o recenti ma voci di un lontano passato. Se era necessario superare lo spirito di parte, lo sguardo doveva allora volgersi non a voci contemporanee o recenti, ma piuttosto a fonti antiche del pensiero classico che agissero, con la loro incontaminata autorevolezza e lucida freschezza, per così dire, da "matrice" di nuove prospettive filosofico-politiche sul vivere civile. Era urgente, cioè, ritrovare la spinta morale necessaria, posta alla base dell'azione politica, senza tuttavia con ciò ricorrere al mito di Sparta o della virtù truce di una Roma aggressiva, dove – come si sapeva bene tanto a Parigi quanto in Prussia – le istanze dell'essere umano retrocedevano, annientate dalle esigenze della dedizione alla patria.[47] Bisognava recuperare tradizioni altre, rifondare premesse etiche per una nuova politica davvero in funzione del singolo uomo, inteso come *Mensch* e non come *Bürger*. L'obiettivo era dare nuovo credito alla tesi secondo cui il miglior cittadino è chiunque rispetti anzitutto la condizione di umanità dell'altro – e per far ciò ci si avvalse non da ultimo di traduzioni di testi mirati che avevano esplicitamente posto questo problema.

---

47 In proposito si veda Marlene Meuer, *Polarisierungen der Antike. Antike und Abendland im Widerstreit – Modellierungen eines Kulturkonflikts im Zeitalter der Aufklärung*, Heidelberg, Winter Verlag, 2017, in part. pp. 527-533.

## 3. Antidoti contro la faziosità e rinnovate visioni del vivere civile? Sulle traduzioni tardo-settecentesche di Aristotele e Platone

A quali autori rivolgersi, dunque? La risposta del tardo Illuminismo in area tedesca è piuttosto chiara: a Platone e, soprattutto, ad Aristotele. Nella loro riflessione – non ancora tradotta in tedesco – fu riscoperto, infatti, un nucleo vivo che poteva ancora saldamente collegare quei filosofi al presente e suggerire, grazie alla forza del pensiero utopico, modelli alternativi o correttivi rispetto alla situazione storica reale. Mentre il testo della *Politeia* platonica era stato reso accessibile in tedesco nel 1780 da Johann Friedrich Kleuker, professore di teologia a Kiel, registrando – significativamente – diverse ristampe nella seconda metà degli anni Novanta,[48] l'*Etica nicomachea* di Aristotele, con le sue riflessioni sul senso civico della *areté*, fu tradotta soltanto nel 1791 da Daniel Jenisch, teologo luterano, che la corredò di ampi commenti e trattazioni.[49] I libri della *Politica* aristotelica uscirono, invece, per la prima volta quasi contemporaneamente in una doppia edizione: nel 1798 per i tipi di Friedrich Bohn a Lubecca e Lipsia, con la traduzione e le annotazioni di Johann Georg Schlosser;[50] nel 1799 a Breslavia per i tipi di Wilhelm Gottlieb Korn nella traduzione di Christian Garve e con il commento di Georg Gustav Fülleborn.[51]

Schlosser e Garve avevano avviato in parallelo i loro progetti di traduzione del testo di Aristotele (problematico per molti aspetti, non solo filologici) e – a quanto pare – senza contatti reciproci, basandosi probabilmente su un'edizione critica curata nel 1790 a Halle da Friedrich Gottlieb Delbrueck.[52] Schlosser, nominato consigliere e direttore del tribu-

---

48 *Werke des Plato; Zweiter Band: welcher die Republik oder ein Gespräch über das Gerechte enthält in zehn Büchern*, Lemgo, im Verlage der Meyerschen Buchhandlung, 1780. Si veda Dirk Werle, *Höhlengleichnisse um 1800: Schiller, Jean Paul, Tieck*, in "Deutsche Vierteljahrsschrift für Literaturwissenschaft und Geistesgeschichte", 91 (2017), pp. 19-50.
49 *Die Ethik des Aristoteles, in zehn Büchern. Aus dem Griechischen mit Anmerkungen und Abhandlungen von Dan(iel) Jenisch*, Danzig, Ferdinand Troschel, 1791.
50 *Aristoteles Politik und Fragment der Oeconomik. Aus dem Griechischen übersetzt und mit Anmerkungen und einer Analyse des Textes versehen*, Lübeck und Leipzig, Bohn, 1798.
51 *Die Politik des Aristoteles*, uebersetzt von Christian Garve, herausgegeben und mit Anmerkungen und Abhandlungen begleitet von Georg Gustav Fuelleborn, 2 Theile, Breslau, bey Wilhelm Gottlieb Korn, 1799.
52 Si vedano le considerazioni di Manfred Riedel, *Aristoteles-Tradition am Ausgang des 18. Jahrhunderts. Zur ersten deutschen Übersetzung der «Politik» durch Johann Georg Schlosser*, in *Alteuropa und die moderne Gesellschaft*.

nale di corte a Karlsruhe nel 1790, si era dimesso da questa carica nel 1794, dedicandosi in seguito al suo progetto di traduzione. Garve, oggi noto solo in cerchie di specialisti, era allora probabilmente uno dei più influenti filosofi morali del tardo Illuminismo, già traduttore del *De officiis* di Cicerone e autore di numerosissimi trattati dedicati alle questioni più urgenti della società e del suo ordinamento politico-culturale, non da ultimo la *Abhandlung über die Verbindung der Moral mit der Politik* del 1788.

Nel tentativo di definire «quale fosse il genere di vita più desiderabile» (αἱρετώτατος βίος) – domanda centrale della ricerca etico-politica di Aristotele – il filosofo stagirita aveva risposto nel Libro Settimo della sua *Politica* che «a ciascun uomo tocca tanta felicità quanta è la sua virtù, la sua saggezza e il suo agire conformemente ad esse», ricordando come solo la virtù fosse a fondamento della vita felice e che la felicità stessa fosse da ricercare nell'attività intesa anzitutto come partecipazione pratica o intellettuale alla politica cittadina.[53] Schlosser traduce la cruciale espressione «αἱρετώτατος βίος» con «beste Lebensweise» (il miglior modo di vivere),[54] mentre Garve predilige una formulazione più libera, ma ingombrante, traducendo per via di perifrasi «das glücklichste Leben oder der wünschenswürdigste Zustand des Menschen» (la vita più felice, ovvero la condizione più degna d'esser desiderata dell'uomo),[55] indicando cosí più la *conditio* – statica, «Zustand», appunto – piuttosto che l'attiva definizione del proprio modo di vivere. Ma mettendo anche in rilievo la sfera della dignità umana come premessa al vivere felice e come segno di prosperità civile.

Proprio al carattere *attivo* della concezione aristotelica della virtù e alla necessità del suo esercizio Schlosser dedica un acuto commento che mette bene in luce la nozione di virtù, intesa metaforicamente non da ultimo come l'eccellenza nel saper vivere e come l'energia dell'agire razionale stesso. «Aristotele», così scrive nella prefazione, «aveva preso le mosse della sua indagine dalla nostra destinazione (ἔργον). Egli la rintraccia nell'attività. Ciascuno si rallegra di ciò è il proprio fare e per questa ragio-

---

*Festschrift für Otto Brunner*, hrsg. vom Historischen Seminar der Universität Hamburg, Göttingen, Vandenhoeck & Ruprecht, 1963, pp. 278-315. Si veda inoltre JOHAN VAN DER ZANDE, *Bürger und Beamte. Johann Georg Schlosser 1739-1799*, Stuttgart, Steiner, 1986, pp. 11-13.
53   ARISTOTELE, *Politica*, vol. II, Milano, Mondadori-Fondazione Lorenzo Valla, 2015, p. 120.
54   *Aristoteles Politik und Fragment der Oeconomik*, cit., vol. III, p. 2.
55   *Die Politik des Aristoteles*, cit., vol. II, p. 122.

ne l'attività appartiene alla felicità, un po' come dice Shakespeare: The Soul's Joy lies in Doing».[56]

Facendo dialogare in traduzione Aristotele con lo Shakespeare di *Troilus and Cressida* (I.2) – un fenomeno di interessante disseminazione insieme poetica ed etico-politica –, Schlosser ricava una definizione di virtù, a sua volta di difficile resa in italiano. La definisce infatti come una «Stimmung des Gemüts» – Schlosser traduce così il complesso termine di ἕξις, il latino *habitus* – identificando dunque la virtú non più con una serie di precetti e doveri, ma come una disposizione generale, un *mood*, una *Stimmung* appunto. Ed è questa una *Stimmung*, prosegue Schlosser, che induce volontariamente e in maniera autonoma, dopo accurata riflessione, ad essere attivi sempre nel bene. Il «bene» aristotelico ricodificato e rinegoziato da Schlosser risente naturalmente dei recenti discorsi sulla virtù come fonte del terrore e vuole proporsi probabilmente come una sorta di antidoto discorsivo, e insieme come un monito a non dimenticare che l'esercizio della virtù in seno alla comunità politica, per essere davvero virtuoso, non doveva mai «perdere di vista il riguardo nei confronti dell'essere umano» concreto dinnanzi a ciascuno. Infatti – come aveva detto Aristotele – «non c'è una buona azione né di uno Stato né di un uomo singolo quando manchino la virtù e la saggezza».[57]

*<br>* *

Se, per concludere, si chiedesse dunque: *what is found in translation?* con riferimento all'epoca del tardo Illuminismo in ambito tedesco, molte sarebbero naturalmente le risposte possibili e plausibili. Sulla base degli esempi illustrati, ci sembra lecito concludere dicendo che, attraverso la traduzione di Aristotele, era stato possibile re-immettere nel dibattito contemporaneo, avvelenato dagli eccessi e dalle parzialità della «Tagespolitik», un orizzonte di riflessione che sembrava perduto nel gorghi violenti della storia recente, disseminandone il portato concettuale oltre i confini dei circuiti eruditi, e aprendolo ai dibattiti di quella *politeia* complessa e contraddittoria, ma sempre progressivamente emendabile e perfettibile, che era ed è il sistema politico dei moderni.

---

56 *Aristoteles Politik und Fragment der Oeconomik*, cit., vol. I, p. XXIX: «Aristoteles ging von der Untersuchung unsrer Bestimmung, (ἔργον), aus. Diese findet er in der Thätigkeit. Jeder freut sich nun dessen, was seines Thuns ist; darum gehört die Thätigkeit auch zu unsrer Glückseligkeit. Das ist etwa, wie Shakespear [sic] sagt: The Soul's Joy lies in Doing (Handeln ist die Freude der Seele)».

57 Aristotele, *Politica*, cit., vol. II, p. 133.

Bruno Berni

# LO STAGNAIO POLITICO E LA MEDIAZIONE IMPERFETTA.
## LE COMMEDIE DI HOLBERG IN GERMANIA E IN ITALIA NEL SETTECENTO

La storia della mediazione di un testo letterario è un'operazione complessa che non si limita all'aspetto linguistico della traduzione, se la mediazione si pone come risultato una vera acquisizione nel campo letterario di arrivo. Ciò che qui si cercherà di illustrare è il paragone tra due diversi processi di mediazione dello stesso testo, nati entrambi nel corso del Settecento, tenendo conto solo parzialmente del problema della traduzione come atto linguistico ed esaminando invece per quanto possibile il suo aspetto di transfer culturale, per dimostrare come, nonostante la problematica dell'alternativa fra traduzione diretta e traduzione indiretta,[1] l'esito positivo del trasferimento in un canone diverso non dipenda – o non dipenda solo – dalla competenza linguistica, pur necessaria per una buona mediazione, ma in larga parte da aspetti che di tale competenza non sempre sono una conseguenza diretta. Di questi aspetti fanno parte la competenza nella cultura di origine, essenziale ma spesso assente nella traduzione indiretta, e altre competenze grazie alle quali quello che può essere definito 'mediatore consapevole' – che non coincide necessariamente con il traduttore della versione diretta – sia in condizione di affiancare alla traduzione del testo una disseminazione che tenga conto – nelle scelte – del panorama e della ricettività della cultura di arrivo in un dato momento storico, dell'autorevolezza del contesto editoriale in cui l'ope-

---

[1] Per la definizione di traduzione indiretta o *relay translation*, concetto che però definisce gli aspetti linguistici e non quelli culturali, cfr. per esempio Martin Ringmar, *Relay Translation*, in *Handbook of Translation Studies*, vol. III, a cura di Yves Gambier e Luc van Doorslaer, Amsterdam-Philadelphia, John Benjamins Publishing Company, 2012, pp. 141-144, secondo il quale «Relay translation refers to a chain of (at least) three texts, ending with a translation made from another translation. [...] The term "indirect translation" tends to focus the end product, whereas "relay translation" highlights the process» («Relay translation fa riferimento a una catena di (almeno) tre testi, che termina con una traduzione eseguita su un'altra traduzione. [...] Il termine "traduzione indiretta" tende a identificare il prodotto finale, mentre "relay translation" sottolinea il processo»).

ra trova collocazione, delle possibilità di successo della mediazione che, nel caso del mezzo teatrale, comprendono anche – ma non solo – la necessità della rappresentazione.

La traduzione di un testo – ovvero il suo trasferimento linguistico – non è dunque garanzia sufficiente per la sua acquisizione nella cultura di arrivo, che richiede ai mediatori una serie di competenze talvolta coincidenti nella persona del traduttore, altre volte in un gruppo che rappresenta la filiera della mediazione, ma non sempre consapevoli al momento dell'atto traduttivo.

Quando il 26 settembre 1722, nel teatro da poco eretto sulla Lille Grønnegade, a Copenaghen, fu rappresentata la prima commedia composta da Ludvig Holberg, *Den politiske Kandstøber – Lo stagnaio politico* –, probabilmente nessuno avrebbe potuto immaginare che quella data sarebbe divenuta memorabile nella storia del teatro danese e che quella commedia avrebbe rappresentato solo la prima di un'ampia produzione teatrale. Né era possibile prevedere che quel testo sarebbe stato tradotto e rappresentato sui palcoscenici di tutta Europa: le motivazioni che avevano portato Holberg a comporla erano infatti esattamente opposte. Dopo aver percorso a lungo l'Europa l'autore, professore universitario quasi quarantenne, intendeva importare in patria le esperienze culturali assorbite durante i suoi viaggi, in questo caso il teatro francese di Molière e la commedia dell'arte italiana, conosciuta a Parigi e a Roma, sfruttando l'occasione di un edificio teatrale appena costruito nella capitale di un paese che fino a quel momento non aveva avuto un teatro stabile ed era privo di un repertorio in lingua.

La politica di Holberg nell'uso della lingua, come si sarebbe sviluppata negli anni successivi, prevedeva infatti l'uso del danese per le opere destinate a importare in Danimarca le idee assorbite in Europa, mentre si serviva del latino – in seguito anche del francese – per le opere destinate a portare le sue idee fuori dai confini. Anche se di opere latine fino a quel momento Holberg aveva composto solo un paio di dissertazioni e il programma dell'università pubblicato il 7 giugno 1720, le commedie, per la lingua ma soprattutto per la loro natura, incarnavano quel programma culturale che rappresentò in seguito gran parte della sua attività. Di conseguenza al momento della composizione non erano destinate a essere tradotte, ma solo a formare un repertorio per quello che sarebbe stato il primo esperimento di teatro in lingua danese.

Il problema della traduzione non sembrava interessare Holberg, sebbene il primo scritto in cui tratta l'argomento del teatro, e in parte anche della traduzione, sia molto vicino alla composizione delle prime commedie. Nella *Just Justesens Betenkning over Comoedier*,[2] la prefazione del 1723 al volume che raccoglieva a stampa i primi testi prodotti, considerata il primo scritto di 'teoria' teatrale di un autore che mai scrisse una teoria organica, l'autore parla appunto di traduzione in toni molto diversi da quelli che, come vedremo, avrebbe usato anni dopo. La critica ha parlato spesso di un cambio di prospettiva avvenuto col tempo, affermando persino che il suo punto di vista «skifter [...] opportunistisk efter Lejligheden».[3] In realtà, rileggendo il passo in questione, appare chiaro che Holberg non ha alcuna intenzione di creare una teoria della traduzione, ma vuole semplicemente dare consigli per il nascente teatro:

> En Comoedie-Skriver maa beflitte sig paa, at de Stycker hand forrestiller ere naturlige og uden Affectation, saa at Tilskuerne skal kunde bilde sig ind, at det er Alvor. Derfor var det at ønske, at i alle Comoedier Scena var udi det Land, hvor de forrestilles, at Tilskuerne kunde slippe for at fingere sig andre Lande i Hovedet, og ligesom bilde sig ind, at saa snart de have faat deres Passeer-Sæddel, de i et Øjeblik med det heele Comoedie-Huus bleve forflyttet til Rom, Grækenland, Spanien eller Frankrig.[4]

Nel fornire consigli destinati a rappresentazioni per un pubblico in parte di scarsa cultura, che per la prima volta assisteva a spettacoli appositamente scritti o tradotti in danese, Holberg tiene a mente che la metà del repertorio del teatro era composta da opere tradotte, al punto che la prima assoluta nel teatro era stata la rappresentazione dell'*Avaro* di Molière, il 23 settembre 1722, pochi giorni prima dell'esordio del giovane professore. I consigli di traduzione riguardano dunque l'importazione di teatro francese e l'esigenza di andare incontro a un pubblico impreparato:

---

2   *Just Justesens Betenkning over Comoedier*, ora in *Samlede Skrifter*, udgivet af Carl S. Petersen, 18 bind, København, Gyldendalske Boghandel-Nordisk Forlag, 1913-1961, bind II, pp. 536-543.
3   CARL ROOS, *Det 18. Aarhundredes tyske Oversættelser af Holbergs Komedier, deres Oprindelse, Karakter og Skæbne*, Kjøbenhavn, H. Aschehoug & Co., 1922, p. 32: «Cambia con opportunismo a seconda dell'occasione».
4   *Just Justesens Betenkning*, cit., p. 539: «Un autore di commedie deve sforzarsi affinché le opere che rappresenta siano naturali e prive di affettazione, in modo che gli spettatori siano in grado di potersi immaginare che sia reale. Perciò sarebbe desiderabile che in tutte le commedie la scena fosse nel paese in cui vengono rappresentate, affinché gli spettatori possano evitare di crearsi nella testa la finzione di altri paesi e in un certo senso immaginare che non appena hanno ricevuto il biglietto siano trasportati con l'intero teatro a Roma, in Grecia, Spagna o Francia».

> [...] og er derfor ingen Tvivl paa, at dersom de der oversætte Molieres Comoedier vilde med Scena forandre Navnene, og giøre icke alleene Ordene, men heele Comoedien Dansk, det jo havde langt bedre Virkning, og naar heele Comoedien skal være Dansk, saa maa icke alleene Scena og Navnene, men og Charactererne være Danske; og er derfor adskillige fremmede Comoedier aldeeles icke beqvemme for vor Skueplads.[5]

L'atteggiamento di Holberg nei confronti delle regole, anche quelle da lui stesso difese, era molto pragmatico, tanto che proprio la sua prima commedia rappresentata dal teatro, appunto *Den politiske Kandstøber*, viola l'esigenza di localizzazione e, per motivi di opportunità 'politica' – trattando la figura di un comune stagnaio che pretende di avere competenze politiche –, ambienta l'azione ad Amburgo, ovvero poco fuori dal regno ma adeguatamente lontano dalla capitale.

Ma per tornare al rapporto di Holberg con la traduzione delle sue commedie, in questa fase iniziale del teatro nulla fa supporre che l'autore avesse in mente la possibilità di tradurre i testi in altre lingue: le commedie erano pensate per il pubblico danese. Cosa lo spinse, già pochi anni dopo, a pensare un'esportazione delle sue commedie non è dato sapere: probabilmente il grande successo in quei primi anni. Sta di fatto che fu lui stesso a fare i primi tentativi. Dopo il primo e più importante periodo di vita del teatro, nel 1725 Holberg partì di nuovo per riposarsi dall'attività degli anni precedenti, che in poco tempo lo aveva portato a comporre quindici commedie. Attraverso l'Olanda giunse a Parigi, dove entrò in contatto con gli ambienti letterari, ebbe modo di approfondire le sue conoscenze nel campo del teatro e cercò, senza successo, di far rappresentare da Luigi Riccoboni proprio *Den politiske Kandestøber*:

> Huc accessit, qvòd cum fallendi temporis gratiâ duas ex comœdiis meis in gallicum idioma vertissem, amici mei operæ pretium ducerent periculum facere, qvamnam sortem haberent exhibitæ in theatro Parisiensi. [...] Tentabam modo per amicum Fontisbellaqveum mittere argumentum *Stannarii politici*, ut explorarem judicium Gregis Italici de eadem comœdia. Rescripsit Dux ejusdem Gregis Dn. Lelius comœdiam istam sibi videri mirè festivam & elegantem (*tutta meravigliosa*) sed aliâ mox epistola declaravit, argumentum fabulæ tanti

---

5   *Ibidem*: «[...] e perciò non v'è dubbio che se coloro che traducono le commedie di Molière insieme alla scena cambiassero anche i nomi, rendendo danesi non solo le parole, ma tutta la commedia, avrebbe un effetto di gran lunga migliore, e se tutta la commedia deve essere danese, allora non solo la scena e i nomi, ma anche i caratteri devono essere danesi; e perciò diverse commedie straniere non sono affatto adatte al nostro teatro».

esse ponderis, ut vereretur, ne calumniandi ansam daret qvasi satyra in certos optimates directa esset, de qvibus dici poterat illud poetæ:
- *factus de Rhetore Consul.*[6]

La traduzione era stata dunque eseguita personalmente, sebbene a Riccoboni fosse stato poi consegnato solo un *argumentum*. Tra i motivi cui Holberg imputa il rifiuto della commedia c'è una serie di regole formali che ne avrebbero impedito la rappresentazione:

> Porro ab incepto hoc me dissvaserunt insulsæ qvædam regulæ theatri, qvas Galli hodie adoptarunt (1) ut fabula moralis sive critica uno tantum actu absolvatur, cum cunctæ mearum in 5. vel ad minimum in tres actus descriptæ sunt, (2) ut nulla plebejæ sortis persona in scenam prodeat. Hinc, si luderetur stannarius Politicus, necesse mihi foret opifices transformare in doctores, advocatos aliosqve non infimi ordinis homines. Qvô factô comœdia ista, cujus satyra in infimam plebem collimat, omnem vim ac energiam perderet, cum doctores, advocati, & id genus alii homines solidè interdum ac scitè de rebus publicis judicent, cumqve operâ eorum non rarò utantur ipsi Principes, ac Rerumpublicarum Moderatores. Alter etiam hujus fabulæ scopus, cum monstrat fastum ac impotentiam eorum, qvi è sordidis initiis ad summa crescunt, penitus periret.[7]

---

6   *Ludvig Holbergs tre levnedsbreve, 1728-1743*, Bind I-III, ved Aage Kragelund, København, Gads Forlag, 1965, qui vol. I, pp. 304-306: «A questo si aggiunse che per passatempo avevo tradotto in francese due mie commedie, e che i miei amici pensavano valesse la pena di provare che destino avrebbero avuto se rappresentate in un teatro parigino. [...] Per mezzo di un amico provai a mandare un riassunto dello Stagnaio politico a Fontainebleau per sentire l'opinione della compagnia italiana su quella commedia. Il capo della compagnia sig. Lelio mi rispose che trovava la commedia molto divertente e arguta (*tutta meravigliosa*) ma in un'altra lettera poco dopo mi fece sapere che il contenuto della commedia era di tale peso che temeva avrebbe portato a maldicenze come se la satira fosse diretta contro determinate persone di rilievo delle quali si sarebbe potuto dire come il poeta: – è asceso da maestro a console». Sull'argomento dell'episodio parigino cfr. anche HENRY HELLSSEN, *Holbergs Kandestøber i Paris 1725*, København, Berlingske, 1940.

7   *Ludvig Holbergs tre levnedsbreve*, cit., vol. I, pp. 308-310: «Inoltre fui dissuaso dal mio proposito da alcune insulse regole teatrali che ai giorni nostri i francesi hanno fatto loro: (1) che una commedia morale o critica si limiti a un atto, mentre tutte le mie sono scritte in cinque o almeno tre atti, (2) che non deve comparire sulla scena nessun personaggio di infimo rango. Perciò se lo Stagnaio politico fosse stato rappresentato, avrei dovuto trasformare gli artigiani in dottori, avvocati e altro, non in uomini di infimo ordine. In tal caso la commedia, la cui satira è diretta verso la plebe, avrebbe perduto ogni energia, poiché dottori, avvocati e altre persone del genere spesso s'intendono di cose politiche e non di rado principi e governanti si servono del loro aiuto. L'altro scopo della storia, che mostra l'orgoglio e l'incapacità delle persone che da infimi inizi pervengono ai fasti, sarebbe del tutto scomparso».

Se dunque una localizzazione dei nomi e dell'ambientazione di una commedia appariva a Holberg solo due anni prima una norma da rispettare, ora gli adattamenti formali richiesti dalla tradizione francese rischiavano, secondo lui, di portare all'insuccesso persino le opere di Molière[8] e di togliere l'intera forza a una commedia divertente e dal contenuto morale:

> Hinc habitu Parisiensi induere istam comœdiam nihil aliud esset, qvam festivam simul ac moralem fabulam in langvidam ac insulsam transformare. Regulas verò istas a Parisiensibus adoptatas non sanô judiciô, sed corrupto spectatorum gustu niti, exinde patet, qvod sc. contra decorum non judicent, si in scenam producantur servi ac rustici.[9]

Che Holberg fosse in grado di pensare a una diffusione delle sue commedie fuori dalle frontiere appare dunque certo, né può stupire che tentasse di far rappresentare il *Kandstøber*, soggetto in buona parte originale rispetto ad altri suoi testi che riprendevano caratteri noti. Infatti non è un caso se un tentativo di traduzione del *Kandstøber* avvenne di nuovo in un momento successivo:

> Periculum facturus aliqvot abhinc annis, qvemnam successum sibi polliceri possent Comœdiæ meæ in alias lingvas versæ, primam Fabulam, scilicet Stannarium politicum Germanice ac Belgice reddi curabam. Versio Germanica langvida est visa; Belgica vero ipso archetypo festivior apparuit.[10]

L'affermazione, che compare nella terza lettera autobiografica, pubblicata nel 1743, parla genericamente di «aliquot abhinc annis», ma non è mai stato chiaro se con queste parole Holberg si riferisse a una sua precisa iniziativa dietro la pubblicazione in tedesco del *Kandstøber*,[11] nella prima edizione a stampa uscita in Germania nel 1742 nella traduzione di Georg August Detharding, seguendo di poco il *Jean de France* e il *Jacob von Thyboe*.

---

8   *Ivi*, p. 308.
9   *Ivi*, p. 310: «Far indossare a questa commedia tale abito parigino non avrebbe dunque significato altro che trasformare un testo a un tempo divertente e morale in una rappresentazione debole e insulsa».
10  *Ivi*, vol. II, p. 574: «Quando alcuni anni fa mi azzardai a provare quale successo potessero avere le mie commedie tradotte in altre lingue, feci tradurre lo *Stagnaio politico* in tedesco e olandese. La traduzione tedesca mi sembrava debole; ma quella olandese si dimostrò più piacevole dell'originale».
11  JOHANN CHRISTOPH GOTTSCHED, *Die Deutsche Schaubühne nach den Regeln und Exempeln der Alten*, vol. I, Leipzig, Breitkopf, 1742, pp. 407-494.

Roos dubita che si trattasse della stessa traduzione,[12] mentre fa risalire l'interesse di Gottsched per Holberg[13] al contenuto di una lettera a lui inviata da Copenaghen da Johann Fabricius, nella quale si afferma che: «Dennoch werden des Herrn Prof. Holbergs dänische Comoedien, welche hier auch vorhin gespielet worden sind, von vielen annoch gelesen und gelobet, welche er mehrerenteils aus Franzosen genommen hat».[14]

Che alla base delle traduzioni fosse la lettera di Fabricius, la motivazione di Gottsched, l'impulso fornito dallo stesso Holberg o il fatto che le commedie del danese già venissero rappresentate con successo dalle compagnie itineranti tedesche,[15] comunque Georg August Detharding tradusse alcune commedie, che Gottsched pubblicò nella sua *Schaubühne*.[16] La prima, nel secondo volume, fu il *Jean de France,* che in tedesco porta anche il titolo di *Der Deutsche Frantzose,*[17] la seconda il *Jacob von Tyboe,* pubblicato nel terzo volume,[18] e l'ultima, nel primo volume che però uscì successivamente, *Der Politische Kanngießer*.[19]

Il rapporto di Gottsched con la traduzione, in un momento in cui l'assenza di valide opere in tedesco lo spingeva – nell'intento di riformare il teatro – a pubblicare opere originariamente composte in altre lingue, non rivela un vero interesse normativo, sebbene proprio sulla traduzione si svolgesse la sua polemica con Bodmer – e Breitinger – riguardo l'edizione tedesca del *Paradise Lost* di Milton in versi, del 1742.[20] Per entrambe le

---

12    Roos, *Det 18. Aarhundredes tyske Oversættelser,* cit., pp. 17-18. Per quanto riguarda la traduzione olandese, di cui non c'è traccia, Bruun afferma che poteva essere opera dello stesso Holberg. Cfr. a questo proposito Christian Bruun, *Om Ludvig Holbergs trende Epistler til en højfornem Herre*, København, Lehmann & Stage, 1895, p. 111 e nota.
13    *Ivi*, pp. 134-135.
14    Lettera del 5 aprile 1738, in Carl Roos, *Breve til Johann Christoph Gottsched fra Personer i det danske Monarki,* in "Danske Magasin", 6 (1923), pp. 47-97, qui p. 64: «Tuttavia le commedie danesi del signor professor Holberg, che prima venivano qui rappresentate, da molti vengono tuttora lette e lodate, le ha prese soprattutto dal francese». L'accenno alla lettura, e non alla rappresentazione, è dovuto al fatto che dal 1728 il teatro danese era stato chiuso.
15    Roos, *Det 18. Aarhundredes tyske Oversættelser,* cit., fornisce dati precisi sulle rappresentazioni già nei primi anni Trenta del secolo.
16    Di altre due traduzioni Detharding parla nelle lettere, ma non saranno pubblicate da Gottsched e i manoscritti sono andati perduti.
17    Gottsched, *Die deutsche Schaubühne,* cit., vol. II, pp. 427-503.
18    *Ivi*, vol. III, pp. 263-366.
19    *Ivi*, vol. I, pp. 407-494.
20    Fondamentale sull'argomento Armin Paul Frank, *Main Concepts of Translating: Transformations During the Enlightenment and Romantic Periods in France,*

parti però la traduzione aveva un valore strumentale[21] e si trattava di una presa di posizione formale che vedeva Gottsched intento a riformare lingua e teatro – e dunque interessato al rispetto di canoni normativi anche a costo di modificare i testi in traduzione –, Breitinger concentrato invece sulla difesa delle caratteristiche della lingua e del pensiero originali:[22]

> Darum muß ein Uebersetzer sich selber das harte Gesetze vorschreiben, daß er niemahls die Freyheit nehmen wolle, von der Grundschrift, weder in Ansehung der Gedanken, noch in der Form und Art derselben, abzuweichen. Diese müssen in einem gleichen Grade des Lichtes und der Stärcke unverändert bleiben, und nur die Zeichen derselben mit gleich viel geltenden verwechselt werden.[23]

Se la posizione di Breitinger è già quella che sarebbe stata di Herder qualche decennio dopo,[24] non esiste invece una vera analisi dell'atto traduttivo da parte di Gottsched, per il quale l'importazione di testi era soprattutto strumentale. Ma nasce nella sua cerchia, pochi anni prima, il più importante saggio sulla traduzione del primo Settecento tedesco, il contributo pubblicato da Georg Venzky già nel 1734 nei «Beyträge» col titolo *Das Bild eines geschickten Übersetzers*.[25] In un'analisi generale il lungo saggio di Venzky, con toni

---

    *Great Britain, and the German Countries*, in *Übersetzung Translation Traduction. Ein internationales Handbuch zur Übersetzungsforschung*, 2. Teilband, hrsg. von Harald Kittel et al., Berlin-New York, De Gruyter, 2007, pp. 1531-1609, in particolare pp. 1574-1580.

21  Cfr. anche FRIEDMAR APEL, *Sprachbewegung. Eine historisch-poetologische Untersuchung zum Problem des Übersetzens*, Niemayer, Tübingen 1982, trad. it., *Il movimento del linguaggio. Una ricerca sul problema del tradurre*, a cura di Emilio Mattioli e Riccarda Novello, Milano, Marcos y Marcos, 1997, pp. 49-63.

22  Cfr. in proposito tra l'altro FANIA OZ-SALZBERGER, *The Enlightenment in Translation: Regional and European Aspects*, in "European Review of History – Revue europeenne d'Histoire", 13/3 (2006), pp. 385-409, in particolare p. 391.

23  JOHANN JAKOB BREITINGER, *Fortsetzung der Critischen Dichtkunst worinnen die poetische Mahlerey in Absicht auf den Ausdruck und die Farben abgehandelt wird, mit einer Vorrede von Johann Jacob Bodemer*, Zürich, Conrad Orell und Comp., 1740, p. 139: «Da questo punto di vista un traduttore deve darsi la dura regola di non prendersi mai la libertà di deviare dalla fonte né per quanto riguarda il pensiero né la forma e il tipo dello stesso. Essi devono rimanere immutabili sullo stesso livello di luce e di forza, e solo i segni devono essere sostituiti con altri di pari valore».

24  Cfr. il capitolo *Herder: fidélité et élargissement*, in ANTOINE BERMAN, *L'épreuve de l'étranger*, Paris, Gallimard, 1984, pp. 61-71, trad. it. *La prova dell'estraneo*, a cura di Gino Giometti, Macerata, Quodlibet, 1997, pp. 49-56.

25  GEORG VENZKY, *Das Bild eines geschickten Übersetzers*, in "Beyträge zur Critischen Historie der Deutschen Sprache, Poesie und Beredsamkeit", 9 (1734), pp. 59-114.

per molti versi ancora attuali, esamina la natura del testo tradotto e tocca temi come le caratteristiche di una buona traduzione e le competenze necessarie al traduttore. La posizione di Venzky è che esistano diversi tipi di traduzione cui fare ricorso a seconda del carattere del testo di origine:

> Was das Wesen oder das Innerliche der Uebersetzungen anlanget: So trift man verschiedene Gattungen an. In Absicht des Originals folgen einigen Uebersetzungen demselben auf dem Fuße nach, doch so, daß beyder Sprachen besondere Art zu reden beobachtet wird. Die dieses letzte nicht erfüllen, gehören unter die ungeschickten, übelgerathenen, fehler- und mangelhaften, die wir unten ein wenig beleuchten und kennen lernen wollen. Andere drücken zwar den Verstand ihres Vorbildes aus: Aber man hat sich bey den Worten und Sachen einer grössern Freyheit gebrauchet, auch wohl neue Sachen hinzu gefüget, oder es in eine andere Form gegossen, welches sonderlich geschiet, wenn man Verse in ungebundene Rede, oder diese in gebundene Schreibart einkleidet. Wieder andere haben verschiedene nöthige Zusätze; Da in andern wohl unnöthige oder anstößige Sachen ausgelassen worden. Endlich sind einige Anmerkungen zur Seiten beygefüget. Die erstere Art möchte man die natürlichsten, die andere die freyen, die dritte vermehrte, die vierte verstümmelte, und die letzte mit Anmerkungen erläuterte, oder die vollständigsten Uebersetzungen nennen. Einer jeden Gattung gebühret ihr Lob, und ist nach ihren Art nützlich und angenehm.[26]

Ma nella sua analisi l'autore non prende una posizione netta nei confronti dell'annosa diatriba tra la fedeltà alla lingua dell'originale o al senso nella lingua di arrivo:

> Die erste Gattung ist die natürlichste, sicherste, getreueste, ungezwungenste, und hat am wenigsten Künsteleyen. Was aber der andern Gattung in diesem

---

26  *Ivi*, p. 65: «Per quanto riguarda la natura o l'aspetto intimo delle traduzioni: incontriamo diversi generi. Dal punto di vista dell'originale alcune traduzioni lo seguono con precisione, ma nella misura in cui il particolare modo di esprimersi di entrambe le lingue viene rispettato. Quelle che non rispettano questo aspetto appartengono alle traduzioni inadeguate, mal eseguite, errate o manchevoli che in seguito tratteremo e conosceremo brevemente. Altre esprimono il senso del loro modello: ma nelle parole e nelle cose ci si è serviti di una maggiore libertà, si sono anche aggiunte nuove cose, o sono state espresse in un'altra forma, cosa che accade in modo particolare quando si rivestono versi in prosa, o questa in versi. Altre ancora hanno diverse aggiunte necessarie; mentre in altre delle cose non necessarie o indecenti sono state tralasciate. Infine sono state aggiunte annotazioni alle pagine. Il primo tipo può essere chiamato quello delle traduzioni più naturali, il secondo di quelle libere, il terzo di quelle ampliate, il quarto di quelle mutilate e l'ultimo di quelle spiegate con annotazioni, ovvero delle traduzioni più perfette. A ogni genere spetta la lode, e secondo il suo tipo è utile e gradito».

Stück abgehen möchte, das wird durch die Annehmlichkeit und den Nutzen, den die Sprache davon hat, wieder ersetzet.[27]

L'analisi di Venzky identifica però due grandi categorie di traduzione – «man hat geistliche, man har weltliche Bücher, übersetzt»[28] – ed è dunque ancora lontana dai criteri di utilità pratica nella traduzione del teatro che saranno adottati da Gottsched solo qualche anno dopo, quando inizierà a pubblicare la *Deutsche Schaubühne*.[29]

Nel primo volume della *Schaubühne*, pubblicato nel 1742 – dunque, come si è detto, successivamente al secondo e al terzo – Gottsched accoglie il *Kandstøber* col titolo tedesco di *Der Politische Kanngießer*, introducendolo con parole di elogio:

> Das sechste Stück endlich, ist des Herrn Professor Hollbergs politischer Kannengießer. Die vortreffliche Gabe dieses geschickten Dichters, ist unsern Lesern schon aus den beyden andern Bänden bekannt geworden: und in diesem Lustspiele wird man sich zweifelsfrey noch mehr in der guten Meynung von ihm bestätigen. Ich habe nicht Ursache mehr davon zu sagen; und den Leser von dem Nachschlagen derselben länger abzuhalten. Der gelehrte Herr Professor Detharding in Altona hat uns das Vergnügen machen wollen, die Uebersetzung derselben zu verfertigen, die wir vielleicht sonst noch lange hätten entbehren müssen; und er verdient also billig von allen Liebhabern der Schaubühne, einen besondern Dank dafür.[30]

Dopo aver paragonato Holberg a Molière nel secondo volume della *Schaubühne*,[31] Gottsched pubblica però la terza edizione della sua *Criti-*

---

27  *Ivi*, pp. 65-66: «Il primo genere è il più naturale, il più sicuro, il più spontaneo, e ha la minore artificiosità. Per quanto riguarda invece il secondo tipo di questo capitolo, esso viene rivalutato dal gradimento e dall'utilità che ne trae la lingua».
28  *Ivi*, p. 78: «Si sono tradotti libri religiosi, si sono tradotti libri profani».
29  Interessante per le idee dell'epoca sull'argomento è: WALTER FRÄNZEL, *Geschichte des Übersetzens im 18. Jahrhundert*, Leipzig, Voigtländer, 1914, in particolare pp. 25-57.
30  GOTTSCHED, *Die Deutsche Schaubühne*, cit., vol. I, p. 18: «Il sesto testo infine è lo *Stagnaio politico* del signor professore Holberg. L'eccellente talento di questo bravo scrittore è altrimenti già noto ai nostri lettori dagli altri due volumi: e in questa commedia si verrà senza dubbio ancora più confermati nella buona opinione che si ha di lui. Non ho motivo di dire altro in merito; e trattenere oltre il lettore dallo sfogliarlo. L'erudito signor professore Detharding di Altona ci ha voluto dare il piacere di completarne la traduzione, della quale altrimenti avremmo dovuto fare a meno ancora a lungo; ed egli merita dunque un particolare ringraziamento da parte di tutti gli amanti della *Schaubühne*».
31  *Ivi*, vol. II, 1741, p. 40.

*sche Dichtkunst* dove Holberg compare per la prima volta, e nel capitolo sulla commedia[32] passa a elencare le critiche che rivolge al commediografo danese,[33] basate sull'irregolarità delle sue commedie rispetto alle regole aristoteliche, in questo caso l'unità di luogo:

> In diesem Stücke nun ist Herr Prof. Hollberg in seinem Kannengießer, deutschen Franzosen, und Bramarbas nicht gar zu genau bey der Regel geblieben; indem einige Auftritte vor, andere aber in den Häusern vorgehen.[34]

Altro difetto, che contrasta stavolta con la regola del verosimile, è l'uso da parte di Holberg del monologo. Anche qui Gottsched ha in serbo delle critiche ed è costretto a modificare i suoi testi:

> Eben darum habe ich auch aus des Herrn Prof. Hollbergs Bramarbas den ersten Auftritt, den der Schlaukopf allein hatte, und der ziemlich lang war, ganz weggelassen; auch in dem Kannengießer an einigen Stellen solche kleine Fehler zu vermeiden gesucht. Man hüte sich also davor, so viel man kann.[35]

Ma un punto a favore del danese è, nella *Critische Dichtkunst*, l'effetto dell'insieme, la comicità dell'azione:

> Von der Lustigkeit im Ausdrucke möchte mancher fragen, wie man dazu gelangen könne? Ich antworte, das Lächerliche der Comödien muß mehr aus den Sachen, als Worten entstehen. Die seltsame Aufführung närrischer Leute, macht sie auslachenswürdig. Man sehe einen Bramarbas und Stifelius, einen deutschen Franzosen und politischen Kannengießer in unsrer Schaubühne an: so wird man sich des Lachens nicht enthalten können; obgleich kein Wort an sich lächerlich ist.[36]

---

32  JOHANN CHRISTOPH GOTTSCHED, *Versuch einer Critischen Dichtkunst für die Deutschen*, Leipzig, Breitkopf, 1742, pp. 729-751.

33  Per una più ampia descrizione della diversità di approccio di Holberg e Gottsched al teatro cfr. BRUNO BERNI, *Ludvig Holberg tra Danimarca e Germania*, Roma, Istituto Italiano di Studi Germanici, 2016, in particolare pp. 43-79.

34  GOTTSCHED, *Versuch einer Critischen Dichtkunst*, cit., pp. 743-744: «Da questo punto di vista il signor professore Holberg nel suo *Stagnaio*, nel *Tedesco francesizzato* e nel *Bramarbas* non si è attenuto esattamente alle regole; poiché alcune scene si svolgono davanti, altre invece dentro le case».

35  *Ivi*, p. 745: «Per questo motivo ho tralasciato del tutto, nel *Bramarbas* del signor professore Holberg, la prima scena, che Schlaukopf aveva da solo, e che era piuttosto lunga; anche nello *Stagnaio* in alcuni punti ho cercato di correggere certi errori. Ci si guardi da questo per quanto è possibile».

36  *Ivi*, p. 748: «Dell'allegria nell'espressione, qualcuno si chiederà come è possibile ottenerla? Io rispondo, il ridicolo della commedia deve nascere più dalle cose che

La perfetta conoscenza del danese da parte di Detharding, la possibilità peraltro non rara di trovare mediatori in grado di tradurre direttamente dal danese in tedesco – come dimostrano le numerose traduzioni degli anni successivi –, grazie alla vicinanza geografica e alle tradizioni comuni dei due paesi, infine l'affinità anche tra le due lingue, permettevano una fedeltà affidabile. L'intervento di adattamento di Detharding – e probabilmente di Gottsched stesso – corrispondeva invece all'esigenza di rispettare le regole e le correzioni apportate ai testi tradotti sono prevalentemente di carattere tecnico.[37] Il *Politiske Kandstøber*, che si svolgeva ad Amburgo – ovvero fuori dai confini danesi – per motivi di 'opportunità politica', per gli stessi motivi viene trasportato a Danzica. Come le altre commedie pubblicate nella *Deutsche Schaubühne*, anche il *Kanngießer* subisce delle rielaborazioni che, se non sono essenziali nello sviluppo dell'azione, modificano però la forma rendendola innanzitutto 'regolare'. I monologhi in alcune scene del *Kandstøber* vengono tagliati o modificati e il numero delle scene varia: le scene che contengono solo monologhi vengono eliminate, ma viene inserito un cambio di scena ogni volta che un personaggio nuovo entra sul palcoscenico. Inoltre i nomi dei personaggi sono 'tedeschizzati' insieme alle indicazioni geografiche. Per quanto riguarda i toponimi citati nel corso del *Collegium Politicum* nel *Politiske Kandstøber*, Gottsched attualizza le allusioni riferendole a fatti e persone di un passato più recente.

Ma soprattutto la lingua di Holberg richiede interventi più o meno profondi. A causa dell'uso libero e spregiudicato dell'espressione popolare, che dà alle commedie danesi una stratificazione linguistica che tutto sommato si rispecchia anche nella varietà del pubblico, tutto ciò che può essere definito «anstössiges»[38] viene fortemente ridotto da Detharding e Gottsched, contribuendo a elevare il tono della commedia ma allo stesso tempo a snaturarlo. I toni popolari sono smussati con un appiattimento delle differenze sociali tra i personaggi e delle relazioni, cosicché «durch das 'Neutralisieren' von derben Ausdrücken fällt eine Möglichkeit

---

dalle parole. La singolare rappresentazione di persone folli le rende ridicole. Si guardi un Bramarbas e uno Stifelius, un Tedesco francesizzato e uno stagnaio politico nella nostra *Schaubühne*: non ci si potrà trattenere dal ridere; sebbene nessuna parola in sé sia ridicola».

37  Un preciso elenco delle variazioni è in HERMANN JANTZEN, *G.A. Dethardings Übersetzungen Holbergscher Lustspiele*, in *Festschrift des germanistischen Vereins in Breslau*, Leipzig, Teubner, 1902, pp. 98-124, in particolare sul *Kanngiesser*, cfr. pp. 115-122.
38  «Indecente», cfr. *ivi*, pp. 117-119.

der sprachlichen Differenzierung fort. Die Personen werden sich in ihrer Ausdrucksweise ähnlicher».[39]

Tutto ciò dimostra innanzitutto che prendere Holberg per arricchire il repertorio tedesco – nonostante il successo di pubblico che lo accompagnava in Germania da quasi un decennio –, era stato tutto sommato un equivoco, poiché l'autore danese era un esempio di successo nella Danimarca di venti anni prima, ma apparteneva a un teatro che, se richiedeva tale serie di modifiche, corrispondeva a un modello non adeguato alla riforma teatrale di Gottsched.

Della polemica francese sulla traduzione non c'è invece traccia negli scritti di Gottsched, interessato appunto solo alla sua funzione strumentale per l'arricchimento, in questo caso, del repertorio teatrale, ma evidentemente non al dibattito teorico che anche in quella circostanza poteva portare a considerarla un arricchimento per la cultura e la lingua di arrivo. Del resto anche la polemica con gli svizzeri, che pure era basata su problemi di traduzione, in buona parte trattava d'altro. In realtà va ricordato che il dibattito sulla traduzione tra Seicento e Settecento, che ha generato la banale definizione ancora in voga oggi quando si parla dell'argomento, ovvero la possibilità di avere una traduzione più fedele al testo di origine o più bella nella lingua di arrivo – le «belles infidèles» –, nasce in Francia quando un'indubbia evoluzione della lingua aveva portato il dibattito – riferito ai testi classici e poi a quelli moderni – a formulare l'ipotesi che la lingua di arrivo avesse caratteristiche di perfezione e che dunque la fedeltà al testo di partenza potesse passare in secondo piano:

> Ad un progetto di fedeltà agli originali si sostituisce, in Francia a cavallo fra Sei e Settecento, la convinzione di poter esercitare un largo margine di libertà nella pratica traduttiva, dovuta alla certezza di molti che la maturazione della lingua francese potesse ormai permettersi di competere con la perfezione, la potenza e la complessità delle lingue classiche.[40]

---

39 METTE MYGIND, *Holberg "auf deutschen Fuß eingerichtet". Zur Figurenkonzeption in* Den politiske Kandstøber *und einer frühen deutschen Übersetzung*, in *Europäische Komödie im übersetzerischen Transfer*, hrsg. von Fritz Paul – Wolfgang Ranke – Brigitte Schultze, Tübingen, Gunter Narr, 1993 (Forum Modernes Theater, vol. 11), pp. 139-151, qui p. 146: «A causa della 'neutralizzazione' delle espressioni grossolane viene a mancare la possibilità di una differenziazione linguistica. I personaggi divengono più simili nel loro modo di esprimersi».

40 AUGUSTA BRETTONI, *Idee settecentesche sulla traduzione: Cesarotti, i francesi e altri*, in *A gara con l'autore. Aspetti della traduzione nel Settecento*, a cura di Arnaldo Bruni – Roberta Turchi, Roma, Bulzoni, 2004, pp. 17-51, qui p. 18.

Fuori da tale contesto, la formula perde ogni senso. Tale convinzione naturalmente non poteva essere applicata all'evoluzione della lingua tedesca verso uno standard di lingua letteraria alta, che era tra gli obiettivi – ancora lontani – di Gottsched, e di conseguenza anche la scelta tra una versione più vicina all'originale e una più libera, o semplicemente la consapevolezza di tale scelta, non rientrava tra i suoi problemi se non in modo appunto strumentale, anche se in questo senso le traduzioni da lui pubblicate tenevano l'occhio più sul testo di arrivo che su quello di partenza per una malcelata istanza di superiorità normativa.

In conseguenza delle prime traduzioni delle sue commedie pubblicate in Germania non è affatto casuale che Holberg proprio in quegli anni cominciasse a occuparsi del problema. Il suo primo scritto sull'argomento è l'introduzione a una sua versione della *Storia dell'impero romano dopo Marco Aurelio* di Erodiano, nella quale le sue idee sulla traduzione sono chiaramente esposte:

> Nogle paatage sig at oversætte Bøger, førend de ret forstaae Sprogene; De samme bør forbydes at skrives: Andre forstaae vel Sprogene, men i agttage ingen Regler ved Oversættelsen: Disse behøve Underviisning.[41]

Nel tradurre Erodiano, Holberg si occupa dunque per la prima volta di traduzione in generale, da un punto di vista teorico, e analizza il problema, prendendo a esempio i due estremi e descrivendoli con la sua usuale chiarezza:

> De Fejl, som begaaes af de sidste, er adskillige: Nogle binde sig saa stærk til Originalerne, at Oversættelserne blive uforstaaelige: Andre bekymre sig alleene om Meeningen, og tage sig udi Oversættelserne alt for stor Frihed, hvorved foraarsages, at man udi Versionen læser det, som ikke findes udi Originalen.[42]

---

41 *Herodiani Historie Udi otte Bøger, oversat paa Dansk efter den græske Original. Med en Curieuse Forberedelse* ved L. HOLBERG, Kjøbenhavn, Universitets Bogtrykkeri, 1746, p. 3v: «Alcuni si assumono il compito di tradurre libri prima di conoscere bene le lingue; agli stessi bisogna vietare di scrivere: altri conoscono bene le lingue ma non rispettano regole nella traduzione: questi hanno bisogno di essere istruiti».

42 *Ivi*, p. 3v-4r: «Gli errori commessi da questi ultimi sono vari: alcuni si legano agli originali al punto che le traduzioni diventano incomprensibili: altri si preoccupano solo del significato e nelle traduzioni si prendono troppa libertà, e ciò è causa del fatto che nella versione si leggono cose che non esistono nell'originale».

Ma con la sua solita posizione moderata che, più che fornire regole assolute, nelle poche pagine del testo esamina diversi temi relativi alla traduzione e tende a una equilibrata mediazione:

> En retskaffen Oversætter tager herudi en Middel-Vey, saa at han ikke viger fra Originalen uden i Talemaader, som stride imod det andet Sprogs Egenskab. Hvad som udi et Sprog er en Zirlighed, er udi et andet en Vanheld. Dette tage alle Oversættere ikke udi agt, og derudover, ved at tvinge et Sprog efter et andet, foraarsage, at det ypperligste Skrift ved Oversættelsen bliver afsmagende og latterligt. [...] Man seer heraf, at til Oversættelser udfodres (1) at man er vel kyndig udi Sprogene; (2) at Originalerne blive troeligen fulgte; men derhos for det (3) at man ikke forderver, og giør ukendelig det sprog, hvorudi Oversættelsen skeer; Thi ligesom man merker, at adskillige ved alt for stor Frihed giøre Originalerne ukiendelige, saa merker man, at andre ved alt for slavisk Tvang forderver det andet Sprog.[43]

Le idee di Holberg sono frutto di una riflessione sull'argomento nata nel momento in cui lui stesso si accingeva a tradurre, e come spesso accadeva, la sua è una posizione equilibrata a metà tra gli estremi, ovvero il compromesso tra gli ideali e la realtà:

> [...] die Wahl des Mittelweges als Axiom ist ein typisches Merkmal des Holberg'schen Denkens, und es demonstriert aus Schritt und Tritt die Vorstellungswelt des aufklärerischen Philosophen des 18. Jahrhunderts, nämlich den Kompromiß zwischen den Idealen (für Holberg i.d.R. aus dem Ausland oder aus der Antike) und dem Realen (die verkommene inländische Gegenwart).[44]

---

43 Ivi, p. 4r-4v: «Un bravo traduttore prende in questo una via di mezzo, in modo che non si discosta dall'originale se non nei modi di dire che sono in conflitto con le caratteristiche dell'altra lingua. Ciò che in una lingua è accuratezza, in un'altra è una sventura. Di questo non tutti i traduttori tengono conto, e inoltre, costringendo una lingua a seguire un'altra ottengono che la migliore scrittura nella traduzione diventa fonte di disgusto e ridicola. [...] Da questo si vede che per la traduzione è necessario (1) essere ben esperto nelle lingue; (2) che gli originali vengano seguiti fedelmente; ma in questo (3) che non si rovini e renda irriconoscibile la lingua in cui avviene la traduzione; perché come si nota che diversi prendendosi troppa libertà rendono irriconoscibili gli originali, così si nota che altri con una coercizione troppo servile rovinano l'altra lingua».

44 Cfr. LARS H. ERIKSEN, *Ludvig Holbergs Übersetzungskritik. Ein Beitrag zur Übersetzungssituation im Nordeuropa der Aufklärung*, in "Skandinavistik", 12 (1987), pp. 93-108, qui p. 98: «La scelta della via di mezzo come assioma è un segno tipico del pensiero di Holberg e dimostra precisamente l'immaginario del filosofo illuminista del XVIII secolo, ovvero il compromesso tra l'ideale (per Holberg in genere dall'estero o dall'antichità) e il reale (il corrotto presente nazionale)».

Ma al contrario di Gottsched, Holberg dimostra di essersi interessato al dibattito e di aver tenuto conto delle fonti francesi, cita d'Ablancourt e Vaugelas, che utilizza sia per mostrare l'importanza del lavoro di traduzione – che deve essere svolto da persone di grande esperienza – sia per mettere in guardia dai possibili pericoli:

> Erfarenhed viser, at adskillige Mænd af store Genier ikke have holdet sig for gode dertil: Ablancourt, som udi Lærdom og Geist i sin Tiid gav faa Skribentere efter, anvendte all sin Tiid paa gode Skrifters Oversættelser. [...] Ingen haver herudi meere distingveret sig end Franske Skribentere; thi det er ved deres Fliid vi have oprigtige Oversættelser af alle gamle Bøger. Det eeneste, som herpaa er at sige, er dette, at nogle have giort for meget deraf. Vaugelas, for Exempel, anvendte 30 Aar paa at oversætte Q. Curtium, hvorudover een af hans Venner skiemtviis sagde: Jeg frygter, at det Franske Sprog vil blive gandske forandret inden I kommer til Ende med eders Oversættelse.[45]

Le osservazioni di Holberg sulla traduzione dovevano essere frutto di precise letture e ritornano in quegli anni nelle *Epistler* che pubblicò in quattro volumi dal 1748 al 1750, cui seguì un volume postumo nel 1754. Nell'*Epistel* 342 fa riferimento all'introduzione a Erodiano – nella quale ha «mældet om nogle fornødne Regler, som maa i agttages af dem, der oversætte Skrifter»[46] – attacca direttamente i traduttori che rimangono troppo legati al testo:

> Blant saadanne Regler er denne: At man udi Stilen ikke binder sig for meget til Originalerne; thi hvert Sprog haver sit Egenskab, og hvad, som udi et er en Zirath, er udi det andet en Vanheld. Og det i den Henseende, at man maa vogte sig for alt for literale Oversættelser; hvorved et Sprog giøres latterligt og ukiendeligt.[47]

---

45 *Ivi*, 5r-6r: «L'esperienza insegna che diversi uomini di grande ingegno non si sono considerati inadatti in quel campo: Ablancourt, che per sapienza e spirito nella sua epoca era da meno a pochi scrittori, occupava tutto il suo tempo nella traduzione di buoni scritti. [...] Nessuno si è maggiormente distinto in questo degli scrittori francesi; perché è grazie al loro impegno che abbiamo buone traduzioni di tutti i libri antichi. L'unica cosa che c'è da dire in proposito è questa, che alcuni si sono impegnati troppo. Vaugelas, per esempio, passò 30 anni a tradurre Q. Curzio, per cui uno dei suoi amici gli diceva per scherzo: temo che la lingua francese sarà completamente cambiata prima che arriviate alla fine della vostra traduzione».

46 LUDVIG HOLBERG, *Epistler*, udgivet med Kommentar af Frederik Julius Billeskov Jansen, 8 Bind, København, Hagerup, 1945-1947, vol. IV, pp. 110-112, qui p. 110: «comunicato alcune regole necessarie che devono essere osservate da coloro che traducono scritti».

47 *Ivi*, p. 110: «Tra tali regole c'è questa: che nello stile non ci si leghi troppo agli originali; perché ogni lingua ha le sue caratteristiche e ciò che in una è un ornamen-

Con l'esplicita affermazione di non voler accettare nessuno dei due partiti, ma riferendosi di nuovo alla «via di mezzo»,[48] uno dei problemi sollevati da Holberg è la differenza di stile e l'uso di modi di dire che distingue scritti francesi e italiani, ma anche orientali, concludendo che:

> Italiener finde udi Orientalske Skrifter prægtige og figurerede Talemaader, som de ikke kand imitere, uden at vanskabe deres eget Sprog. De Franske finde en Affectation udi Italienske Bøger; og Nordiske Folk, hvis Stiil er simpel og naturlig, vrage igien de Franske Ziirligheder, hvilke udi deres Sprog tabe deres Dyd, og ikke blive ziirlige meer.[49]

Nell'*Epistel* 368 l'autore riprende ancora alcuni temi dell'introduzione a Erodiano e citando di nuovo Vaugelas e d'Ablancourt li prende a modello dei due estremi ai quali contrappone ancora la «via di mezzo»:

> [...] min Fortale til Herodiani Historie, hvorudi jeg haver viset de Regler, som bør i agt tages ved Bøgers Oversættelser, og som fornemmeligen bestaae udi en Middelvey at tage imellem dem, som binde sig formeget til Originalerne, og dem, som udi Oversættelserne tage sig alt for megen Frihed. Det er i den Henseende at Vaugelas saavelsom Ablancour blive lige meget lastede udi Taciti Oversættelse; thi den Første følger Originalen alt for nær, hvorved den Franske Stiil bliver tvungen, og den Sidste bekymrer sig alleene om Autoris Meening; det Sidste synes mig mindst at kunne lastes; naar man ikke dermed gaaer for vidt, saa at der bliver en Periphrasis i steden for en Version; thi, ligesom adskillige og foranderlige Klæder ikke kand formindske et Legemes Skiønhed, saa kand og een slags Tanker udtrykkes udi adskillig Stiil.[50]

---

to, in un'altra è una sventura. E questo nel senso che bisogna guardarsi dalle traduzioni troppo letterali; con le quali una lingua è resa ridicola e irriconoscibile».

48  *Ivi*, p. 111.
49  *Ibidem*: «Gli italiani trovano negli scritti orientali dei modi di dire grandiosi e illustrativi che non possono imitare senza rovinare la loro lingua. I francesi trovano affettazione nei libri italiani; e i popoli nordici, il cui stile è semplice e naturale, rifiutano le preziosità francesi, che nelle loro lingue perdono la loro virtù e non sono più preziose».
50  *Ivi*, pp. 189-193, qui p. 189: «[...] la mia prefazione alla storia di Erodiano, nella quale ho mostrato le regole che devono essere osservate nella traduzione di libri, e che prevalentemente consistono in una via di mezzo da prendere tra coloro che si legano troppo agli originali e coloro che nelle traduzioni si prendono troppa libertà. È da questo punto di vista che Vaugelas e d'Ablancourt sono altrettanto criticati nella traduzione di Tacito; perché il primo segue troppo da vicino l'originale, perciò lo stile francese è costretto, e quest'ultimo si preoccupa solo dell'opinione dell'autore; quest'ultimo mi sembra meno meritevole di critica; se in tal senso non si va troppo oltre al punto che diventa una perifrasi invece di una versione; perché come degli abiti diversi e mutevoli non possono sminuire la bel-

Dopo aver dedicato interesse alla traduzione specialistica, nel caso in questione a quella filosofica, che richiede l'uso di «Philosophiske og Techniske Terminis som engang allevegne ere antagne»,[51] e a quella storica, nella quale è importante utilizzare le parole che già esistono negli originali, passa di conseguenza a un dettagliato esame di quelli che nella moderna scienza della traduzione sarebbero definiti *realia*, sottolineando che:

> […] naar man kalder en Consul Borgemester, en Prætor Byefoged, en Ædilis en Overbygnings-Mester, exprimerer man ikke Embederne, saasom de vare hos de gamle Romere. Thi der er saa stor Forskiel imellem en Romersk Prætor og en Dansk eller Tydsk Byefoged eller Hollandsk Scout.[52]

Le numerose, recenti traduzioni tedesche delle sue opere – soprattutto le commedie e il *Niels Klim*, ma anche diverse opere storiche e i *Moralske Tanker* – gli forniscono l'occasione per approfondire gli errori riscontrati e difendersi dalle critiche, dovute in parte a errori di traduzione.[53] L'*Epistel* 447 – l'ultimo testo autobiografico, pubblicato postumo – tocca uno dei problemi maggiori ma apparentemente non riguarda le traduzioni di Detharding:

> […] og ellers tilstaaer jeg, at det er vanskeligt at faae Danske Skrifter vel oversatte paa andre Sprog, efterdi der findes kun gandske faa Fremmede som have naaet nogen Fuldkommenhed i det Danske. Udi det Aar 1746. kom for Lyset min Oversættelse af den Grædske Auctor Herodiano med en vidtløftig Forberedelse. […] Denne Forberedelse blev strax oversat paa Tydsk af Hr. Cancellie-Assessor og Syndico udi Lybeck Georg August Detharding, hvilken har verteret adskillige af mine andre Skrifter, og det med den Flid, at hans Arbeyde overalt har vundet Bifald.[54]

---

lezza di un corpo, così lo stesso genere di pensieri può essere espresso in diversi stili».
51  *Ibidem*: «Termini filosofici e tecnici che sono riconosciuti ovunque».
52  *Ivi*, p. 190: «Se si chiama borgomastro un *consul*, ufficiale giudiziario un *praetor*, mastro costruttore un *Aedilis*, non si esprimono le cariche come esse erano presso gli antichi romani. Perché c'è grande differenza tra un *praetor* romano e un ufficiale giudiziario danese o tedesco o uno *schout* olandese».
53  Per il rapporto di Holberg in generale con la critica tedesca a lui contemporanea, cfr. VIVIAN GREENE-GANTZBERG, *Om Holbergs svar på tysk kritik*, in "Danske Studier", (1988), pp. 71-84.
54  HOLBERG, *Epistler*, cit., p. 11: «[...] e peraltro ammetto che è difficile far tradurre bene in altre lingue degli scritti danesi, poiché ci sono solo pochi stranieri che abbiano raggiunto una qualche perfezione nel danese. Nell'anno 1746 è venuta alla luce la mia traduzione dell'autore greco Erodiano con un'ampia prefazione. [...] Tale prefazione è stata subito tradotta in tedesco dal signor assessore di cancelle-

L'interesse per la traduzione in generale — e quella dei suoi testi in particolare — pare essere in quegli anni uno degli argomenti centrali per Holberg, di pari passo con il crescente interesse per il francese, che è palese per esempio nel numero di argomenti francesi trattati nelle Epistler, ma soprattutto nel dato che negli anni successivi la sua politica linguistica lo portò in alcuni casi ad abbandonare l'uso del latino in favore proprio del francese, per i testi destinati alla circolazione in Europa. Il francese aveva riempito «il vuoto lasciato dall'atrofizzarsi del latino in settori sempre più periferici o attardati dello scibile» incarnando «lo spirito del nuovo cosmopolitismo culturale»,[55] e a un intellettuale attento come Holberg non doveva essere sfuggito che:

> La cultura francese del razionalismo e poi della Enciclopedia e dei Lumi, nel giro di pochi decenni (dal 1740 al 1770 circa), ha il suo sorprendente rigoglio. Essa afferma il suo indiscusso primato in tutta l'Europa colta e impone la lingua di Francia, fatta anche veicolo di diffusione del mondo inglese, quale esperanto della moderna cultura, come lingua *universale* vivente, nella quale si distinguevano insuperate doti di *chiarezza* razionale e di *socialità*.[56]

Sempre attento a ciò che accadeva in Europa, Holberg percepì evidentemente la transizione e, dopo aver pubblicato il suo romanzo latino *Niels Klim* nel 1741, nel 1752, per partecipare, con un nuovo strumento linguistico più adatto ai tempi, a un dibattito internazionale che comprendeva anche Montesquieu[57] — col quale si era già in parte rapportato proprio nel *Klim* e nelle *Epistler* — pubblicò in francese la premessa alla già citata traduzione di Erodiano col titolo *Conjectures sur les Causes de la grandeur des Romains*[58] — chiaramente ispirato a Montesquieu — e l'anno successi-

---

 ria e giurista a Lubecca Georg August Detharding, che ha tradotto diversi miei scritti, e con un impegno tale che il suo lavoro ha avuto successo ovunque».
55 ANDREA DARDI, *Uso e diffusione del francese*, in *Teorie e pratiche linguistiche nell'Italia del Settecento*, a cura di Lia Formigari, Bologna, Il Mulino, 1984, pp. 347-372, qui p. 348.
56 MAURIZIO VITALE, *Proposizioni teoriche e indicazioni pratiche nelle discussioni linguistiche del Settecento*, in *Teorie e pratiche linguistiche*, cit., pp. 11-36, qui p. 13.
57 Su Holberg e Montesquieu cfr. FREDERIK JULIUS BILLESKOV JANSEN, *Montesquieu et Holberg*, in *Montesquieu du Nord au Sud*, Textes réunis et présentés par Jean Ehrard, Napoli-Oxford, Liguori-Voltaire Foundation, 2001, pp. 43-48. L'articolo esiste in danese e in una diversa versione in *Holberg og Montesquieu*, in FREDERIK JULIUS BILLESKOV JANSEN, *Ludvig Holberg og menneskerettighederne... og andre Holbergstudier*, København, C.A. Reitzel, 1999, pp. 226-233.
58 LUDVIG HOLBERG, *Conjectures sur les Causes de la grandeur des Romains. Nouvelle hipotese, Opposée à quelques autres ci-devant publiées sur le même sujet. Avec un discours sur l'entousiasme*, Leipzig, Mumme, 1752.

vo raccolse una serie di *Epistler* ancora inedite in un'edizione francese dal titolo *Remarques sur l'Esprit des Loix*[59] nella quale prendeva precise posizioni nel dibattito.

È probabilmente in quest'ottica che nasce in quel lasso di tempo il progetto di traduzione completa delle sue commedie in francese a opera di Gotthardt Fursman. Nato nel 1715, Fursman era danese, pur avendo ottime conoscenze della lingua francese grazie alle quali qualche anno dopo pubblicò una grammatica per principianti,[60] e molto vicino a Holberg con il quale fondò nel 1744 la Musikalske Societet.[61] Apparteneva dunque alla cerchia molto ristretta di persone che frequentavano Holberg e da lui ottenne l'autorizzazione a tradurre in francese tutte le sue commedie pubblicandole in sei volumi, il primo dei quali uscì nel 1746[62] con la traduzione di quattro commedie: *La Journaliere, Henri & Perrine, Le Pottier d'Etaim Politique* e *La Mascarade*. Che l'iniziativa nascesse da Fursman o da Holberg stesso è difficile da stabilire, ma è inevitabile pensare che il rapporto difficile dell'autore danese con i traduttori francesi, espresso molto esplicitamente nella chiusura dell'*Epistel* 447 – dove parla di «*pedanterie* og unødvendige Antegninger»[63] – lo inducesse ad avere maggiore fiducia in un amico con ampie competenze di francese piuttosto che in un traduttore sconosciuto. Improbabile è invece che la traduzione del *Kandstøber* inserita nel primo volume, come ipotizzato da alcuni,[64] possa essere opera di Holberg, ovvero coincidere con quella proposta a Riccoboni nel 1725, visti gli anni trascorsi e l'uniformità stilistica delle traduzioni di Fursman. Ma è inevitabile pensare che l'intervento di Holberg, che conosceva il francese ed era in grado di giudicare il lavoro, sia stato determinante se non altro per tracciare un impianto 'teorico' per il traduttore.

---

59 Ludvig Holberg, *Remarques sur quelques positions, qui se trouvent dans L'Esprit des Loix,* København, Wentzel, 1753.
60 Gotthardt Fursman, *Nye Fransk Grammatica, hvori forhanles hvad som henhører til at skrive og tale Fransk, efter det Danske Sprogs Udtale og Constructioner saa tydeligen forfattet, at en begynder kan lære sig Sproget selv,* København [1751].
61 Sulla *Musikalske Societet* cfr. Vilhelm Carl Ravn, *Koncerter og musikalske Selskaber i ældre Tid,* in *Festskrift i Anledning af Musikforeningens Halvhundredeaarsdag,* I, København, Musikforeningen, 1886, in particolare pp. 36 ss.
62 *Le Theatre Danois* par Louis Holberg, traduit du Danois par G. Fursman, Copenhague, Aux depens du Traducteur & Compagnie, 1746.
63 Holberg, *Epistler,* cit., p. 25: «Pedanteria e annotazioni inutili».
64 Alfred Jolivet, *La première traduction de Holberg en français,* in *De Libris. Bibliofile Breve til Ejnar Munksgaard paa 50-Aarsdagen 28. Februar,* København, Pedersen, 1940, pp. 195-201, qui pp. 200-201.

Nella prefazione al volume, Holberg riprende infatti ancora una volta il tema della traduzione, questa volta applicato concretamente a una traduzione da lui stesso sollecitata o comunque in qualche modo eseguita sotto la sua supervisione: «Dans cette Préface je me borne uniquement à parler de la Traduction Françoise, faite par Mr. G. Fursman, & je déclare, que j'ai vu & lu cette Traduction, que je la trouve conforme à l'Original, & que je l'approuve».[65]

La prefazione tratta poi della difesa delle commedie dalle critiche che gli erano state rivolte da «quelques Journalistes»,[66] critiche che avevano portato i traduttori tedeschi e lo stesso Gottsched ad apportare cambiamenti nei testi, e torna ancora una volta al tema dell'impossibilità di seguire tutte le regole del teatro qualora l'intreccio non lo permetta. In funzione strumentale proprio alla traduzione, nel difendere il teatro danese Holberg sottolinea come la fedeltà all'originale – in quanto rispetto dei caratteri, delle ambientazioni, degli aspetti della cultura di partenza – sia fondamentale:

> Pour juger sainement du mérite de ce Théâtre Danois, il faut faire attention, que les Scènes ne sont pas à Paris, ni dans quelque autre Ville de France; mais la plupart à Copenhague. C'est la raison pourquoi le Traducteur n'a pas jugé à propos d'y faire de changemens; ce n'eût plus été peindre les moeurs de notre Septentrion, ni donner une Traduction, mais déguiser des Comédies du Nord en les habillant à la Françoise. Il a dit:
> *Hic Rhodus; hic salta*
> C'est par la même raison, qu'il a retenu presque tous les noms & les Caractéres Danois; car on jouë quelquefois de simples Bourgeois, quelquefois des Artisans de Copenhague, & non de Faux Marquis François.
> Cependant il n'y a pas absolument si loin des Moeurs & des Caractéres d'une Nation à l'autre, que les François ne puissent profiter de la critique de la plupart des défauts, dont on fait ici la peinture d'après nature: car les Hommes dans tous les Pays policés, sont à peu-près les mêmes, sur tout par rapport aux passions; de sorte qu'en critiquant les défauts des Danois, on peut fort bien dire à quantité d'Etrangers![67]

---

65 *Le Theatre Danois* par Louis Holberg, cit., p. 7: «In questa prefazione mi limito unicamente a parlare della traduzione francese eseguita dal signor G. Fursman e dichiaro che ho visto e letto questa traduzione, che la trovo conforme all'originale e che l'approvo».
66 *Ivi*, p. 9: «Alcuni giornalisti».
67 *Ivi*, pp. 11-12: «Per giudicare in modo ponderato i meriti di questo teatro danese bisogna fare attenzione al fatto che le scene non sono a Parigi né in un'altra città francese; ma la gran parte a Copenaghen. Questa è la ragione per cui il traduttore non ha ritenuto opportuno fare dei cambiamenti; non si è trattato di dipingere i costumi del nostro Nord, né di darne una traduzione, ma di mascherare delle commedie del Nord abbigliandole alla francese. Egli ha detto: *Hic Rhodus; his salta*.

La traduzione di Fursman, che si limita a trasformare alcuni nomi di personaggi, a correggere errori dell'originale, a inserire spiegazioni in nota, per esempio sui libri di politica citati nel testo,[68] può essere considerata estremamente fedele, «à peu près toujours d'une excellente qualité»,[69] sebbene la critica la accusò di essere troppo legata all'originale,[70] aspetto che, come abbiamo visto, probabilmente era stato richiesto proprio da Holberg.

Quale reale diffusione europea ebbe la traduzione è difficile stabilire, poiché quasi inesistenti sono le copie reperibili in biblioteche non danesi. Ma certo è che lo scarso successo spinse il traduttore, che aveva stampato il primo volume a proprie spese, a interrompere la pubblicazione: i restanti cinque volumi non videro mai la luce, mentre il primo fu ristampato nel 1947 dall'editore Mengel che ne aveva acquisito i diritti.[71] Ciononostante è da quel primo volume che derivano le prime traduzioni italiane di Holberg pubblicate nel 1775 e nel 1776 da Elisabetta Caminer Turra, che evidente-

---

È per la stessa ragione che ha conservato quasi tutti i nomi e i caratteri danesi; perché a volte i personaggi sono semplici borghesi, a volte artigiani di Copenaghen, e non il falso marchese François.

Tuttavia, tra i costumi e i caratteri non c'è tanta distanza da una nazione all'altra che i francesi non possano trarre profitto dalla critica della maggioranza dei difetti, di cui qui abbiamo dipinto la natura: perché gli uomini in tutti i paesi civili sono quasi uguali, soprattutto quando si tratta di passioni; cosicché criticando i difetti dei danesi, è possibile parlare anche a molti stranieri!»

68 Per un'analisi del testo confrontato con l'originale cfr. anche MARGHERITA GIORDANO LOKRANTZ, *Intorno alla fortuna del teatro di Ludvig Holberg nella Francia e nell'Italia del Settecento*, in "ACME. Annali della Facoltà di Lettere e Filosofia dell'Università degli Studi di Milano", 38 (1985), pp. 15-61, ripubblicato in *Una voce dal Nord. Scritti di Margherita Giordano Lokrantz*, a cura di Massimo Ciaravolo, Milano, CUEM, 2005, pp. 99-145. Sulle traduzioni italiane di Holberg cfr. anche ALDA CASTAGNOLI MANGHI, *Su alcune traduzioni italiane di Holberg nella seconda metà del Settecento*, in "Annali dell'Istituto di Filologia moderna di Roma", (1978), pp. 227-241 e ID., *Holberg e Goldoni, due protagonisti del Settecento teatrale europeo*, in "AION-N – Annali dell'Istituto Orientale – Studi nederlandesi, Studi nordici", 30 (1987), pp. 371-395.

69 JOLIVET, *La première traduction de Holberg en français*, cit., p. 196: «Quasi sempre di un'eccellente qualità».

70 LOKRANTZ, *Intorno alla fortuna del teatro di Ludvig Holberg nella Francia e nell'Italia del Settecento*, cit., pp. 24 ss. JOLIVET, *La première traduction de Holberg en français*, cit., p. 195 s.

71 L'edizione Mengel elimina la dedica di Fursman al re e sostituisce il frontespizio, nel quale è conservata l'indicazione *Tome Premier* ma scompare la dicitura *Divisé en six Tomes*, mentre vi viene aggiunto il titolo di barone nel frattempo acquisito da Holberg.

mente ne ebbe notizia e si procurò l'opera. Nata a Venezia nel 1751, Elisabetta Caminer era figlia di Domenico Caminer, tipografo e giornalista che la coinvolse nella redazione dell'«Europa Letteraria», periodico fondato nel 1768, nella quale la giovane ancora diciassettenne esordisce con traduzioni di testi dal francese,[72] con il preciso scopo di arricchire il repertorio dei teatri veneziani. Le prime traduzioni, pubblicate nella rivista e, a partire dal 1772, in volume nelle *Composizioni teatrali moderne*, sono prevalentemente di testi francesi,[73] con singole eccezioni tradotte comunque da versioni francesi, come *Il trionfo delle buone mogli* di Johann Elias Schlegel.[74] Successivamente la Caminer, visto il successo della prima raccolta che aveva avuto rapidamente una seconda edizione, decide di mettere mano a una seconda serie di sei volumi in cui raccogliere testi provenienti da altri paesi:

> Facendo questa seconda Collezione è mio pensiero di dare, oltre a quelle Composizioni Francesi che mi sembreranno atte a trattener dilettevolmente i miei Leggitori, un piccolo Saggio de' Teatri Tedesco, Inglese, Spagnuolo, Danese, Russo, ec. scegliendo fra le Opere Drammatiche di vario genere, che sono già recate in Francese, quelle che mi parranno capaci di dare un'idea del gusto di queste differenti Nazioni.[75]

Il dato importante, oltre all'affermazione che tutte le traduzioni sarebbero comunque avvenute dal francese, è dunque che al momento di affrontare la nuova raccolta la Caminer, pur non nominando mai la sua fonte, fosse già in possesso della traduzione francese di Holberg eseguita da Fursman, l'unica a quell'epoca disponibile, la cui edizione del 1747 era

---

72  Se scarse e talvolta imprecise sono le notizie sulla Caminer Turra a partire dalla sua epoca e fino a oltre la metà del Novecento, molto ricca è invece la bibliografia che la riguarda negli ultimi decenni. Si veda innanzitutto la tesi elaborata nel 1985 da MARIA CATHERINE SAMA, *The Making of a Woman of Letters in 18th-Century Venice: Elisabetta Caminer (1751-96)*, Ann Harbor, UMI, 1995; *Elisabetta Caminer Turra (1751-1796). Una letterata veneta verso l'Europa*, a cura di Rita Unfer Lukoschik, Verona, Essedue, 1998.
73  Sull'argomento: LAURA SANNIA NOWÉ, *Su Elisabetta Caminer traduttrice per il teatro comico*, in *Lumi inquieti. Amicizie, passioni, viaggi di letterati nel Settecento*, Torino, Accademia University Press, 2012, pp. 101-112, in particolare pp. 108-110.
74  *Composizioni teatrali tradotte da Elisabetta Caminer*, Tomo IV, Venezia, Savioni, 1774, pp. 223-286.
75  *Nuova raccolta di composizioni teatrali tradotte da Elisabetta Caminer*, Tomo I, Venezia, Savioni, 1774, p. 2. Quasi alla lettera il passo è ripreso nella recensione al Tomo I pubblicata a firma E.C.T. nel "Giornale enciclopedico" – che aveva sostituito l'"Europa letteraria", 6 (1774), p. 72-76, qui p. 73.

stata peraltro segnalata nelle *Novelle letterarie*, pubblicate a Firenze da Giovanni Lami.[76] La segnalazione forse non era l'unica in Italia, ma che a distanza di molti anni la Caminer potesse risalire a informazioni sulla cultura danese nelle «Novelle letterarie» del 1749 non sorprende, vista la sua lunga corrispondenza con Giuseppe Pelli Bencivenni,[77] che subentrò a Lami – dopo la sua morte nel 1770 – nella conduzione delle «Novelle».

Fu peraltro proprio Pelli Bencivenni a pubblicare, negli anni in cui la Caminer traduceva Holberg, le lettere dalla Danimarca dell'abate Isidoro Bianchi,[78] più tardi raccolte in volume.[79] Ma del resto la figura di Holberg era ormai nota a chi si occupava di teatro in Italia e anche Francesco Milizia, nel suo *Del teatro*, uscito anonimo a Roma nel 1771 e di nuovo a Venezia nel 1773, ne fa menzione.[80]

Elisabetta Caminer Turra tradusse dunque Holberg dall'edizione Fursman, scegliendo, forse non casualmente, due commedie di carattere – *Lo stagnaio politico* e *La giornaliera*[81] – e tralasciando le due commedie di

---

76 Cfr. *Novelle letterarie pubblicate in Firenze*, a cura di Giovanni Lami, Firenze, SS. Annunziata, 1749, col. 640.
77 Cfr. *Lettere di Elisabetta Caminer (1751-1796), organizzatrice culturale*, a cura di Rita Unfer Lukoschik, Concelse, Edizioni Think ADV, 2006, *passim*.
78 *Novelle letterarie*, 1775, 1776, *passim*. Va notato che la lettera pubblicata nelle *Novelle letterarie* del 1776, col. 41-48, era datata in origine 14 dicembre 1773 e indirizzata ad Angelo Maria Bandini della Biblioteca Laurenziana. Bianchi vi cita per la prima volta Holberg, «che fu qui il primo a riformare il teatro della sua patria» (*ivi*, col. 42).
79 ISIDORO BIANCHI, *Sullo stato delle scienze e delle arti in Danimarca dopo la metà del secolo XVIII*, Cremona, Feraboli, 1808. Sull'argomento cfr. MARIANNE ALENIUS, *Abbed Isidoro Bianchi. En formidler i dansk-italiensk videnskab*, in ID., *Man må studere... – festskrift til G. Torresin*, Århus, Humanistisk Fakultet, 1984, pp. 11-23; ID., *Italieneren Bianchi skriver om dansk kultur i 1700-tallet*, in «Magasin fra det Kongelige Bibliotek», 1-2 (1986), pp. 3-17. Ma l'argomento della mediazione della cultura danese – e delle opere di Holberg che ne era il principale esponente – nell'Italia nella seconda metà del Settecento da parte delle riviste veneziane e fiorentine merita una trattazione a sé.
80 FRANCESCO MILIZIA, *Del teatro*, Venezia, Pasquali, 1773: «Il Teatro di Danimarca è stato finora senza Tragedia, ma ha parecchi volumi di Commedie del Barone Holberg; le quali Commedie sono tutte in prosa, ed hanno del merito». Va qui notato che Elisabetta Caminer recensì sia l'edizione romanadel 1771 – ritirata immediatamente dal commercio per motivi politici – nell'"Europa Letteraria" del dicembre 1771, p. 61, sia l'edizione veneziana del 1773 nel "Giornale Enciclopedico" del giugno 1774, pp. 113-122.
81 *Nuova raccolta di composizioni teatrali tradotte da Elisabetta Caminer Turra*, Tomo III, Venezia, Savioni, 1775, pp. 73-152 e Tomo V, Venezia, Savioni 1776, pp. 185-244.

intreccio presenti nello stesso volume.[82] Mentre la traduzione delle versioni tedesche era avvenuta direttamente dall'originale danese, quella italiana invece, non esistendo la possibilità di tradurre direttamente, avviene tramite una lingua diversa, inaugurando di fatto, per la mancanza di mediatori diretti, una tradizione di versioni 'di seconda mano' dalle lingue nordiche che è continuata in Italia fino a Novecento inoltrato.

Il fenomeno della traduzione indiretta, o *relay translation*, interessa spesso le letterature di 'minore diffusione' e, pur se tendenzialmente negativo, rappresenta spesso l'unica soluzione attuabile, poiché «as writers in peripheral languages are well aware, the alternative to an indirect (relayed) translation is often no translation at all».[83] La mediazione dal francese era peraltro molto diffusa all'epoca, poiché «i libri che meglio erano accolti, dal francese voltavansi in italiano».[84] Del resto, come afferma Paul Hazard:

> Quand un ouvrage anglais ne plait pas aux Français [...] la route d'Italie leur est fermée. [...] Mais il faut reconnaitre aussi que, sans la France, le progrès des littèratures du Nord serait incomparablement moins facile et moins prompt. [...] Or, la France ne laisse point passer les œuvres étrangères telles qu'elles sont. Elle leur fait subir au second. Elle les accommode à son goût, à ses habitudes, quelquefois à ses caprices.[85]

Sebbene non esista ancora uno studio sull'ingresso della cultura danese in Italia ed entrambi gli studiosi citati si riferiscano alle letterature del Nord intendendo però quella inglese e quella tedesca, la descrizione pare calzante. Le traduzioni di Elisabetta Caminer, che per sua precisa affermazione

---

82  JØRGEN STENDER CLAUSEN, *Ludvig Holberg and the Romance World*, in *Ludvig Holberg: A European Writer. A Study in Influence and Reception*, edited by Sven Hakon Rossel, Amsterdam-Atlanta, Rodopi, 1994, pp. 104-138, in particolare p. 123.
83  RINGMAR, *Relay Translation*, cit., p. 142: «come gli scrittori delle lingue periferiche ben sanno, l'alternativa a una traduzione indiretta (*relayed*) è spesso nessuna traduzione».
84  GIANBATTISTA MARCHESI, *Studi e ricerche intorno ai nostri romanzieri e romanzi del Settecento, coll'aggiunta di una bibliografia dei romanzi editi in Italia in quel secolo*, Bergamo, Istituto Italiano d'Arti Grafiche, 1903, p. 24.
85  PAUL HAZARD, *L'invasion des littératures du Nord dans l'Italie du XVIIIe siècle*, in "Revue de Littératue Comparée", 1 (1921), pp. 30-67, qui p. 52: «Quando un'opera inglese non piace ai francesi [...] la sua rotta verso l'Italia è fermata. [...] Ma bisogna anche riconoscere che, senza la Francia, il progresso delle letterature del Nord sarebbe incomparabilmente meno facile e meno rapido. [...] Ora, la Francia non lascia passare le opere straniere come esse sono. Fa subire loro un cambiamento. Le adatta al suo gusto, alle sue abitudini, qualche volta ai suoi capricci».

non conosceva quasi altra lingua che il francese,[86] sono tutte eseguite su traduzioni francesi, anche quando si tratta di autori tedeschi e russi, ma con la differenza che la tendenza fortemente addomesticante delle traduzioni francesi dell'epoca non riguarda in questo caso i testi di Holberg, poiché le traduzioni della Caminer, eseguite dall'edizione Fursman, hanno a modello un testo prodotto in Danimarca secondo le esigenze di fedeltà di Holberg, lontano dunque dalle «belles infidèles» che rappresentavano il gusto – francese – dell'epoca.

La traduzione dello *Stagnaio politico* è perciò estremamente fedele al testo di partenza francese, che a sua volta lo era – con poche variazioni – nei confronti di quello danese, e la Caminer interviene con una nota quando se ne discosta, sia pur minimamente, come nella fine del quarto atto, dove avverte «Ommetto un discorso insipidamente scherzoso che fa Crispino a questo proposito cogli Spettatori»,[87] o nell'atto quinto, dove alla tirata di Crispino (Henrich nell'edizione danese) – «Ascoltatemi, venditrici d'ostriche, canaglie donne di mala vita» – si sente in dovere di interrompere l'elenco aggiungendo in nota «E qualche altro epiteto».[88]

Ciononostante si può dire che il rapporto di Elisabetta Caminer Turra con la traduzione, che fu, accanto al giornalismo, la sua principale attività per gran parte della vita – con punte particolarmente interessanti nelle prime traduzioni del teatro francese e nella tarda traduzione di Gessner – non fosse basato su un particolare approccio teorico. Le critiche alle traduzioni dal francese portate dalla tribuna dell'«Europa Letteraria» da Domenico Caminer già nei primi anni di attività della figlia sono molto spesso dirette esclusivamente da un giudizio di fedeltà all'originale, «un criterio primordiale essenziale per i due giornalisti»,[89] e con molta frequenza strumentali al dibattito veneziano, per esempio contro l'attività di traduzione di Gozzi. Pur dedicando alla traduzione un'attenzione costante e vivendo in contatto con un mondo nel quale la versione di testi classici ed europei assumeva sempre maggiore importanza, la Caminer, che pure conosceva gran parte degli intellettuali dell'epoca e più volte cita nelle sue lettere Melchiorre

---

86 Cfr. la lettera del luglio 1780 a Clementino Vannetti, in *Lettere di Elisabetta Caminer*, cit., pp. 228-229, qui p. 229: «Per altro v'ingannate quando credete ch'io sappia molte Lingue: io non so altro che molto la Francese, e pochissimo l'Inglese unitam.te alla mia».
87 *Nuove composizioni*, cit., Tomo III, p. 128.
88 *Ivi*, p. 138.
89 ROTRAUD VON KULESSA, *Elisabetta Caminer Turra e l'*Europa letteraria*: Riflessioni sulla traduzione*, in "Circula. Revue d'idéologies linguistiques", 2 (2015), pp. 18-30, qui p. 24.

Cesarotti, aveva dunque un rapporto istintivo con tale attività, ma era consapevole del dibattito, affermando ancora nel 1782 che:

> Il tradurre è per certo un difficile impegno; v'ha chi richiede una fedeltà scrupolosa, e quasi numeraria agli Originali; e v'ha chi vuole sotto al pretesto di servire al genio delle diverse Lingue introdurre una licenza sfiguratrice. [...] Ad ogni modo io m'accuso d'aver avuto tanto coraggio; e ho un po' di rimorso d'essermi allontanata qualche volta dal testo per titubanza piuttosto che in vigore di persuasione. Renderebbe un gran servigio a questo ramo di Filologia chi fissasse i giusti confini fra l'esattezza e la libertà del tradurre. Del Saggio della traduzione Catulliana ch'Ella ha la bontà di communicarmi non giudicherò già io. Deh! Come una donna lontanissima dall'esser internata ne' misterj delle Lingue morte, ed appena iniziata in quei delle vive, potrebbe farla da giudice?[90]

La sua attività, come quella di Gottsched, si limitava a importare testi, poiché «forse il tradurre delle buone opere Teatrali straniere può essere una scuola per farne di propria invenzione»,[91] ma senza l'intento normativo del tedesco. Di conseguenza i suoi interventi sul testo si limitavano all'eliminazione di espressioni volgari e di alcuni elementi fuori dalle mode del tempo, come i monologhi verso il pubblico.

L'aspetto della traduzione è trattato brevemente nell'*Avvertimento* che la traduttrice premette al primo volume della nuova raccolta:

> [...] io mi crederò permesso di fare quello che hanno fatto il P. Brunoy nella sua traduzione d'Euripide, e i Traduttori Francesi di alcuni Teatri, di accorciare cioè dei dialoghi ora sovverchiamente liberi, ora più strettamente religiosi di quel che forse al Teatro convengasi, di spesso poi stucchevolmente prolissi; e di sopprimere alcune cose che ponno sembrare strane, avvertendo però quantunque volte avrò fatto qualche cambiamento, e dando lo scheletro degli squarci levati e cui non sarebbe opportuno il dar per esteso.[92]

Nella breve presentazione di Holberg, nella *Prefazione* al volume III che contiene lo *Stagnaio*, la traduttrice non fa dunque parola delle eventuali modifiche, ma si limita a inquadrare l'autore nella sua epoca, dimostrando da un lato di avere appunto come fonte l'edizione Fursman del 1747 – che non cita direttamente ma da cui riprende informazioni, per esempio il titolo di Barone – dall'altro che le sue fonti erano anche altre:

---

90 Lettera del 2 luglio 1782 a Giovanni Battista Corniani, in *Lettere di Elisabetta Caminer*, cit., pp. 256-257.
91 *Composizioni teatrali moderne*, Venezia, Savioni, 1772, vol. I, p. XV.
92 *Nuove composizioni*, cit., Tomo I, pp. 3-4.

*Lo Stagnaio Politico* è una delle 25. Commedie del celebre imitatore di Plauto, del Moliere della Danimarca, del Barone d'Holberg, cui la Scena Danese deve moltissimo, e che si distinse inoltre con varie Opere d'altro genere. Di qualunque merito sieno le di lui Commedie, elleno vengono riputate le migliori, e le più atte a dar un'idea del gusto di quella Nazione. I caratteri di esse furono ritrovati da alcuni Giornalisti un pò troppo caricati; ma l'Autore dice di averli fatti così a bella posta; egli conosceva il punto di vista del Teatro, che richiede tratti forti, e non pitture delicate per far impressione.[93]

Come nel caso di Gottsched, le traduzioni di Elisabetta Caminer nascono inizialmente per alimentare un repertorio, quello veneziano nel suo caso, che lungi dall'essere scarso soffriva però dell'allontanamento di Goldoni nel 1761, ma soprattutto nascono per fornire un panorama teatrale che possa confermare la sua posizione nella polemica con Gozzi sul «terzo genere»[94] – il «genre sérieux» –, come dimostra la scelta dei testi francesi e, più tardi, di Schlegel e Lessing. La scelta di tradurre Holberg rientra invece esplicitamente nel tentativo di fornire ai lettori – probabilmente dunque non al teatro – un panorama di testi europei che non rientravano – nel caso del danese non potevano rientrare – nell'argomento della polemica. Nonostante la Caminer torni quasi con stupore – come del resto Gottsched – sull'aspetto di divertimento che permea il teatro danese chiedendosi «Perché dal freddo clima Danese escono delle commedie piene di arguzie, e di sali?».[95]

Se dunque Elisabetta Caminer Turra forniva, come è noto, una parte del repertorio alla compagnia Lapy, trasferitasi al Teatro S. Angelo dal 1770,[96] è difficile accertare se la compagnia possa aver mai rappresentato le commedie di Holberg tradotte. L'unica testimonianza disponibile è lontana dall'Italia, ovvero quella riportata da Rahbek secondo la quale Vincenzo Galeotti, che dal 1775 si trasferì a Copenaghen come maestro di ballo, afferma di aver visto Holberg rappresentato a Venezia:

---

93 *Nuove composizioni*, cit., Tomo III, Venezia 1775, p. 6.
94 CATHERINE M. SAMA, *Verso un teatro moderno. La polemica tra Elisabetta Caminer e Carlo Gozzi*, in *Elisabetta Caminer Turra*, cit., pp. 63-79.
95 "Giornale Enciclopedico", Tomo 8, agosto 1775, p. 27.
96 FRANCESCO BARTOLI, *Notizie istoriche de' comici italiani che fiorirono intorno all'anno MDL fino a' giorni presenti*, Padova, li Conzatti, 1782, vol. I, p. 286, informa alla voce *Giuseppe Lapy* che «vedendo che le Commedie del Goldoni incominciavano a dargli una scarsa messe, providamente pensò di far tradurre dalle lingue oltramontane i più bei pezzi Teatrali, ed impiegovvi la spiritosa, e stimabile fanciulla Sig. Elisabetta Caminer, la quale con indefessa applicazione un gran numero a lui di vantaggio ne tradusse». Sul rapporto della Caminer con Lapy cfr. anche NICOLA MANGINI, *I teatri di Venezia*, Milano, Mursia, 1974, p. 148.

Selv i Italien – hvor Galeotti har fortalt mig, inden han kom hertil, at have seet den Stundesløse og Kandestøberen at opføres 40 gange i Rad med uhyre Tilløb og Bifald – fandt hans Lystspil en smigrende Modtagelse.[97]

Galeotti lasciò Venezia appunto nel 1775, perciò la data potrebbe corrispondere con la traduzione della Caminer, ma non esiste a oggi alcuna prova documentaria della rappresentazione, né la traduttrice ne fa parola, laddove per esempio rappresentazioni con un numero di repliche minore di quello citato da Rahbek venivano da lei puntualmente annotate nelle lettere.[98]

L'ingresso di Holberg in Germania, con tutte le sue difficoltà, dovute soprattutto alla necessità di costruire un repertorio nazionale che spinsero presto Gottsched ad abbandonare le traduzioni, ebbe dunque un percorso triplice che – nel caso del teatro – comprendeva la traduzione, un lavoro di disseminazione che aveva portato in Germania gran parte dell'opera del danese e una prospettiva sulla cultura danese che ancora oggi è presente. La mediazione tedesca poteva inoltre contare sulla rappresentazione – in questo caso persino precedente alla pubblicazione in volume –, e di conseguenza ha consolidato l'affermazione di Holberg in Germania per un lungo periodo e con ripetute traduzioni, fino ai nostri giorni, sebbene inizialmente la versione di Detharding, pur se eseguita direttamente dal danese, e più ancora le modifiche apportate da Gottsched, tendessero ad addomesticare il testo alle esigenze normative dell'epoca.

La traduzione della Caminer, pur indiretta, ovvero frutto di *relay translation*, è più fedele all'originale di quanto fossero quelle pubblicate in Germania. Ma degli elementi necessari a una mediazione di successo è presente in Italia solo il primo, quello della traduzione, peraltro in un ambiente culturale ed editoriale che non possedeva il capitale simbolico capace di imporre il danese. L'elemento della rappresentazione, inevitabile nel transfer di testi teatrali, è in dubbio e comunque, per lo stesso motivo, evidentemente non ha lasciato tracce, mentre l'elemento della disseminazione è completamente assente, poiché il mediatore non aveva la competenza per

---

97  Cfr. KNUD LYHNE RAHBEK, *Om Holberg som Lystspildigter og om hans Lystspil*, I-II, København 1815-17, vol. I, p. 13: «Persino in Italia – dove Galeotti mi ha raccontato di aver visto, prima di venire qui, *L'indaffarato* e *Lo stagnaio* rappresentati per 40 volte di seguito con enorme successo e approvazione – le sue commedie hanno trovato una lusinghiera accoglienza».
98  Cfr. per esempio la lettera a Giuseppe Pelli Bencivenni del 28 settembre 1771 in cui la Caminer esulta per le 23 repliche del *Disertore* di Mercier, uno dei suoi primi successi. *Lettere di Elisabetta Caminer*, cit., pp. 127-128.

inquadrare l'autore in un panorama più ampio che comprendesse le altre sue opere e la situazione culturale della Danimarca dell'epoca. Né le altre sue opere furono pubblicate in italiano, privando in tal modo la cultura di arrivo degli strumenti necessari e di una produzione sicuramente interessante della quale le commedie erano in fondo la parte non destinata all'esportazione. Tutto questo dimostra che la mediazione, se limitata al trasferimento del testo e per molti versi indipendentemente dal problema della traduzione diretta o indiretta, non può funzionare.

Mentre la traduzione tedesca si inseriva in un ampio progetto di rinnovo del teatro e in una carenza di repertorio che andava colmata, e viene affiancata da rappresentazioni, quella italiana aveva l'intento di dare – probabilmente al lettore – una visione del teatro europeo e veniva anch'essa a rappresentare in qualche modo una proposta di repertorio rinnovato. Ma ciò avvenne in un'atmosfera, quella veneziana, in cui l'ambiente teatrale dell'epoca non aveva necessità di repertorio comico, mentre la polemica del momento verteva sulla possibilità o meno di far accettare al pubblico e alla critica la 'commedia lacrimosa', ovvero il terzo genere, molto lontano da Holberg. La traduzione, avvenuta con cinquanta anni di ritardo, e in un ambiente non ricettivo, non poteva essere accettata e rimase isolata, paradossalmente limitata proprio dall'ambiente teatrale.

Se la mediazione tedesca è dunque un evento di successo, in Italia la traduzione casuale, inserita in un contesto culturale relativamente ristretto, limitata alla mediazione del testo, non ha avuto particolari risultati e Ludvig Holberg, romanziere, storico, commediografo, filosofo, non ha lasciato tracce nel canone italiano, come prova, a quasi trecento anni dall'esordio nella Lille Grønnegade e contrariamente a ciò che è avvenuto altrove, la quasi totale assenza delle sue opere dal panorama editoriale del nostro paese.

ELENA AGAZZI

# LA TRADUZIONE ITALIANA DEL *SAGGIO SULL'ALLEGORIA SPECIALMENTE PER L'ARTE* (1766) DI J.J. WINCKELMANN COME ESPERIENZA COGNITIVA E VISUALE

1. *Premessa teorica sull'ideale storico-artistico di Winckelmann*

Risale al 1993 un articolo del germanista Fabrizio Cambi, pubblicato nel volume *J.J. Winckelmann tra letteratura e archeologia* che riguarda il tema della *Imitazione e idealità nella «Filosofia dell'arte» di Schelling*.[1] In esso Cambi evidenzia una delle principali debolezze degli studi antiquari di Winckelmann alla luce del pensiero filosofico di inizio Ottocento, mostrando la trasformazione della prospettiva teorica legata al concetto di «imitazione» tra l'autore dei *Gedanken über die Nachahmung der griechischen Werke in Malerei und Bildhauerkunst* (Pensieri sull'imitazione delle opere greche in pittura e scultura),[2] cioè Winckelmann, e lo Schelling di *Ueber das Verhältniß der bildenden Künste zu der Natur* (Sul rapporto tra le arti figurative e la natura, 1807).[3] Il punto di partenza dell'analisi di Cambi è costituito da un passo di quest'opera, in cui Schelling aveva sottolineato che Winckelmann non era stato in grado di rapportare la «bellezza del concetto che sgorga dall'anima» con la «bellezza delle forme».[4] Alla teoria estetica del suo predecessore, che si concentrava soprattutto sull'idea dell'«imitazione creatrice» suggerita dal modello della fioritura dell'arte

---

[1] FABRIZIO CAMBI, *Imitazione e idealità nella «Filosofia dell'arte» di Schelling*, in *J.J. Winckelmann tra letteratura e archeologia*, a cura di Maria Fancelli, Venezia, Marsilio, 1993, pp. 83-95.

[2] JOHANN JOACHIM WINCKELMANN, *Gedancken über die Nachahmung der Griechischen Wercke in der Mahlerey und Bildhauer-Kunst*, in ID., *Kleine Schriften Vorreden und Entwürfe*, hrsg. von Walther Rehm, mit einer Einleitung von Hellmut Sichtermann, Berlin, Walter De Gruyter & Co., 1968, pp. 27-59; trad. it., ID., *Pensieri sull'Imitazione delle opere greche nella pittura e nella scultura*, a cura di Michele Cometa, Palermo, Aesthetica, 1992, pp. 31-57.

[3] FRIEDRICH WILHELM JOSEPH VON SCHELLING, *Ueber das Verhältnis der bildenden Künste zu der Natur (1807)*, in ID., *Ausgewählte Schriften*, vol. 2 (1801-1803), Frankfurt am Main, Suhrkamp, 1985, pp. 581-619.

[4] *Ivi*, p. 586.

scultorea del V secolo a.C, mancava dunque a suo parere l'elemento della «potenza dell'anima» (*Kraft der Seele*). Con ciò, Schelling diagnosticava un allargamento della forbice teorica di Winckelmann, i cui assunti cadevano in contraddizione tra lo sforzo di fornire una campionatura delle manifestazioni dell'essenza del bello nelle figurazioni artistiche temporalmente definite, come statue, bassorilievi e soggetti pittorici, e il farsi forma dell'Assoluto, come archetipo del bello, in una dimensione atemporale.

Mentre per Winckelmann l'invisibile, secondo il precetto neoplatonico, è il presupposto per una materializzazione dell'idea nell'arte, per Schelling il visibile della natura deve essere indagato piuttosto per legittimare la benefica azione dell'anima che, cogliendone l'essenza e dandole forma, si fa arte. La parte finale del saggio di Cambi si coagula intorno all'interpretazione winckelmanniana del *Torso del Belvedere* che si trova menzionato nella *Philosophie der Kunst* (Filosofia dell'arte, 1802-1803)[5] di Schelling e che compare anche nella *Geschichte der Kunst des Alterthums*[6] di Winckelmann. Secondo Schelling, Winckelmann si sarebbe avvalso nella descrizione in oggetto, – che traduce la descrizione del manufatto artistico (la *Kunstbeschreibung)*, costituito dal frammento del *Torso* conservato nel Museo del Belvedere di Roma, in una narrazione artistica (*Kunsterzählung*), – di una «dilatazione descrittiva», grazie alla quale avrebbe pensato di restituire una vita mitologica alla scultura, trasformandola in un'allegoria. Nella prospettiva di Schelling, segnata da un sensibile scarto concettuale, «il carattere allegorico della descrizione winckelmanniana acquista [invece] una *valenza simbolica* che costituisce del resto la connotazione precipua della scultura, forma d'arte particolare che, significante l'universale, è di per sé universale».[7]

Di fatto, nel caso del *Torso*, questo tipo particolare di «allegoresi», applicata al manufatto artistico, rappresenta una sorta di *unicum* nel panorama del *Versuch einer Allegorie besonders für die Kunst* (*Saggio sull'allegoria specialmente per l'arte,* 1766), e costituisce certamente un cameo letterario che fa dimenticare il troppo spesso arido, e talvolta bizzarro, repertorio di tipi allegorici proposti dall'antichista nella sua

---

5   FRIEDRICH WILHELM JOSEPH VON SCHELLING, *Philosophie der Kunst, ivi*, pp. 181-566, qui pp. 352-354.
6   Per un'attenta ricostruzione delle varie versioni di questa descrizione del Torso, cfr. *Frühklassizismus. Position und Opposition: Winckelmann, Mengs, Heinse,* hrsg. von Helmut Pfotenhauer, Markus Bernhauer und Norbert Miller, unter Mitarbeit von Thomas Franke, Frankfurt am Main, Deutscher Klassiker Verlag, 1995, pp. 491-495.
7   CAMBI, *Imitazione e idealità,* cit., p. 89.

opera. La *Kunsterzählung* che riguarda quest'allegoresi del *Torso*, un vero capolavoro di *ekphrasis* dinamica, permette al traduttore di seguire il ritmo di una descrizione dai toni quasi commossi, oltre che ammirati. Essa delinea, con il supporto della costellazione di aggettivi che la accompagnano, la magica trasformazione dello spazio vuoto in cui viene situato il frammento del corpo vigoroso di quello che, nel frattempo, è stato identificato come un Ercole, in un dipinto abitato da figure mitologiche. Questa resa vitale della scultura per mezzo delle parole dell'autore suggerisce una ricerca appropriata degli aggettivi più adatti per garantire il registro poetico della descrizione. I muscoli poderosi producono associazioni di idee, esprimendo la morfologia di un paesaggio che si apre ad ampio raggio alla vista con valli e colline,[8] mentre nella loro contrazione ed espansione Winckelmann vede un «mare la cui calma superficie dapprima si sia increspata in giocosi flutti circondati da nebbiosa inquietudine, dove l'uno venga inghiottito dall'altro e da esso di nuovo esca come appianato».[9]

Solo qui, nelle ultime pagine del *Saggio sull'allegoria*, torna a rivivere l'ideale winckelmanniano della «nobile semplicità e quieta grandezza» dell'opera artistica improntata al bello. Se sia più motivato insistere sulla «vita mitologica» di questa fantasmagoria di immagini, messa a servizio dell'allegoria o sulla sua «valenza simbolica universale», come vorrebbe Schelling, non è qui rilevante, se non per la scelta dei termini più appropriati per restituire il concetto di *Bild* nella sua accezione classicista e non, piuttosto, rinascimentale, barocca o protoromantica. Infatti, Winckelmann

---

8 Cfr. JOHANN JOACHIM WINCKELMANN, *Versuch einer Allegorie besonders für die Kunst, Dresden* (1766), Facs. Der 1. Auflage, Baden-Baden/Straßbourg, Heitz, 1964, p. 157: «So wie die lustigen Höhen derselben sich mit einem sanften Abhange in gesenkte Thäler verliehren, die sich hier schmälern und dort erweitern; so mannigfaltig, prächtig und schön erheben sich hier schwellende Hügel von Muskeln, um welche sich oft unmerklich Tiefen, gleich dem Strohme des Mäanders, krümmen, die weniger dem Gesichte, als dem Gefühle offenbar werden»; trad. it. ID., *Saggio sull'allegoria specialmente per l'arte*, introduzione, traduzione e note di Elena Agazzi, Argelato (BO), Minerva Edizioni, 2004, p. 167: «Come le loro gaie altitudini si perdono con dolce declivio in profonde valli, che qui si restringono e là si allargano, altrettanto varie, magnifiche e belle si elevano qui turgide colline di muscoli, intorno alle quali, spesso, si incurvano cavità impercettibili, simili alla corrente del Meandro, che intendono più i sensi che la vista».
9 «So wie in einer anhebenden Bewegung des Meers die zuvor stille Fläche in einer neblichen Unruhe mit spielenden Wellen anwächst, so eine von der anderen verschlungen und aus derselben wiederum hervor gewälzet wird»; WINCKELMANN, *Versuch einer Allegorie*, cit., p. 156; trad. it., ID., *Saggio sull'allegoria*, cit., p. 167.

sceglie esplicitamente di soffermarsi sul valore denotativo e connotativo di questi *Bilder* allo scopo di organizzare il suo campo di indagine in funzione dell'educazione degli artisti al gusto per l'antico.[10] Carlo Fea, responsabile dell'edizione della *Storia delle Arti del Disegno presso gli Antichi* in tre volumi, apparsi tra il 1783 e il 1784 e basata sulla revisione e sulla rielaborazione dell'edizione Amoretti, è stato uno dei maggiori mediatori della cultura classicista tra XVIII e XIX secolo,[11] dopo che l'Amoretti aveva pubblicato la *Storia dell'arte* nella prima versione italiana (1779).[12] Costui accoglie la cifra simbolica suggerita da Schelling. È dun-

---

10 In una nota ai *Pensieri sull'Imitazione* Michele Cometa osserva che i contemporanei di Winckelmann biasimarono l'eccessiva disinvoltura con cui usò i termini «simbolo», «icona», «allegoria» ed «emblema». Per ragioni legate alla specifica attenzione verso uno di questi elementi, nel *Saggio sull'allegoria* non si poté permettere una analoga superficialità, ma si rifugiò talora strategicamente nella genericità del termine *Bild* nella forma singolare e plurale (*Bilder*). Cfr. WINCKELMANN, *Pensieri sull'Imitazione delle opere greche*, cit., p. 75, nota 130.

11 Cfr. STEFANO FERRARI, *I traduttori italiani di Winckelmann*, in *Traduzioni e traduttori del Neoclassicismo*, a cura di Giulia Cantarutti, Stefano Ferrari e Paola Maria Filippi, Milano, Franco Angeli, 2010, pp. 161-174. Si deve rilevare l'importanza di quanto Stefano Ferrari ha scritto nel saggio contenuto nel *Winckelmann Handbuch* a proposito della gestione a più mani delle traduzioni dell'Amoretti e del Fea, dove afferma in particolare che il Fea si appoggiò ad una schiera di collaboratori per poter realizzare la versione del 1783-1784 a Roma, dopo l'uscita di quella milanese. Tra i nomi compaiono quello di José Nicolás de Azara, Johann Friedrich Reiffenstein (la cui consulenza per la traduzione fu decisiva, perché Fea non era in grado di svolgerla in autonomia date le sue scarse, se non nulle conoscenze della lingua tedesca), Ennio Quirino Visconti, Luigi Lanzi, Gaetano Marini, Léon Dufourny, Jean-Baptiste Seroux e Anton von Maron. Sia l'edizione di Milano, sia quella di Roma, si basavano, per quanto riguarda la *Geschichte der Kunst des Alterthums*, sulla seconda edizione viennese del 1776, che si presenta decisamente modificata rispetto a quella del 1764. Pertanto, per quanto riguarda il *Saggio sull'allegoria* è ancora oggi in forse l'attribuzione diretta a un traduttore specifico. Cfr. STEFANO FERRARI, *Publikationsgeschichte, Übersetzungen und Editionsgeschichte (1755-1834)*, in *Winckelmann Handbuch. Leben – Werk – Wirkung*, a cura di Martin Disselkamp e Fausto Testa, Stuttgart, Metzler, 2017, pp. 330-339. Per questo motivo, ci si riferirà qui genericamente all'edizione «Giachetti» uscita a Prato. Questa edizione, sviluppatasi tra il 1830 e il 1834, prende come riferimento l'edizione di Joseph Eiselein, uscita a Donaueschingen in 12 volumi tra il 1825 e il 1829 con il titolo *Johann Winckelmanns sämtliche Werke. Einzige vollständige Ausgabe*. Ferrari indica, comunque, come effettivi responsabili dell'opera pubblicata da Giachetti, Giovacchino Benini e Ferdinando Baldanzi (cfr. FERRARI, *Publikationsgeschichte*, cit., p. 337). Per il *Saggio sull'allegoria* è utile segnalare la traduzione francese di Hendrik Jansen, pubblicata nel 1799 a Parigi con il titolo *De l'Allégorie, ou Traités sur cette matière*.

12 STEFANO FERRARI, *Carlo Amoretti e la Storia delle Arti del Disegno (1779) di Winckelmann*, in *Paesaggi europei del Neoclassicismo*, a cura di Giulia Cantarutti e

que nella disponibilità di chi si accinge a realizzare una versione italiana del *Saggio sull'allegoria*, oggetto della nostra relazione, discernere se la traduzione, a oggi anonima, di questo saggio, inclusa nell'edizione del 1831 di Giachetti (Prato) e analogamente incline a propendere per la dimensione simbolica del concetto artistico, possa costituire un modello di riferimento, o piuttosto un terreno minato per le scelte terminologiche e metaforiche messe in campo.[13]

## 2. La struttura del *Saggio sull'allegoria*. Per un confronto con l'edizione del 1831

Reduce dall'enorme fatica della redazione della *Geschichte der Kunst des Alterthums* (Storia dell'arte nell'antichità, 1764),[14] il primo tentativo di rilievo internazionalmente riconosciuto di organizzare una storia dell'arte antica secondo periodi storici e definendo gli stili (egizio, persiano, etrusco, greco e romano), nel 1765 Winckelmann si predispone alla pubblicazione del *Saggio sull'allegoria* dopo aver meditato sul suo contenuto per nove anni.

Il nucleo teorico della futura stesura del *Saggio sull'allegoria* è contenuto nel dialogo che Winckelmann istituisce con se stesso, creando un rapporto dialettico di tesi, antitesi e sintesi tra i suoi *Pensieri sull'imitazione* del 1755, l'*Epistola* [*Sendschreiben*] che finge gli sia stata mandata da un anonimo, in cui si sollevano obiezioni sostanziose rispetto ad alcuni suoi assunti, e il *Commento* [*Erläuterung*], in cui l'antichista assume il ruolo dell'avvocato difensore della propria causa. La dichiarazione ivi contenu-

---

Stefano Ferrari, Bologna, il Mulino, 2007, pp. 191-212.

13   Per quanto riguarda il Fea come traduttore della *Geschichte der Kunst des Alterthums* di Winckelmann si veda il saggio di STEFANO FERRARI, *L'eredità culturale di Winckelmann: Carlo Fea e la seconda edizione della Storia delle Arti del Disegno presso gli Antichi*, in "Roma moderna e contemporanea", anno X, 1-2 (2002), pp. 15-38. Ancora una volta Ferrari ricorda, in questo contributo scientifico sulla traduzione nel Settecento, che Fea padroneggiava molto poco la lingua tedesca e che aveva dovuto ricorrere a un sostanzioso aiuto di Johann Friedrich Reiffenstein, così come di numerosi altri collaboratori, per revisionare l'edizione precedente della *Storia delle Arti del Disegno* di Amoretti; cfr. *ivi*, p. 19 e la nota 24.

14   JOHANN JOACHIM WINCKELMANN, *Geschichte der Kunst des Alterthums. Text: Erste Auflage Dresden 1764 – Zweite Auflage Wien 1776*, hrsg. von Adolf H. Borbein, Thomas W. Gaethgens, Johannes Irmscher und Max Kunze, Mainz am Rhein, Philipp von Zabern, 2009. Dell'opera sono state pubblicati separatamente anche gli apparati di note e le descrizioni delle statue.

ta, che cioè non sarebbe sua intenzione «studiare l'origine di tutte le immagini allegoriche dei Greci, né di scrivere un trattato sull'allegoria»,[15] verrà poi smentita dai fatti; anche l'idea originaria, che le immagini allegoriche debbano considerarsi divise in «sublimi» e «comuni», viene superata nel *Saggio sull'allegoria* dalla distinzione fatta di allegorie «astratte» (quelle di cui ci si serve a prescindere dalla cosa a cui si riferiscono e che possono anche essere chiamate *Sinnbilder*) e «concrete» (che si collegano con figure e segni alle cose a cui si riferiscono). Winckelmann è convinto che l'artista non possa limitarsi a controllare nel presente l'espressione della passione dei suoi soggetti storici, ma debba istituire un rapporto con la storiografia e con il mito, trovando riscontri di queste passioni nella poesia e traducendone la «favola» in opera artistica.[16] L'impianto dei capitoli in cui è ripartito il saggio del 1766, dunque, è costituito da stringhe operative così strutturate, anche se in combinazione variabile: a) SCELTA IDEALE DI UN SOGGETTO ALLEGORICO; b) RIFERIMENTO CONCRETO A VARI OGGETTI E REPERTI ARTISTICI ANTICHI CHE LO RAPPRESENTANO, CON MENZIONE DEI LUOGHI DELLA LORO CONSERVAZIONE; c) RIMANDO ALLE FONTI TESTUALI (ANTICHE E MODERNE) E AL MITO CHE SI RICOSTRUISCE TRAMITE L'ALLEGORIA (CON INTERVENTI CORRETTIVI DELLE RELATIVE INTERPRETAZIONI); d) FRUIBILITA' DELLE SINGOLE ALLEGORIE PER GLI ARTISTI MODERNI.

L'insipienza di molti dilettanti nel campo degli studi antiquari, come spiega Winckelmann, ha fatto sì che opere utili a comprendere a più ampio raggio le tradizioni figurative dei popoli antichi, ma purtroppo mutile o difettose, siano state barbaramente distrutte per farne materiale di riutilizzo, privando i veri studiosi di una cospicua messe di oggetti di

---

15  JOHANN JOACHIM WINCKELMANN, *Erläuterung der Gedanken von der Nachahmung der griechischen Werke in der Malerey und Bildhauerkunst und Beantwortung des Sendschreibens über diese Gedanken*, in ID., *Kleine Schriften*, cit., pp. 97- 144, qui p. 123; trad. it. ID., *Commento ai Pensieri sull'Imitazione delle opere greche nella pittura e nella scultura e risposta all'Epistola sopra detti Pensieri*, in ID., *Pensieri sull'Imitazione*, cit., pp. 77-140, qui, p. 200.
16  WINCKELMANN, *Erläuterung der Gedanken*, cit., p. 118; trad. it. WINCKELMANN, *Commento ai Pensieri sull'Imitazione*, cit., p. 96: «Il quarto punto riguarda soprattutto l'allegoria. La favola, nella pittura, viene definita generalmente allegoria; e poiché la poesia ha come scopo l'imitazione non meno della pittura, così quest'ultima da sola, senza la favola, non è poesia, e un quadro storico mediante la mera imitazione diviene solo un'immagine volgare, e, senza allegoria, appare come il cosiddetto poema eroico *Gondibert* di Davenant, dove si è evitata ogni invenzione».

indagine. Questo è stato il caso di alcune teste scultoree femminili, che rendono perciò difficile determinare se alcuni attributi siano tipici di soggetti divini o di personalità del mondo antico. Quando Winckelmann affronta subito nella *Premessa* un'interpretazione dei reperti scultorei sulla base della qualità della lavorazione dei loro orecchi e della presenza di fori nei lobi, cogliendo l'ipotesi di Filippo Buonarroti che essa fosse una caratteristica delle dee e smentendola, si nota la tendenza dell'autore a divagare dal vero nucleo della sua indagine, pensata per l'artista che voglia accostarsi a questa forma di «metafora continuata», come fu definita da vari autori antichi l'allegoria.[17]

Lo sforzo di Winckelmann di fornire un impianto sistematico al proprio percorso, sviluppato attraverso l'osservazione di manufatti e monumenti e accompagnato da ipotesi e commenti che riguardano il loro aspetto formale (soprattutto nel caso di sculture) o i soggetti raffigurati (soprattutto nel caso di monete, gemme, erme ecc…) è, infatti, solo intuibile sotto traccia. Suddivisa in 11 capitoli e dotata di tre registri finali, che riguardano rispettivamente le correzioni di alcune fonti antiche in relazione alle interpretazioni allegoriche, le cose notevoli e le opere d'arte e i manufatti citati di tempi più antichi e più recenti, l'opera è colma sia di riferimenti a fonti classiche greche e romane, sia di rimandi a studi antiquari e storico-artistici che coprono un arco di tempo che va dal Rinascimento alla prima metà del XVIII secolo.

I titoli dei vari capitoli, considerata la difficoltà del traduttore di muoversi all'interno di un reticolato di riferimenti a oggetti, le cui immagini idealmente stilizzate (e non accompagnate da tavole illustrative) vengono comparate con quelle analoghe di altri manufatti e riferite al commento di autori antichi, sono estremamente discorsivi, se prescindiamo da rare eccezioni. Si veda ad esempio la categoria cui fa capo il capitolo terzo, intitolato *Di particolari allegorie che concernono principalmente i concetti generali*, in cui chi traduce è chiamato ad aiutare il lettore a immaginare la rappresentazione di concetti, appunto, come quello dell'«Eternità», ma anche di funzioni pubbliche (il «Censore romano») o di stati dell'animo (la «Gaiezza») in assenza di un contesto ben definito. Si riporta, di seguito, un caso di questo tipo, che riguarda la *Potenza marittima*:

> Die *See-Macht* wurde vorgestellt durch einen Zierrath auf einem Hintertheile der Schiffe, welcher *Aplustre* […] hieß […]. In dieser Bedeutung findet sich dieser Zierrath fast auf allen Münzen von Tyrus, und die von Panäus, dem

---

17  Aristot., *Poet.*, 21; Cicer., *Orat.*, 94; Quintil., IX, 2, 46.

Bruder des Phydias in einem Gemählde persönlich gemachte Insel Salamis, scheinet es in eben der Bedeutung gehalten zu haben [...]. Durch eben dieses Zeichen in der Hand der Odyssea auf der Vergötterung des Homerus im Pallaste Colonna, werden des Ulysses grosse Reisen zur See angedeutet. Einen Sieg zur See scheinet auf Münzen des Sextus Pompeius eine Scylla, die mit dem Ruder die Wellen schläget, anzudeuten, und vermuthlich den Sieg desselben über den Cäsar Octavianus in der Meer-Enge von Sicilien [...]; diese Deutung wird durch eine Griechische Inschrift bestätiget.[18]

[*mia traduzione*: La *Potenza Marittima* veniva rappresentata mediante un ornamento sulla poppa delle navi che si chiama *aplustre* [...]. Questo ornamento si trova con tale significato su quasi tutte le monete di Tiro, e l'isola di Salamina, personificata da Paneno, fratello di Fidia, in un suo dipinto, sembra aver avuto lo stesso significato. Con questo simbolo nella mano di Odissea nell'Apoteosi di Omero del Palazzo Colonna, si fa riferimento ai grandi viaggi per mare di Ulisse. Scilla, che con un remo batte le onde, sembra rappresentare sulle monete di Sesto Pompeo una vittoria per mare, probabilmente, una vittoria di costui su Cesare Ottaviano nello Stretto di Sicilia (l'interpretazione viene confermata da un'iscrizione greca).[19]

Per intendere correttamente i rimandi interni a questa spiegazione, chi traduce può ricorrere o a un confronto con le fonti citate, indicate in modo frammentario e dunque decifrabili solo in presenza di una vasta competenza scientifica nell'ambito della filologia classica, oppure partire dal riferimento alla rappresentazione pittorica dell'*Apoteosi di Omero* a Palazzo Colonna, confrontandola con il repertorio di immagini che il web può offrire. Se tuttavia, come in questo caso, il riferimento all'opera d'arte si rivela errato, come viene annotato in un appunto a pié pagina nella edizione ottocentesca, si pone un problema di un certo peso. Il traduttore deve dunque decidere quale sia la via più sicura per intendere correttamente la concatenazione dei riferimenti, scegliere la fonte iconografica più opportuna per decifrare la spiegazione e cercare poi di ricostruire il nesso iconologico tra le varie parti della descrizione. In altre parole, se è fondamentale rilevare, come si legge nella nota dell'edizione Giachetti, l'errore commesso da Winckelmann riferendosi per l'allegoria all'*Apoteosi di Omero* a Palazzo Colonna in quanto essa corrisponderebbe a un'«Apoteosi di Omero sopra il vaso in forma di mortajo del Museo di Ercolano, perché qui si vede Odissea con il mentovato attributo»,[20] è ancor più utile verificare se nelle

---

18  WINCKELMANN, *Versuch einer Allegorie besonders für die Kunst*, cit., p. 77.
19  WINCKELMANN, *Saggio sull'allegoria*, cit., pp. 102-103.
20  JOHANN JOACHIM WINCKELMANN, *Saggio sull'allegoria particolarmente per le arti* (1766), in *Opere di G.G. Winckelmann. Prima edizione italiana completa*, 12

pubblicazioni antiquarie accessibili a Winckelmann non sia possibile trovare un commento articolato su questo soggetto. Fruttuosa, qui come per altri passi, è stata la consultazione dei *Mémoires* de *l'Académie royale des inscriptions et belles lettres* che, pubblicati fin dal 1663, costituivano una risorsa fondamentale per quanti volessero accostarsi direttamente alle descrizioni dei reperti antichi, rinvenuti nel corso degli anni e commentati da un punto di vista storico-archeologico. Winckelmann consultò probabilmente i *Mémoires* fino al volume XXX (i successivi uscirono dopo la sua morte, sopravvenuta per omicidio nel 1768). Le spiegazioni qui contenute sono concisamente informative rispetto agli eventi storici che ispirano le immagini, ma possono tuttavia aiutare a ricostruire il senso dei rapidi passaggi interni del commento di Winckelmann. Alcune tavole illustrative mostrano l'aspetto dei manufatti più rari.

Al traduttore conviene perciò, in questo caso, ma anche in relazione ad altri passi, riportare in nota un estratto del *Premier Mémoire sur les Médailles restituées* dello storico Charles Le Beau (1701-1778)[21] che concerne il soggetto menzionato da Winckelmann, ben sapendo che i *Mémoires* dell'Accademia parigina erano il punto di riferimento ineludibile di ogni antichista, anche di quelli che, come il tedesco, non avevano in alta opinione gli accademici di Francia. Si legge qui quanto segue a proposito di una medaglia di Sesto Pompeo:

> Su un lato di una medaglia di Sesto Pompeo si vede Scilla con delle code di delfino e una cintura di pescecane. Essa, mostrando collera, solleva con entrambe le mani un timone, con cui sembra percuotere i flutti. Questo simbolo ha senza dubbio un rapporto con la vittoria che il giovane Pompeo riportò sulla flotta di Cesare Ottaviano nello stretto di Sicilia. Lo si scambiò per una semplice fantasia del monetario; un epigramma dell'antologia mi informò del fatto, però, che questa moneta fu coniata sul modello di una statua di bronzo nella quale il mostro era rappresentato nello stesso atteggiamento.[22]

---

voll.,1830-1834, vol. VII, Prato, Fratelli Giachetti, 1831, p. 425.

21  Le Beau, eletto segretario perpetuo della *Académie* dal 1755, curò personalmente i voll. dal 25 al 39 dei *Mémoires* de *l'Académie royale des inscriptions et belles lettres*; professore di eloquenza latina al *Collége de France* dal 1752. La sua opera più importante è l'*Histoire du Bas-Empire, en commençant à Constantin le Grand*, 22 voll., Paris, Chez Tenré, 1756–1779.

22  Riportato in WINCKELMANN, *Saggio sull'allegoria specialmente per l'arte*, cit., p. 103, nota 469. La fonte è CHARLES LE BEAU, *Premier Mémoire sur les Médailles restituées*, in *Mémoires de l'Académie Royale des inscriptions*, T. XXI, pp. 333-351, qui p. 351.

In linea generale Winckelmann "descrive" prevalentemente il medium empirico, ovvero l'oggetto attraverso il quale si esplicita l'allegoria, e più raramente teorizza sul concetto al quale si riferisce l'immagine allegorica. Quindi è fondamentale individuare correttamente il tipo di oggetto a partire dal contesto argomentativo, conoscendo bastantemente i reperti antichi e il tipo di manufatti legati alle attività pubbliche e private delle civiltà cui fa riferimento il tedesco, non facendosi tentare da sbrigative deduzioni, come accade nello specifico caso della edizione Giachetti. Qui si sbaglia, non di rado, nell'individuare l'oggetto descritto: un *Crater*, che costituirebbe un attributo di Pallade collocato accanto al suo capo su monete d'argento di Locri, è diventato nell'edizione Giachetti un «granchio»,[23] mentre inteso è un «cratere». Invece, un modo di dire che corrisponderebbe a «pisciare in un colino», vale a dire «fare cose inutili», e che con tutto il biasimo di Winckelmann farebbe parte di detti popolari ispiratori di alcuni soggetti dell'*Iconologia* del Ripa, diventa nella prima versione italiana – perdendo l'efficacia del suo significato metaforico – «pisciare in un paniere»,[24] per non parlare del riferimento a un cinocefalo (forse Anubis) rappresentato su delle *Wasser-Uhren* egizie, che nella edizione Giachetti è interpretata come «docce» (in realtà si tratta di clessidre ad acqua), così da rendere alquanto grottesca la descrizione del fantomatico oggetto: «Il cinocefalo sulle docce degli egiziani poteva essere un simbolo espressivo, perché questo animale credevasi che tutte l' ore gettasse la sua, ed abajasse».[25]

Dunque, il *Saggio sull'allegoria* si sviluppa, a ogni capoverso, intorno a una nuova allegoria ed è il risultato di appunti presi da Winckelmann su un soggetto a partire dalla lettura di opere antiche e moderne, dalle quali ha ricavato, talora, interi passi, che ha miscelato a guisa di interpretazione.[26]

Per quanto riguarda l'organizzazione dei paragrafi, nell'edizione Giachetti si sceglie autonomamente di numerare ciascuno in progressione fino alla fine del testo, per scandire ogni nuovo capoverso. Questa iniziativa non reca alcun beneficio al lettore, e soprattutto al traduttore, giacché la mancanza di titoletti che rinviino nelle varie pagine ai capitoli specifici

---

23  WINCKELMANN, *Versuch einer Allegorie besonders für die Kunst*, cit., p. 17.
24  WINCKELMANN, *Saggio sull'allegoria particolarmente per le arti* (1766), trad. it. edizione Giachetti, cit., p. 334.
25  *Ivi*, p. 317.
26  Su questo argomento è stato pubblicato un volume miscellaneo dal titolo *Lesen, Kopieren, Schreiben. Lese- und Exzerpierkunst in der europäischen Literatur des 18. Jahrhunderts*, hrsg. von Elisabeth Décultot, Berlin, Ripperberger & Kremers, 2014 in cui si trova un contributo della curatrice dal titolo *Winckelmanns Lese- und Exzerpierkunst. Übernahme und Subversion einer gelehrten Praxis*, pp. 133-159.

rende molto difficile la consultazione e il controllo incrociato del testo. Di tanto in tanto appaiono note esplicative aggiunte nell'edizione del 1831 a titolo di integrazione o di confutazione delle tesi di Winckelmann e in particolare una lunga nota a pié pagina all'inizio del capitolo 2, che concerne l'allegoria degli déi e che spiega quando le figure allegoriche degli déi si possano intendere come tali in senso stretto o quando sono solo simboli di particolari qualità ed attitudini. Questo il suo distinguo:

> Le figure degli Dei nell'arte greca possono chiamarsi figure allegoriche in stretto senso, allora soltanto quando le azioni o segnali loro attribuiti hanno un significato anche più esteso, come per esempio: Giove che tiene in mano la vittoria, o Amore colla spoglia di Ercole [...] Ma le figure degli dei per se stesse non hanno alcuna allusione estesa, e non sono se non quello che rappresentano, Giove simbolo della più alta maestà di potenza illimitata, Minerva della saviezza intellettuale [...] I simboli [...] richiedono sempre il più sublime e creatore intento dell'arte se debbon riuscire felici, e questa è probabilmente la cagione per cui niuno dei moderni artisti non fu mai capace di fare cosa di questo genere, che star potesse a fronte di ciò che fecero gli antichi.[27]

Herder aveva osservato nella sua *Adrastea*, una miscellanea di riflessioni pubblicata in tre volumi tra il 1801 e il 1803, che l'idea allegorica che più si addice alla scultura è certamente la "personificazione", alla quale fa riferimento il secondo capitolo del *Saggio sull'allegoria*, dedicato alle divinità. Ciò è ben comprensibile anche a chi traduce, perché è facilitato nel riconoscere e nel comprendere il "comportamento allegorico" che reca il riflesso dei vizi e delle virtù umane; riesce a cogliere il valore metaforico dell'immagine allegorica in cui si proiettano qualità che sono la trasfigurazione di quelle antropologiche. Dalla nota dell'edizione italiana si evince, però, una forzatura nel definire simbolo anche ciò che sembra inteso come allegoria, mettendosi con ciò al servizio di una presunta necessità di esaltare la differenza tra il potenziale rappresentativo dell'artista antico rispetto a quello moderno o sottolineando il felice esito di una nobile rappresentazione rispetto ad un'altra, giudicata meno pregevole. Herder assume invece una posizione intermedia: se per lui l'allegoria è «Seele im Körper, ausdrucksvolle Bedeutung e klare Einfalt in der Zusammenstellung» («anima nel corpo, significato pieno di espressività e chiara semplicità nella composizione»),[28] senza

---

27 WINCKELMANN, *Saggio sull'allegoria particolarmente per le arti* (1766), trad. it. edizione Giachetti, cit., p. 357.
28 JOHANN GOTTFRIED HERDER, *Adrastea*, in ID. *Sämtliche Werke*, hrsg. von Bernhard Suphan, Nachdruck der Ausgabe Berlin 1877-1913, Hildesheim, Olms, 1967, vol. XXIII, pp. 17-587, qui, p. 320.

insistere sulla disputa tra il primato della scultura o della poesia come avevano fatto Winckelmann e Lessing, accentua la pregnanza dello spazio in cui l'allegoria si sviluppa. Più i tre fattori che definiscono l'allegoria sono in armonia tra loro, più facile è, secondo lui, coglierne la presenza.

### 3. Di immagini, allegorie, simboli, emblemi e di altri termini utilizzati

Winckelmann introduce l'opera con una *Premessa* e immediatamente, ciò che balza all'occhio, è che si riferisce a «Bilder aus Schriften und aus Denckmalen der Alten»[29] come oggetto della sua ricognizione passata. Winckelmann indica di aver voltato pagina rispetto ai suoi studi precedenti e di volersi dedicare ad una nuova operazione culturale. Questa consiste nel costruire una raccolta – non un vero e proprio repertorio – di immagini tratte dal mondo antico, la cui decifrazione è risultata in parte dubbia o insoddisfacente; con ciò vuole anche esaltare le allegorie che invece considera "riuscite" per chiarezza. Se nelle opere precedenti, soprattutto nei *Gedanken*, si era occupato soprattutto di esprimere alcuni pensieri teorici sull'allegoria, questo oggetto di ricerca, definito «*Allegorie*», ricorre invece costantemente nel testo del 1766 accanto al più generico «*Bilder*» e solo molto raramente a «*Symbole*». Se è indubbio, dunque, che l'autore vuole condurre un inventario delle allegorie, si deve supporre che quando usa il termine «*Bilder*» l'accezione intesa è quella più generica di «immagini». A riprova di questo fatto, nel testo si trova poco dopo la frase: «Der zuverläßigste Weg unbekannte allegorische Bilder zu finden, ist die Entdeckung alter Denckmale […]» («La via più sicura per trovare immagini allegoriche sconosciute, è la scoperta di monumenti antichi»).[30] Ciò conferma che l'abbinamento tra un sostantivo generico come «immagini» e l'aggettivo «allegoriche» funziona, mentre scorretta appare la traduzione nell'edizione Giachetti, nella quale si sceglie la soluzione «simboli allegorici», che produce un effetto ossimorico. Dovendo scegliere il termine più adatto per tradurre «*Bild/Bilder*», è opportuno per il traduttore escludere quasi automaticamente l'uso del termine «*Symbol*», di cui appunto Winckelmann si serve con estrema parsimonia e che non renderebbe in nessun modo "più sensibile" il contatto con l'immagine in assenza di una illustrazione vera e propria, ma la proietterebbe invece in una sfera ideale ancor più astratta.

---

29  W‌INCKELMANN, *Vorrede*, in I‌D., *Versuch einer Allegorie*, cit., p. III; trad. it. *Premessa*, in I‌D., *Saggio sull'allegoria specialmente per l'arte*, cit., p. 29.
30  *Ibidem*.

In nome della semplicità, Winckelmann smonta tutte quelle interpretazioni che mirino ad affollare più significati metaforici intorno a una stessa opera d'arte, come accade quando smentisce il Comte de Caylus a proposito del fatto che Parrasio avrebbe rappresentato tutte le qualità del popolo ateniese in una sola opera di proporzioni contenute, concentrandole in un'unica figura rappresentativa. Non si può comunque fare a meno di notare una certa titubanza, mentre Winckelmann asserisce quanto segue, giacché Parrasio è ricordato nella storia dell'arte antica in qualità di pittore, capace di cogliere a fondo i diversi caratteri umani:

> Ich stelle mir daher mit dem Herrn Graf Caylus als unmöglich vor, daß das Gemälde des Parrhasius, welches das atheniensische Volk bilden sollte, alle die zwölf verschiedenen und einander entgegengesetzten Eigenschaften desselben, wie Plinius angibt, ausgedrüket habe, und das dieses durch nicht anders als durch eben so viel *Symbola* habe geschehen können, wodurch eine unbeschreibliche Verwirrung entstanden wäre. Ich behaupte dieses jedoch mit der Einschrenkung, wenn man von einer einzigen Figur verstehen will: in einem grossen Gemählde von vielen Figuren ist die Möglichkeit anzugeben.[31]

[*mia traduzione*: Seguendo l'opinione del conte di Caylus, immagino che sia impossibile che il dipinto di Parrasio che doveva rappresentare il popolo ateniese, abbia espresso tutte le qualità – dodici e contraddittorie – di quel popolo, che sono menzionate da Plinio, visto che ciò non sarebbe stato possibile che usando altrettanti simboli e questo avrebbe originato una confusione indescrivibile (così suppongo, tenuto ben fermo che la limitazione si intenda per una sola figura; in un dipinto di grandi proporzioni con molte figure si può ammettere tale possibilità).[32]

Si nota qui come l'"uso" del termine *Symbola* si riferisce a un grado di astrazione di secondo livello, che allontana l'osservatore dalla possibilità di istituire un nesso diretto tra idea e manufatto. I *Symbola* fanno parte della categoria degli *abstracte Bilder*, che Winckelmann chiama anche *Sinnbilder* o, sottolineandone l'anacronismo e l'inutilità per la formazione dei pittori moderni – in quanto retaggio dell'epoca tardo rinascimentale e barocca – li definisce *Emblemata*.

---

31 WINCKELMANN, *Versuch einer Allegorie*, cit., p. 22.
32 WINCKELMANN, *Saggio sull'allegoria specialmente per l'arte*, cit., p. 55. Nota è la rappresentazione del Demos di Atene, alla quale si fa qui riferimento, che viene ricondotta al dialogo tra Parrasio e Socrate contenuto nei *Memorabili* di Senofonte. Cfr. SENOFONTE, *Memorabili*, Milano, Rizzoli, 1989, III, 10, 1-5, pp. 277-279.

Ci si può chiedere in conclusione quale fosse il vero scopo o fossero i vari scopi di Winckelmann avviandosi su un terreno così impervio come quello dello studio sull'allegoria.

Appellandosi alla «semplicità», alla «chiarezza» e all'«amabilità» (dove quest'ultima giustifica l'impegno dell'autore a promuovere le allegorie «belle» concentrate nella «fabula» antica), Winckelmann coglie più di un'occasione per sottolineare come quest'ultima funzione sia incompatibile con l'iconologia legata alla patristica e alla teologia medioevale, esaltata in epoca barocca come strumento di mortificazione dell'inclinazione al peccato, e con l'iconologia rinascimentale. Quest'ultima è ai suoi occhi solo un ridicolo travestimento dei vizi e delle virtù umane, se si pensa ad esempio all'*Iconologia* del Ripa.

Come scrive Bonfatti in un suo saggio sulle «vicissitudini dell'allegoria» nel Settecento:

> Nell'auspicare l'impiego dell'allegoria secondo l'unica imitazione valida, quella degli antichi Winckelmann ne esalta la funzione educativa nella vita pubblica della Grecia classica e accetta anche l'allegoresi, ossia la lettura, che Lessing ripudia, di Omero e delle divinità come «Schatten und Hüllen edler Gesinnungen» [ombre e larve di intenzioni nobili, *N.d.A.*]. Di conseguenza, nel 1766, egli irride i Moderni e la loro smania di ricercare a tutti i costi, in testi sacri e profani, non più una recondita moralità nobile e grande, bensì il formalismo e una mistica di dubbio valore, quale quella che il suo curatore vorrebbe ricavare dal *Roman de la Rose*, «stampato in lettere gotiche».[33]

Gli studiosi della ricezione tardo – settecentesca dell'opera di Winckelmann hanno notato che la prospettiva teorica dell'autore *Saggio sull'allegoria* non ha soddisfatto il pubblico degli esperti per più di un motivo. Se si pensa all'opinione di Karl Philipp Moritz, ad esempio, che merita certo un'indagine a parte più diffusa, anche le *Kunsterzählungen* riferite all'*Apollo* del Belvedere e al *Laocoonte*, insieme con quella che riguarda il *Torso*, non hanno giovato né alla rappresentazione della forma estetica delle opere scultoree, né alla enfatizzazione poetica della loro natura, giacché – secondo il suo parere – la forma non dovrebbe essere mai "frammentata" in dettagliate analisi, ma dovrebbe offrire una «spiegazione più precisa sull'intero e sulla necessità funzionale delle singole parti».[34]

---

33   EMILIO BONFATTI, *Winckelmann e Lessing ovvero le vicissitudini dell'allegoria*, in *J.J. Winckelmann tra letteratura e archeologia*, cit., pp. 55-82, qui, p. 67-68.
34   Cfr. HANS JOACHIM SCHRIMPF, *Von der Allegorie zum Symbol. Karl Philipp Moritzens Winckelmann-Kritik*, in *Il cacciatore di silenzi. Studi dedicati a Ferruccio Masini*, a cura di Paolo Chiarini e Bernhard Arnold Kruse, Roma, Istituto di Stu-

Venticinque anni dopo la comparsa del *Saggio sull'allegoria*, Moritz evidenziava che ogni immagine che fosse da ritenersi bella, dovesse conservare "in sé", in nome della sua autonoma integrità, ogni significato che ne valorizzasse il portato. Questo era ciò che emergeva in *Götterlehre oder mythologische Dichtungen der Alten* (Mitologia o racconti mitologici degli Antichi, 1791), scritto con un chiaro intento di contrapporsi al *Versuch einer Allegorie* di Winckelmann. Nel 1789 Moritz aveva, però, già dedicato un saggio al tema specifico, *Über Allegorie*, in cui quel *bloß* («semplicemente») nel suo discorso, posto davanti ad «allegorische Figuren» («figure allegoriche»), ma anche al «Symbol», che era paragonato alle «Buchstaben, womit wir schreiben» («lettere dell'alfabeto con cui scriviamo»), dichiarava la sua assoluta insoddisfazione rispetto a delle analisi nelle quali ciò che veniva descritto e la descrizione stessa non finissero con il coincidere tra loro, così come il *Bild* riferito alle arti plastiche con l'espressione figurativo-visiva dell'immagine stessa.[35]

---

di Germanici, vol. I, 1998, pp. 365-390, qui p. 376. Queste considerazioni sono riprese in BARBARA BORG, *Allegorie der Kunst – Kunst der Allegorie. Winckelmanns "Kunstbeschreibungen" als archäologisches Kommentar*, in *Commentaries – Kommentare*, hrsg. von Glenn W. Most, Göttingen, Vandenhoeck & Ruprecht, 1999 (= "Aphoremata", IV), pp. 282-295, qui p. 284.

35  SCHRIMPF, *Von der Allegorie zum Symbol*, cit., pp. 382-383.

GLORIA COLOMBO

# LE TRADUZIONI ITALIANE DEL ROMANZO *DAS SCHLOß* DI FRANZ KAFKA

> Se [...] hai iniziato un cammino, proseguilo, qualsiasi cosa accada, puoi solo vincere, non corri pericoli, forse alla fine precipiterai, ma se ti fossi voltato già dopo i primi passi e avessi sceso le scale, saresti precipitato all'inizio – e non forse, ma con assoluta certezza. Se dunque non trovi nulla nei corridoi, apri le porte; se non trovi nulla dietro quelle porte, ci sono nuovi piani; se di sopra non trovi nulla, non importa, slanciati per altre scale. Finché non cessi di salire, non cessano i gradini; crescono verso l'alto sotto i tuoi piedi che salgono.
>
> Franz Kafka, *Patrocinatori*

Il romanzo *Das Schloß* (*Il Castello*, 1922) di Franz Kafka è ambientato in uno spazio astratto dietro il quale si cela la Praga della *westjüdische Zeit*,[1] definita da Claudio Magris «il luogo dell'artificio, dell'irrealtà, dell'inappartenenza».[2] Kafka, «il più occidentale degli ebrei occidentali»,[3] era consapevole di appartenere alla comunità ebraica praghese che nel corso dell'Ottocento aveva pagato l'assimilazione a caro prezzo, con la perdita della propria lingua madre e della proprio identità. Era stata proprio questa consapevolezza a spingerlo allo studio della lingua e delle scritture sacre ebraiche. Il testo del *Castello* reca numerose tracce di tali studi e testimonia come queste tracce si siano venute a fondere con non meno numerosi tratti tipici del tedesco praghese dell'epoca. A questo tema ho dedica-

---

1    In una lettera scritta a Max Brod nel gennaio 1918 Kafka usò l'espressione «westjüdische Zeit» per riferirsi alla situazione degli ebrei di lingua tedesca, soprattutto quelli residenti a Praga, nei primi due decenni del Novecento (cfr. FRANZ KAFKA, *Briefe 1902-1924*, a cura di Max Brod, Frankfurt am Main, Fischer Verlag, 1958, p. 294).
2    CLAUDIO MAGRIS, *Narrativa*, in *Enciclopedia del Novecento*, Roma, Treccani, 7 voll., 1979, vol. IV, p. 462.
3    Vedi FRANZ KAFKA, *Briefe an Milena. Erweiterte Neuausgabe*, a cura di Jürgen Born e Michael Müller, Frankfurt am Main, Fischer Verlag, 1983, p. 294.

to di recente un articolo ricco di rimandi testuali.[4] Il presente saggio intende riallacciarsi al suddetto articolo e indagare in che misura le traduzioni italiane del romanzo siano riuscite a riprodurre il multiculturalismo e il multilinguismo che stanno a fondamento dell'opera.

## 1. Edizioni di riferimento

Dal 1948 a oggi hanno visto la luce dieci traduzioni italiane del *Castello*.[5] L'opera, iniziata a fine gennaio 1922, fu interrotta al più tardi nei primi di settembre dello stesso anno, e pubblicata postuma da Max Brod, in cinque edizioni differenti.[6] Nella prima edizione (München, Kurt Wolff Verlag, 1926) Brod ridusse il testo di un quinto rispetto a quanto previsto da Kafka, omettendo alcune pagine del manoscritto, nonché la parte finale. Nella seconda edizione (Berlin, Schocken Verlag, 1935), curata insieme a Heinz Politzer, Brod inserì alcune varianti al testo e alcune pagine non soppresse dall'autore. Nelle successive tre edizioni (New York, Schocken Verlag, 1946; Frankfurt am Main, Fischer Verlag, 1951 e 1960) aggiunse via via altri passi soppressi da Kafka e il finale. Nel desiderio di rendere il romanzo più facilmente accessibile al pubblico, Brod stabilì inoltre una suddivisione arbitraria dei capitoli (eliminando i titoli previsti dall'autore), inserì alcune frasi esplicative, apportò numerose modifiche alla punteggiatura e corresse tutti i praghismi e gli austriacismi dei quali si avvide.[7] Simili accorgimenti divennero menifesti solo nel 1982, quando Mal-

---

4   GLORIA COLOMBO, *«Wie wenn sich eine einzige hohe aber starke Stimme bilde»: lingua e stile nel romanzo "Das Schloß" di Franz Kafka*, in "L'Analisi Linguistica e Letteraria", II (2017), pp. 103-120.

5   Anita Rho, Milano, Mondadori, 1948 (Medusa) / Milano, Mondadori, 1969 (I Meridiani) [AR]; Giuseppe Porzi, Roma, Newton Compton, 1990 [GP]; Clara Morena, Milano, Garzanti, 1991 [CM]; Umberto Gandini, Milano, Feltrinelli, 1994 (I classici) [UG]; Gunhild Meyer vom Bruck Boni, Torriana, Orsa Maggiore, 1995 (Stelle) / Rimini, Guaraldi, 1995 (Ennesima. Grandi classici. Giovani traduzioni) [GMvBB]; Paola Capriolo, Torino, Einaudi, 2002 (Einaudi Tascabili. Classici Moderni, 984) [PC]; Elena Franchetti, Milano, BUR, 2005 (Classici moderni) [EF]; Gloria Colombo, Siena, Barbera, 2008 (Nuovi classici) [GC]; Amelia De Rosa, Milano, Dalai, 2011 (Classici tascabili) [ADR]; Barbara Di Noi, Milano, Mimesis, 2014 (Letteratura, 5) [BDN].

6   Per la composizione dell'opera e l'approdo del manoscritto alla Biblioteca Bodleiana di Oxford vedi MALCOLM PASLEY, *Entstehung*, in FRANZ KAFKA, *Das Schloß. Apparatband*, a cura di Malcolm Pasley, Frankfurt am Main, S. Fischer, ³1983, pp. 59-89.

7   Su un foglio a parte, inserito nel primo quaderno, Kafka annotò un elenco di quindici capitoli, ciascuno provvisto di un titolo (*ivi*, pp. 77-78, 88). Confrontando la

colm Pasley pubblicò la prima edizione critica tedesca del romanzo, dotata di un minuzioso apparato di note esplicative. Le traduzioni italiane si differenziano in primo luogo per la scelta dell'edizione di riferimento. Giuseppe Porzi, Umberto Gandini e Gunhild Meyer vom Bruck Boni, pur avendo lavorato sul testo negli anni Novanta, hanno deciso di rifarsi all'ultima edizione curata da Brod. Gandini ha motivato questa decisione dicendo che con il tempo l'edizione brodiana è divenuta "canonica"[8]. Per contro, nel lontano 1948 Anita Rho, coadiuvata dall'aiuto di Ervino Pocar, aveva scelto di tradurre il romanzo «confrontando l'edizione tedesca [di Brod] riga per riga, parola per parola, con l'autografo di Kafka che si conserva nella *Bodleian Library* di Oxford».[9] Pur non rilevando differenze sostanziali tra l'edizione tedesca e l'originale,[10] Rho e Pocar ebbero il merito di ampliare la serie dei passi soppressi dall'autore riportati da Brod, dando vita a una sorta di edizione critica che anticipò in misura importante gli esiti dell'edizione critica tedesca curata da Pasley.[11]

suddivisione dei capitoli curata da Brod con la suddivisione dei capitoli curata da Pasley si nota quanto segue: la fine del capitolo I e l'inizio del capitolo II non coincidono; il capitolo XII curato da Brod inizia in un punto inserito da Pasley nel capitolo XI; il capitolo XIII curato da Brod corrisponde al capitolo XII curato da Pasley; i capitoli XIII e XIV curati da Pasley corrispondono a una parte del capitolo XIII curato da Brod; il capitolo XV curato da Pasley corrisponde al capitolo XIV curato da Brod; i capitoli XVI-XX curati da Pasley corrispondono al capitolo XV curato da Brod; il capitolo XVI curato da Brod inizia in un punto inserito da Pasley nel capitolo XX; il capitolo XXI curato da Pasley inizia in un punto inserito da Brod nel capitolo XVI; il capitolo XVII curato da Brod inizia in un punto inserito da Pasley nel capitolo XXI; il capitolo XXII curato da Pasley corrisponde al capitolo XVIII curato da Brod; il capitolo XXIII curato da Pasley inizia in un punto inserito da Brod nel capitolo XVIII; il capitolo XXIV curato da Pasley corrisponde al capitolo XIX curato da Brod; il capitolo XXV curato da Pasley corrisponde al capitolo XX curato da Brod, fatta eccezione per le ultime righe del romanzo, riportate da Brod in appendice a partire dalla terza edizione dell'opera.

8   UMBERTO GANDINI, *Nota di traduzione*, in FRANZ KAFKA, *Il Castello*, Milano, Feltrinelli, ⁶2017, pp. 25-28, p. 26.
9   ERVINO POCAR, *Premessa*, in FRANZ KAFKA, *Il castello*, Milano, Mondadori, 1969, pp. VII-XXII, qui p. XX.
10  *Ivi*, pp. XX-XXI.
11  Va puntualizzato che anche Umberto Gandini – a differenza di quanto fatto da Giuseppe Porzi e Gunhild Meyer vom Bruck Boni – ha inserito nella propria traduzione «i principali brani, frammenti e ripensamenti che, nel manoscritto, risultano poi tagliati da Kafka» (GANDINI, *Nota di traduzione*, cit., p. 28). Inoltre, contrariamente a quanto fatto da Brod, in alcuni casi Gandini ha inserito «due o tre diversi attacchi di periodi eliminati in successione» (*ibidem*), ha collocato al legittimo posto il finale dell'opera e tre dei quattro frammenti pubblicati da Brod in appendice, e ha attri-

A quest'ultima hanno fatto riferimento Clara Morena, Paola Capriolo, Elena Franchetti, Gloria Colombo, Amelia De Rosa e Barbara Di Noi. Le traduzioni di Morena, Franchetti e Di Noi terminano con un'appendice contenente i passi soppressi dall'autore. Di Noi ha inoltre riportato buona parte delle note curate da Pasley, nonché numerose osservazioni personali.

## 2. La resa del tedesco praghese

Per quanto riguarda lo stile del romanzo, vediamo innanzitutto l'atteggiamento assunto dai traduttori italiani nei confronti dei tratti caratteristici del tedesco praghese. All'inizio del Novecento quest'ultimo si orientava principalmente verso il tedesco di Vienna e il tedesco del Sud (la varietà linguistica che all'epoca andava affermandosi nell'Impero asburgico), ma presentava anche alcuni sedimenti yiddish e i riflessi di alcune strutture morfosintattiche ceche.[12] Il testo del *Castello*, non essendo mai stato rivisto dall'autore per la pubblicazione, offre una testimonianza fedele di tali regionalismi.[13]

I traduttori italiani avrebbero potuto riprodurre le particolarità tipiche del tedesco praghese adottando soluzioni estreme. Avrebbero potuto scegliere, ad esempio, alcune forme dialettali che permettessero loro di attribuire a determinate parole – come avviene nel testo originale – un genere diverso rispetto a quello previsto dalla lingua standard, oppure di creare forme plurali insolite, o ancora di usare in modo erroneo alcune preposizioni al posto di altre. Ma il loro lavoro non reca alcuna traccia di simili anomalie linguistiche. Per quanto paradossale possa sembrare, questa scelta nasce dal desiderio di rispettare la concezione della lingua che sta alla base dell'opera kafkiana. Lo scrittore vedeva nel tedesco lo strumento di un'espressione letteraria assoluta, che anelava a liberarsi di tutti i regionalismi

---

buito ai capitoli i titoli riportati da Pasley. Sorprende quindi doppiamente la sua decisione di non assumere come modello l'edizione critica del 1982.

12   BORIS BLAHAK, «*Ich habe ja ganz an meinen Koffer vergessen*». *Divergenzen zwischen "reichsdeutscher", österreichischer und Prager Normauffassung um 1910 am Beispiel von Franz Kafkas Sprachmanagement im Schriftdeutschen*, in "Brünner Hefte zu Deutsch als Fremdsprache", IV/I (2011), pp. 14-42; ID., *Das "Reichsdeutsche" als prestigeträchtiges Zielnorm in Prager deutschen Schriftstellerkreisen im frühen 20. Jahrhundert. Das Beispiel Franz Kafka*, in *Germanistica Pragensia* XXIII. *Festschrift für Eva Berglová*, Acta Universitatis Carolinae, a cura di Martin Šmelík, Praha, Nakladatelství Karolinum, 2014 (= "*Philologica*", 2/2014), pp. 23-58.

13   PASLEY, *Entstehung*, cit., p. 77.

e ad assurgere all'eleganza che contraddistingue le opere dell'età classica, come quelle di Goethe o di Schiller.[14] I regionalismi furono inseriti nel romanzo in modo inconscio, tant'è vero che Kafka corresse tutti quelli dei quali si accorse durante la stesura del testo.

Senza dubbio, eliminando ogni tipo di residuo regionale i traduttori italiani hanno ridotto al silenzio gran parte del connubio di varietà linguistiche e culturali che caratterizzano il tedesco di Kafka. In compenso però essi hanno scongiurato il pericolo di dar vita, nella lingua di arrivo, a una realtà artificiosamente ibrida o a espressioni forzate, e hanno potuto fornire al pubblico una lettura scorrevole e di più semplice fruizione. Inoltre alla suddetta mancanza fa da contraltare un merito: i traduttori italiani sono riusciti a riprodurre gran parte dell'influsso esercitato sulla stesura del romanzo kafkiano dallo studio dell'ebraico biblico.

## 3. L'eco dell'ebraico biblico nel Castello e la sua resa in italiano

### 3.1. Retorica e deissi

La struttura del *Castello* è profondamente permeata dagli studi ebraici di Kafka, come dimostrano l'uso copioso della deissi, della paratassi e della ripetizione, nonché una significativa analogia con la retorica biblica. Per spiegare quest'ultimo concetto mi permetto di riprendere e approfondire un passo dell'articolo citato all'inizio di questo contributo.[15] Kafka imparò l'ebraico leggendo, analizzando e traducendo principalmente i testi sacri. A differenza della retorica classica, che tende a privilegiare i ragionamenti astratti, la retorica biblica si basa sulla concretezza dell'esistenza. Laddove la prima è solita dimostrare, la seconda preferisce mostrare, indicare: se la retorica greco-romana tende a condurre i suoi ascoltatori lungo una via dritta, servendosi di una serie di ragionamenti logici basati su prove razionali, la retorica biblica si limita a indicare la strada che gli ascoltatori potrebbero imboccare – da qui l'ampio uso della deissi spaziale e temporale

---

14 HARTMUT BINDER, *Kafka. Der Schaffensprozeß*, Frankfurt am Main, Suhrkamp Verlag, 1983, pp. 381-383; EVELYN ZIEGLER, *Deutsch im 19. Jahrhundert: Normierungsprinzipien und Spracheinstellungen*, in *Beiträge zur historischen Stadtsprachenforschung*, a cura di Helga Bister-Broosen, Wien, Praesens, 1999 (=Schriften zur diachronen Sprachwissenschaft, 8), pp. 70-100, qui p. 92.

15 COLOMBO, «*Wie wenn sich eine einzige hohe aber starke Stimme bilde*», cit., pp. 114-115.

nella *Bibbia*.[16] Kafka, «maturato in una cultura della crisi della parola»,[17] era convinto che il linguaggio del mondo sensibile fosse inadeguato, per sua stessa natura, a spiegare la realtà del mondo sovrasensibile. Solo un linguaggio allusivo – teso a mostrare in modo indiretto piuttosto che a dimostrare in modo esplicito – avrebbe potuto lasciare intuire il pallido riflesso della verità raggiungibile dall'essere umano. Ciò spiega perché mai i paesaggi del *Castello* non siano mai dettagliatamente descritti, ma piuttosto evocati. Si pensi ad esempio alle righe con cui si apre il romanzo:

> Das Dorf lag im tiefen Schnee. Vom Schloßberg war nichts zu sehn, Nebel und Finsternis umgaben ihn, auch nicht der schwächste Lichtschein deutete das große Schloß an. Lange stand K. auf der Holzbrücke die von der Landstraße zum Dorf führt und blickte in die scheinbare Leere empor.[18]

Kafka scrive di un villaggio immerso nella neve, di un monte[19] – quello del Castello – avvolto da nebbia e oscurità, e dipinge lo sguardo di K. rivolto in alto, nel vuoto apparente. L'incipit, quanto mai essenziale, crea un mondo dal nulla, evoca una sorta di "nessundove" onirico che azzera qualsiasi tipo di storia precedente e prefigura un futuro privo di prospettive: una storia senza via d'entrata non può che essere una storia senza via d'uscita.[20] Non tutti i traduttori italiani hanno scelto di riprodurre la vaghezza temporale e spaziale di quest'immagine. Nella traduzione di Anita Rho si legge di un paese "affondato"[21] nella neve, ma il verbo "affondare" richiama alla mente del lettore un movimento che nel passo kafkiano non esiste. Il testo di Anita Rho prosegue recitando: «K. si fermò a lungo sul ponte di legno che conduceva dalla strada maestra al villaggio, e guardò su nel vuoto apparente».[22] La scelta di sostituire il verbo di stato *stehen* con il verbo di

---

16 Vedi ROLAND MEYNET, *Treatise on Biblical Rhetoric*, Leiden/Boston, Brill, 2012, p. 20. La suddetta retorica riguarda non solo l'*Antico Testamento*, ma anche il *Nuovo*, poiché gli scrittori di quest'ultimo hanno assunto gli stilemi della scrittura ebraica.
17 GIULIANO BAIONI, *Kafka. Letteratura ed ebraismo*, Torino, Einaudi, 1984, p. 283.
18 FRANZ KAFKA, *Das Schloß* (*Schriften Tagebücher Briefe*), a cura di Malcolm Pasley, Frankfurt am Main, S. Fischer, ³1983 [KS], p. 7.
19 Molti traduttori hanno tradotto *Berg* con «colle» o «collina», sminuendo il carattere quasi solenne della scena iniziale (AR, p. 563; GP, p. 23; CM, p. 4; UG, p. 33; GMvBB, p. 19).
20 MAGDA INDIVERI, *Introduzione*, in FRANZ KAFKA, *Il Castello*, Siena, Barbera Editore, 2008, pp. 5-XXXII, qui pp. VII-VIII.
21 AR, p. 563.
22 *Ibidem*.

moto "fermarsi", e di tradurre il *Präteritum* del verbo *blicken* con il passato remoto "guardò" implica la visualizzazione di un'azione che, anziché prolungarsi in modo indefinito, inizia e termina in un arco temporale limitato. Un'immagine altrettanto dinamica – e quindi fugace, di breve durata – è offerta da Clara Morena, Gunhild Meyer vom Bruck Boni e Amelia De Rosa.[23] Per contro, Umberto Gandini, Elena Franchetti e Gloria Colombo hanno cercato di riprodurre il senso di visionaria staticità che emerge dalla frase allentata del testo originale: «K. rimase a lungo sul ponte di legno che dalla strada maestra conduce al villaggio, guardava in alto, nel vuoto apparente», si legge ad esempio nella traduzione di Elena Franchetti.[24]

Alla sensazione di sospensione delle primissime righe del romanzo segue un'improvvisa determinazione del protagonista ad agire, introdotta da un deittico spaziale: «Dann ging er ein Nachtlager suchen»[25] (poi si mise a cercare un alloggio per la notte). *Dann* viene ripetuto a conclusione dello stesso periodo per smascherare l'illusorietà della risolutezza del protagonista: «dann schlief er ein»[26] (poi si addormentò), scrive Kafka. Nel periodo immediatamente successivo, ai deittici temporali vanno a sommarsi quelli spaziali.[27] Da questo punto in poi la deissi costella l'intero romanzo, evocando un tratto specifico dello stile biblico. In genera-

---

23 «Il paese era sprofondato nella neve [...]. K. sostò a lungo sul ponte di legno che dalla strada maestra conduceva al paese e guardò su nel vuoto apparente» (CM, p. 3); «Il villaggio era sprofondato nella neve [...]. K. stette a lungo sul ponte di legno che porta dallo stradone al villaggio, e alzò lo sguardo verso il vuoto apparente» (GMvBB, p. 19); «Il villaggio era sprofondato nella neve [...]. K. rimase fermo a lungo sul ponte di legno che dalla strada maestra conduceva al villaggio, e rivolse lo sguardo in alto, nel vuoto apparente» (ADR, p. 27).
24 EF, p. 65; «Il villaggio era sommerso dalla neve [...]. K. rimase a lungo sul ponte di legno che conduce dallo stradone al villaggio, a guardare il vuoto apparente» (UG, p. 33); «Il villaggio era immerso nella neve [...] K. rimase a lungo sul ponte di legno che dalla strada maestra conduce al villaggio, guardando in alto, nel vuoto apparente» (GC, p. 3). L'immagine descritta da Paola Capriolo, Giuseppe Porzi e Barbara Di Noi è solo parzialmente statica: «Il villaggio era sprofondato nella neve [...]. A lungo K. sostò sul ponte di legno che dalla strada maestra conduce al villaggio, e guardava in alto, nel vuoto apparente» (PC, p. 3); «Il villaggio era immerso in una spessa coltre di neve [...]. K. rimase a lungo sul ponte di legno che dalla strada maestra conduceva al villaggio, guardò su, nel vuoto apparente» (GP, p. 23); «Il villaggio giaceva nella neve alta [...]. A lungo K. stette sul ponte di legno che dalla via maestra conduce al villaggio, e guardò in alto, nel vuoto apparente» (BDN, p. 31).
25 KS, p. 7.
26 *Ibidem*.
27 «Die Bauern waren auch noch da» (*ivi*, pp. 7-8); «Dieses Dorf ist Besitz des Schlosses, wer hier wohnt oder übernachtet [...]» (*ivi*, p. 8).

le, i traduttori italiani hanno rispettato in modo piuttosto fedele il ricorrente uso dei deittici. Più complesso è il discorso riguardante l'abbondante uso della paratassi e della ripetizione.

### 3.2. Paratassi e punteggiatura

Nel romanzo tutto è costipato, le frasi si susseguono l'un l'altra dando vita a una serie lunghissima di strutture paratattiche, spesso separate le une dalle altre mediante una semplice virgola o la congiunzione *und*. Pochi sono i punti, e quindi le pause, i respiri, i silenzi. Persino il punto e virgola è usato molto raramente, nonostante in alcuni casi la lunghezza dei periodi rischi di creare una sensazione di confusione nella mente del lettore. I segni d'interpunzione più "ridondanti" – come la virgola dopo le virgolette nel discorso diretto – sono sempre omessi.

Gli atteggiamenti assunti dai traduttori nei confronti di un'interpunzione così singolare sono essenzialmente di due tipi: alcuni – Anita Rho, Giuseppe Porzi, Clara Morena, Umberto Gandini, Gunhild Meyer vom Bruck Boni e Amelia De Rosa – sono intervenuti sul testo trasformando molte virgole in punti.[28] Il motivo di un siffatto accorgimento è spiegato con chiarezza da Gandini:

> … Come è stato autorevolmente dimostrato, Kafka usava leggere ad amici parti del *Castello* e di altri scritti, attentissimo nel rilevarne – per così dire – la "parlabilità". Inoltre va considerato che la stessa stesura dell'originale – non più rivista dall'autore in previsione di una pubblicazione – è per questo aspetto approssimativa e casuale. Virgole e punti paiono spesso solo scansioni provvisorie, buttati lì nella fretta di non perdere, nella lentezza dello scrivere, il filo del pensiero […]. Quin-

---

28  Si veda, per tutte le traduzioni, la resa del seguente passo, alla cui interpunzione già Brod aveva apportato due modifiche: «Eigentlich hatte man nichts anderes getan, als die Mägde weggeschafft, das Zimmer war sonst wohl unverändert, keine Wäsche in dem einzigen Bett, nur paar Pölster und eine Pferdedecke in dem Zustand, wie alles nach der letzten Nacht zurückgeblieben war, an der Wand paar Heiligenbilder und Photographien von Soldaten, nicht einmal gelüftet war worden, offenbar hoffte man, der neue Gast werde nicht lange bleiben und tat nichts dazu, ihn zu halten» (KS, p. 41); «Eigentlich hatte man nichts anderes getan, als die Mägde weggeschafft, das Zimmer war sonst wohl unverändert, keine Wäsche zu dem einzigen Bett, nur ein paar Pölster und eine Pferdedecke in dem Zustand, wie alles nach der letzten Nacht zurückgeblieben war. An der Wand paar Heiligenbilder und Photographien von Soldaten. Nicht einmal gelüftet war worden, offenbar hoffte man, der neue Gast werde nicht lange bleiben, und tat nichts dazu, ihn zu halten» (MB, p. 27). Vedi AR, p. 587-588; GP, p. 42; CM, p. 25; UG, p. 55; GMvBB, pp. 42-43; ADR, pp. 51-52.

di l'articolazione della punteggiatura in questa versione italiana si discosta un poco dalle edizioni tedesche, però mai in modo sostanziale, tale cioè da modificare il senso del discorso, il ritmo dell'esposizione o la successione degli argomenti (come a volte fece Brod): le modifiche sono state suggerite unicamente dal desiderio di rendere quella che è una caratteristica essenziale del manoscritto, e cioè di sembrare come destinato a una "recitazione", a una lettura fatta dal narratore ad alta voce.[29]

Nonostante le più nobili intenzioni, in realtà simili accorgimenti hanno portato a un cambiamento del ritmo del testo. Sostituire una virgola con un punto significa infatti creare una pausa laddove essa non era prevista e, quindi, rallentare il ritmo del discorso.[30] Lo stesso Pasley ha sottolineato come l'interpunzione scarsa e talvolta eccentrica di Kafka non sia affatto accidentale, bensì usata in modo pienamente consapevole per rendere il ritmo della lingua parlata.[31] Ciò che il protagonista del romanzo percepisce e pensa, viene espresso in modo diretto, con il minor numero possibile di cesure. Le numerose sostituzioni della virgola con la preposizione *und* e l'immediata trasformazione – in fase di stesura del romanzo – di alcuni punti in virgole, indicano il desiderio dell'autore di preservare una precisa dinamica del testo.[32]

Le modifiche apportate dai traduttori italiani alla punteggiatura dell'opera non possono quindi dirsi "non sostanziali", soprattutto tenendo presente il fatto che, in molte delle summenzionate versioni, esse vanno a sommarsi alle già numerose modifiche apportate all'interpunzione da Brod.[33] Molto più limitate in numero sono le modifiche della punteggiatura presenti nelle traduzioni basate sull'edizione critica del 1982, in particolare quelle realizzate da Paola Capriolo, Elena Franchetti, Gloria Colombo e Barbara Di Noi.[34] Nell'introduzione al proprio lavoro, Paola Capriolo ha ampiamente sottolineato questo aspetto:

… salvo che in rarissimi casi in cui la lingua italiana me lo imponeva, ho resistito alla tentazione di interrompere con più drastici segni d'interpunzione

---

29  GANDINI, *Nota di traduzione*, p. 27.
30  Per l'importanza del ritmo nel testo kafkiano vedi PAOLA CAPRIOLO, *Traducendo "Il castello"*, in FRANZ KAFKA, *Il castello*, Torino, Einaudi, 2002, pp. V-XI, qui p. V.
31  MALCOLM PASLEY, *Nachbemerkung*, in FRANZ KAFKA, *Das Schloß*, a cura di Malcolm Pasley, Frankfurt am Main, Fischer Taschenbuch Verlag, 2008, pp. 385-390, qui p. 389.
32  PASLEY, *Entstehung*, cit., p. 79.
33  Si veda a titolo d'esempio la nota 28.
34  Vedi PC, pp. 26-27; EF, p. 90; GC, p. 25; BDN, pp. 51-52.

l'interminabile fluire delle frasi che Kafka separa soltanto con la virgola, e ho rispettato sempre la sua abitudine di scrivere le battute dei dialoghi l'una di seguito all'altra, come se tra esse non vi fosse spazio neppure per un respiro.[35]

La Capriolo ha posto l'accento anche sull'importanza di rispettare la scansione del testo in capoversi.[36] Questa scelta è stata condivisa da molti altri traduttori italiani, ma non da tutti: fanno eccezione Giuseppe Porzi, Gunhild Meyer vom Bruck Boni, Amelia De Rosa e Umberto Gandini.[37] Quest'ultimo ha scelto di decuplicare gli "a capo", poiché certo che, qualora fosse arrivato a curare una versione del romanzo destinata alla stampa, Kafka stesso avrebbe introdotto «una più vivace articolazione».[38]

### 3.3. Ripetizioni

Veniamo ora alle ripetizioni. In generale, quelle di carattere lessicale sono state in buona misura rispettate dai traduttori italiani.[39] Molte ripetizioni di carattere morfosintattico sono state invece ignorate. In alcuni casi si tratta di frasi estremamente semplici. Anita Rho e Giuseppe Porzi, ad esempio, hanno tradotto in due modi diversi l'espressione «Hier ist kein Verkehr»,[40] ripetuta due volte a brevissima distanza nel primo capitolo.[41] In

---

35  CAPRIOLO, *Traducendo "Il castello"*, cit., p. VI.
36  Vedi *ibidem*.
37  Anche in questo caso mi limito a citare alcuni esempi: GP, pp. 23-25, 28-30, 32; UmvBB, pp. 19, 21, 24-27, 29-31, 36-37; ADR, pp. 27-30, 32-34, 36; UG, pp. 35, 40-41, 49-50.
38  GANDINI, *Nota di traduzione*, cit., p. 27. Gandini continua il discorso scrivendo: «L'intervento sui capoversi – in fase di traduzione, e specialmente nei momenti di dialogo (Kafka staccava una battuta dall'altra solo con dei trattini lineari) – ha dunque soltanto un effetto visivo, mai sostanziale: vuole solo facilitare, per così dire, la leggibilità» (*ibidem*).
39  Si veda ad esempio la traduzione di un brevissimo passo del romanzo nel quale la parola *Kanzleien* ricorre ben sei volte: «Ist es überhaupt Schloßdienst, was Barnabas tut, fragen wir dann; gewiß geht er in die Kanzleien, aber sind die Kanzleien das eigentliche Schloß? Und selbst wenn Kanzleien zum Schloß gehören, sind es die Kanzleien, welche Barnabas betreten darf? Er kommt in Kanzleien, aber es ist doch nur ein Teil aller, dann sind Barrièren und hinter ihnen sind noch andere Kanzleien» (KS, p. 275). Vedi AR p. 753; CM, p. 176; UG, p. 222; GMvBB, p. 202; PC, p. 191; EF, pp. 265-266; GC, p. 181; ADR, p. 213; BDN, p. 196. Fa eccezione la traduzione di Giuseppe Porzi, nella quale la parola "uffici" ricorre solo tre volte (GP, pp. 167-168).
40  KS, p. 27.
41  «non c'è traffico», «Qui non c'è passaggio di veicoli» (AR, p. 578); «da queste parti non c'è traffico», «qui non passa nessuno» (GP, p. 34).

altri casi si tratta di frasi caratterizzate da una costruzione parallela, molto più difficili da rendere in italiano, del tipo:

> Man muß [...] ihr ausführlich zeigen, [...] wie außerordentlich selten und wie einzig groß die Gelegenheit ist, man muß zeigen, wie die Partei zwar in diese Gelegenheit in aller Hilflosigkeit, wie sie deren kein anderes Wesen als eben nur eine Partei fähig sein kann, hineingetappt ist, wie sie aber jetzt, wenn sie will, Herr Landvermesser, alles beherrschen kann...[42]

In questo caso, solo Barbara Di Noi ha tentato di preservare il ritmo del testo tedesco creando una serie di frasi parallele che iniziano con la preposizione «come».[43] Più in generale, Barbara Di Noi si è rivelata molto attenta al rispetto dell'ordine delle parole nelle frasi, e alla struttura delle frasi nei periodi. Altrettanto può dirsi del lavoro svolto da Clara Morena, Paola Capriolo, Elena Franchetti e Gloria Colombo. Per contro, Umberto Gandini, Gunhild Meyer vom Bruck Boni e Amelia De Rosa hanno spesso invertito l'ordine dei componenti delle frasi.[44]

---

42  KS, p. 424.
43  «Bisogna [...] mostrarle diffusamente [...] come l'eventualità sia straordinariamente rara e grande quale può verificarsi una sola volta, bisogna mostrare come la parte si sia imbattuta in questa opportunità, completamente inerme, come di quest'opportunità nessun altro può essere così capace, come questa parte, appunto, come essa però ora, se vuole, signor agrimensore, può dominare tutto» (BDN, p. 287). Vedi AR, p. 854; GP, p. 246; CM, pp. 271-272; UG, p. 323; BB, pp. 298-299; PC, p. 297; EF, p. 377; GC, p. 279; ADR, p. 338.
44  Anche in questo caso mi limito a riportare solo pochi esempi. Per quanto riguarda la traduzione di Umberto Gandini si veda: «K. aveva accolto con molta irritazione il risveglio, l'interrogatorio, la debita minaccia di espulsione dalla contea» (UG, p. 35) per «Das Gewecktwerden, das Verhör, die pflichtgemäße Androhung der Verweisung aus der Grafschaft habe K. sehr ungnädig aufgenommen» (MB, p. 9); «Con un gesto, K. si sbarazzò di Schwarzer che gli si avvicinava timidamente» (UG, p. 36) per «Dem sich schüchtern nähernden Schwarzer winkte K. ab» (MB, p. 10); «"Se fossi qui per caso e non di mia scelta", gli passò per la mente, "questo sarebbe il momento di provare un certo sconforto"» (UG, p. 45) per «"Gelegenheit zu einer kleinen Verzweiflung", fiel ihm ein, "wenn ich nur zufällig, nicht absichtlich hier stünde"» (MB, p. 19). Per la traduzione di Gunhild Meyer vom Bruck Boni si veda: «A tarda sera K. arrivò» (GMvBB, p. 7) per «Es war spätabends als K. ankam» (MB, p. 7); «Anche prima della sua lezione sapevo da me che non era più l'ora per presentarmi al Castello» (GMvBB, p. 20) per «Daß es jetzt zu spät war, im Schloß mich zu melden, wußte ich schon aus eigenem, noch vor Ihrer Belehrung» (MB, p. 8); «il suo sguardo, che teneva vagamente fisso in alto, era incurante anche del bambino che aveva al seno» (GMvBB, p. 30) per «nicht einmal auf das Kind an ihrer Brust blickte sie hinab, sondern unbestimmt in die Höhe» (MB, p. 17). In alcuni punti il lavoro svolto da Amelia De

Se in ogni traduzione l'ordine delle parole è di fondamentale importanza per riprodurre il ritmo del testo di partenza, questo è particolarmente vero nel caso dell'opera di Kafka, dove la continua reiterazione, a breve distanza, di uno stesso lessema oppure di verbi, sostantivi e/o aggettivi dotati della stessa radice di parola, o ancora di frasi caratterizzate da una struttura parallela, riflette il cammino infinito e sempre uguale a se stesso nel quale si muove K. Il lettore prende lentamente coscienza del fatto che il Castello è irraggiungibile, perché appartenente a una dimensione altra, trascendente. È un'entità astratta, solo apparentemente rivestita di forma concreta.[45] Questo spiega perché mai la maggior parte dei traduttori abbia deciso di scrivere la parola «castello» con l'iniziale maiuscola[46].

L'espressione «der ewige Landvermesser»,[47] con cui il protagonista è apostrofato durante la seconda telefonata con il Castello, enfatizza ulteriormente l'idea di viaggio senza fine, poiché richiama alla mente del lettore tedesco l'espressione *der weige Jude*, l'ebreo errante. Tanto più che K. è descritto come una sorta di pellegrino: nel primo capitolo apprendiamo che è un uomo sulla trentina alquanto mal messo, provvisto unicamente di uno zaino minuscolo e di un bastone nodoso.[48] Gloria Colombo ha cercato di riprodurre in italiano la suddetta associazione forzando la traduzione con la dicitura «l'agrimensore errante»,[49] mentre gli altri traduttori hanno preferito una resa più letterale o, al contrario, una meno specifica della locuzione, ossia «l'eterno agrimensore»[50] o «il solito agrimensore».[51]

Il cammino sempre uguale a se stesso dell'agrimensore è ulteriormente enfatizzato mediante la decisione di affidare a tutti i personaggi del *Castel-*

---

    Rosa si è tanto allontanato dal testo di partenza da assumere più le sembianze di una parafrasi che di una vera e propria traduzione: si veda «grondante di sudore» (ADR, p. 38) per «Schweiß brach ihm aus» (KS, p. 21); «erano certo dei bravi ragazzi, buoni compagni di strada» (ADR, p. 42) per «gute aufmunternde Wegbegleiter waren sie offenbar» (KS, p. 26); «Sulla scaletta esterna della casa fu lieto di trovare l'oste» (ADR, p. 45) per «Oben auf der kleinen Vortreppe des Hauses stand, ihm sehr willkommen, der Wirt» (KS, p. 31); «era bello starsene lì, al buio» (ADR, p. 356) per «Dort im Finstern war ihm wohl» (KS, p. 447).
45  Gloria Colombo, *Vom Imaginären zum Narrativen. Zu zentraleuropäischen und asiatischen Quellen einiger Architekturen in Kafkas Werken*, in "Literaturwissenschaftliches Jahrbuch" 58 (2017), pp. 289-312, qui pp. 294-300.
46  Fanno eccezione Clara Morena, Paola Capriolo, Amelia De Rosa e Barbara Di Noi.
47  KS, p. 37.
48  Vedi *ivi*, p. 11.
49  GC, p. 22.
50  AR, p. 585; GP, p. 40; CM, p. 22; PC, p. 24; EF, p. 87; ADR, p. 49; BDN, p. 49.
51  UG, p. 52; GMvBB, p. 40.

*lo* la stessa voce. Lungi dall'essere contraddistinti dall'uso di diversi registri linguistici, i personaggi del romanzo si servono tutti di un tedesco artificiale, astratto, che fonde influssi cechi e yiddish, tratti tipici del tedesco austriaco e del tedesco del Sud, e al tempo stesso cerca di superarli in nome dell'eleganza del Classicismo weimariano e della retorica biblica. Il risultato è «un effetto sconcertante, che a tratti sconfina nel grottesco».[52] I traduttori italiani paiono non aver riscontrato alcuna difficoltà nel riprodurre l'uniformità linguistica dei personaggi. Tuttavia essi non sono riusciti a rendere fino in fondo il senso di grottesco che ne deriva. Del resto non avrebbero potuto fare altrimenti, visto che nella nostra cultura manca un importante parallelismo che nella mente del lettore tedesco viene a crearsi quasi istintivamente: quello tra il romanzo e la *Bibbia* luterana.

## 4. Una sfida per il traduttore italiano: il parallelo con la Bibbia luterana

Anche la lettura della *Bibbia* luterana potrebbe aver influenzato l'accento posto da Kafka sull'uso delle ripetizioni. Tuttavia il numero di ripetizioni presenti nella *Bibbia* scritta in tedesco non è nemmeno paragonabile al numero di ripetizioni presenti nella *Bibbia* scritta in ebraico[53]. Inoltre il primo contatto dello scrittore con la *Bibbia* tradotta in tedesco – da lui sempre letta nella versione luterana[54] – risale solo al 1912, mentre della *Bibbia* ebraica Kafka si occupò fin dai tempi della scuola, leggendone e traducendone alcune parti in tedesco.

Ciò nonostante, tra il romanzo kafkiano e la *Bibbia* luterana esiste un nesso profondo, del quale Kafka era perfettamente consapevole. Il lettore tedesco è infatti spontaneamente portato a ricondurre lo stile paratattico e il carattere ripetitivo e visivo del tedesco di Kafka non tanto all'ebraico biblico, quanto alla lingua usata da Lutero. Nel tradurre la *Bibbia*, Lutero

---

52 CAPRIOLO, *Traducendo "Il castello"*, cit., p. VII.
53 Nella lingua ebraica la maggior parte delle parole è costituita da radici comuni, solitamente formate da tre consonanti (rare e per lo più moderne sono le parole che hanno radici di quattro consonanti). Questa caratteristica rende possibile, nella *Bibbia* ebraica, un'ulteriore accentuazione delle già numerose ripetizioni lessicali e morfosintattiche: i versetti vengono associati tra loro non solo mediante la presenza della stessa frase o parola, ma anche mediante la presenza della stessa radice di parola.
54 BERTRAM ROHDE, «*und blätterte ein wenig in der Bibel*». *Studien zu Franz Kafkas Bibellektüre und ihren Auswirkungen auf sein Werk*, Würzburg, Königshausen und Neumann, 2002 (= Epistemata. Würzburger wissenschaftliche Schriften. Reihe Literaturwissenschaft, 390), sopr. pp. 20-29.

modellò la lingua tedesca pensando agli affreschi dei fiamminghi, usando cioè le parole per descrivere ciò che vedeva. Questo gli permise di riprodurre in modo fedele il linguaggio ricco di locuzioni temporali e spaziali del testo sacro, che indicano la scena rappresentata come farebbe il dito puntato di una mano.

Nel *Castello* persino le donne di facili costumi del villaggio si servono di un linguaggio che ricorda quello visivo di Lutero[55]. Ciò non può che creare, nella mente del lettore tedesco, un effetto comico: se uno scrittore del Novecento usa il linguaggio di un predicatore del Cinquecento è perché ha intenzione di far ridere. Tale comicità potrebbe essere resa, in italiano, in modo ardito – ad esempio riprendendo il linguaggio di alcune figure religiose del Quattro-Cinquecento, come Girolamo Savonarola o Giordano Bruno. Ma questo apparirebbe come un'astrazione arbitraria e straniante. Per il tedesco di Kafka l'astrazione è sì importante, ma in quanto tratto intimo e autentico, determinato da una realtà concreta precisa. Il tedesco di Kafka è una sorta di isola sospesa tra passato e presente, nonché tra due culture. L'italiano non conosce isole simili. Questo spiega perché mai nessun traduttore italiano sia riuscito a riprodurre il carattere grottesco del testo, frutto di una tragicità tanto eccessiva da cadere nel ridicolo.[56] Nemmeno alcune espressioni ormai datate usate da Anita Rho, o quelle volutamente arcaiche scelte da Elena Franchetti e Barbara Di Noi riescono nell'intento.[57] Piuttosto, esse amplificano l'atmosfera sinistra dell'opera, donandovi un carattere quasi solenne.

---

55 Si veda ad esempio il linguaggio usato da Frieda e da Olga: «was hält uns hier im Dorf?» (KS, p. 148); «Wenn du willst, bleibe ich allein hier» (*ivi*, p. 149); «willst du dann etwa verlangen, dass ich hier im warmen Zimmer schlafe [...]?» (*ivi*, p. 150); «Von Klamm ist hier ja eine Überfülle» (*ivi*, p. 216); «wir haben hier sehr kluge Advokaten» (*ivi*, p. 306); «Kundschaften kamen und suchten in Vaters Lagerraum ihre Stiefel hervor, die sie zur Reparatur hier liegen hatten» (*ivi*, p. 319).
56 SERGIO QUINZIO, *Introduzione*, in FRANZ KAFKA, *Il castello*, Milano, Feltrinelli, 1994, p. 7-24, qui p. 19.
57 Per quanto riguarda la traduzione di Anita Rho vedi: «stanze da appigionare» (AR, p. 563), «aspettazione di K.» (*ivi*, p. 570), «abitatore» (*ivi*, p. 571), «nella capanna a mano manca» (*ivi*, p. 577), «in capo a un momento» (*ivi*, p. 581). Per la traduzione di Elena Franchetti vedi: «chi debbo ringraziare» (EF, p. 79); «il crepuscolo era divenuto oscurità totale» (EF, p. 179). Per la traduzione di Barbara Di Noi vedi: «Di nuovo K. ristette immoto» (BDN, p. 38), «Sembrava che fosse giorno di lavacro generale» (BDN, p. 40), «dal magro volto rosso infreddato» (BDN, p. 44).

## 5. Conclusioni: una nuova traduzione all'orizzonte?

Il presente contributo non intende esprimere giudizi di valore sulle singole traduzioni, ma semplicemente mettere in luce il modo in cui ciascuna di esse ha riprodotto i tratti stilistici più significativi dell'opera. Da quanto fin qui delineato si nota tuttavia che, salvo qualche rara eccezione, le traduzioni italiane basate sull'edizione curata da Pasley si sono rivelate più vicine al manoscritto kafkiano rispetto a quelle basate sull'ultima edizione curata da Brod.[58] Il tempo ha mostrato l'opinabilità della scelta di prendere a modello quest'ultima perché ritenuta "canonica". Oggi infatti l'edizione brodiana è stata soppiantata da quella di Pasley, che fra qualche anno potrebbe essere a sua volta soppiantata da una nuova edizione. Nel febbraio 2018 ha visto infatti la luce una nuova edizione critica del *Castello*, curata da Roland Reuss e Peter Staengle.[59]

Le 1200 pagine dell'edizione in questione offrono una minuziosa trascrizione del manoscritto di Kafka, che potrebbe segnare una svolta nella ricezione dell'opera. In fin dei conti, Pasley non ha fatto altro che continuare – sebbene in modo molto più rispettoso – il lavoro iniziato da Brod. È intervenuto cioè sul manoscritto per renderlo più facilmente accessibile al grande pubblico, correggendo diversi regionalismi e relegando in un volume a parte tutte le varianti e i passi soppressi dall'autore. In questo modo egli ha alterato l'essenza dell'opera, che Kafka decise – per problemi di salute – di non portare a termine. Tentare di dare una forma (per quanto possibile) compiuta al romanzo significa nuocere alla sua intima essenza e, più in generale, alla concezione di letteratura che ne sta alla base: Kafka non scriveva per pubblicare, ma per un'esigenza interiore, per permettere al suo mondo recondito di dilatarsi e prendere forma, una forma surreale. Altrimenti non avrebbe mai chiesto a Brod di bruciare tutti gli scritti inediti dopo la sua morte. La nuova edizione critica renderà giustizia alla vera anima del romanzo. Non rimane che augurarsi che a questa seguirà presto una traduzione italiana. Si tratterebbe di un'edizione di nicchia, riservata per la sua complessità solo a lettori particolarmente attenti, ma proprio per questo tanto necessaria.

---

58 Si veda in particolare la traduzione di Amelia De Rosa, che, come già spiegato, in alcuni punti si discosta notevolmente dal testo di partenza (si veda la nota 44).
59 FRANZ KAFKA, *Das Schloss* (Historisch-Kritische Edition sämtlicher Handschriften, Drucke und Typoskripte), a cura di Roland Reuß e Peter Staengle, Frankfurt am Main, Stroemfeld Verlag, 2018.

Raul Calzoni

# I *POÈMES FRANÇAIS* DI RAINER MARIA RILKE FRA TRADUZIONE E «*LANGUE PRÊTÉE*»

A partire dal febbraio del 1922, subito dopo avere completato le raccolte poetiche delle *Duineser Elegien* e dei *Sonette an Orpheus*, Rainer Maria Rilke iniziò a scrivere liriche in francese in modo continuativo e in quantità rilevante rispetto alla parallela produzione in lingua tedesca.[1] Trasferitosi definitivamente qualche mese prima nelle vicinanze di Sierre, nel castello di Muzot nel cantone Vallese, Rilke era indotto a scrivere in questa lingua anche dal fatto contingente che, in quegli anni, stava lavorando con grande intensità alla traduzione di testi francesi,[2] soprattutto di Paul Valéry, verso il quale avvertiva una forte affinità poetica e di cui, già nel 1921, aveva tradotto in tedesco la lirica *Le cimitière marin*.[3] Proprio la lettura e la traduzione di Valéry rivelarono a Rilke le straordinarie

---

1   La prima poesia in lingua francese di Rilke è, tuttavia, antecedente a questa data ed è quella *Chanson Orpheline I* che, composta a Berlino il 21 novembre 1899 e annotata a Worpswede nello *Schmargendorfer Tagebuch*, conclude un periodo di ricca e felice produttività del poeta praghese, cfr. Rainer Maria Rilke, *Tagebücher aus der Frühzeit*, a cura di Ruth Sieber-Rilke e Carl Sieber, Frankfurt am Main, Insel, 1973, p. 163.

2   A proposito del significato della traduzione nell'opera di Rilke, si ricordi che «come le 461 poesie francesi, che Rilke, che fin da giovane padroneggiava il francese come il tedesco, ha tradotto nel corso del tempo, così anche le traduzioni dalle altre lingue letterarie europee, dall'italiano, inglese, danese, svedese e russo, costituiscono una parte integrante della sua opera poetica. La riscoperta del corpus delle traduzioni negli ultimi anni ha confermato d'altra parte che Rilke appose anche alle sue traduzioni il proprio inconfondibile sigillo poetico e stilistico», Achim Auernhammer, *Rilke e Petrarca*, in "Cultura tedesca", 52 (2017), p. 61.

3   Già nella scelta di tradurre *Le cimitière marin* di Valéry, Rilke abbraccia quei temi che si configurano come portanti dei suoi *Poèmes Français*. Si tratta di motivi, sviluppati anche nella *Duineser Elegien* e nei *Sonette an Orpheus*, che innervano l'universo poetico di Rilke e possono essere ricondotti alle tematiche della metamorfosi, della morte e dell'atto poetico che "pensa" la propria poeticità. Cfr., a tale proposito, Jean Rudolph von Salis, *Rainer Maria Rilkes Schweizer Jahre. Ein Beitrag zur Biographie von Rilkes Spätzeit*, Frauenfeld, Huber & Co., 1952, p. 125.

possibilità offerte dall'interazione di due linguaggi poetici che non cercassero l'equivalenza e la simbiosi dell'espressione, ma si intendessero al pari di due vie sonore che, seguendo leggi proprie, provassero a strutturare un medesimo *sujet*.[4]

Nella sua opera poetica in francese e nella sua parallela ultima lirica in tedesco, Rilke sperimenterà fino all'estremo la ricerca di una lingua astratta ed essenziale, che si avvicinasse all'essenza delle cose e del soggetto poetico. Un'indicazione di questa ricerca è già presente in una lettera a Nanny Wunderly-Volkart del 18 febbraio 1922, in cui Rilke lamenta i limiti espressivi del tedesco in confronto al francese, facendo riferimento ad alcune espressioni della lingua romanza che gli sembrano intraducibili e, perciò, rivelano un «deficit della lingua tedesca»:[5]

> '*Offrande*' und '*verger*' und das Wort '*absence*', in dem großen und positiven Sinn, in dem Valéry es gebrauch hat, – das wären so die schmerzlichsten Stellen, die mir manchmal während der Arbeit wünschenswerth gemacht hätten, die *avantagen* der einzelnen Sprachen alle in EINER zu fassen und dann zu schreiben: dann zu schreiben!![6]

Le prime poesie francesi vennero composte da Rilke in uno spirito che si allontanava, se paragonate ad altre liriche francesi scritte prima del 1921, dalla ricerca di un'equivalenza di espressione, ovvero, come si legge in una lettera del poeta a Jon Pillat spedita dal castello di Muzot il 10 novembre 1924, prendendo le distanze «de plus en plus de la possibilité des

---

4   Su Rilke traduttore di Valéry e sul rapporto fra le poetiche dei due autori, cfr. JOSEPH-FRANÇOIS ANGELLOZ, *Rilke traducteur de Valéry*, in "Cahiers de L'Association Internationale des Études Françaises", 8 (1956), pp. 107-112; MAURICE BETZ, "Valéry et Rilke", in *Paul Valéry vivant. Cahiers du Sud*, (1946), pp. 212-216 e MAJA GOTH, *Rilke und Valéry. Aspekte ihrer Poetik*, Bern, Francke, 1981; HANS DIETER ZIMMERMANN, *Rilke als Überstezer Valérys*, in *Rilke: ein europäischer Dichter aus Prag*, Würzburg, Königshausen und Neumann, a cura di Peter Demetz, Joachim W. Storck e Hans Dieter Zimmermann, 1998, pp. 179-190.

5   EUDO MASON, *Rilke, Europe, and the English-Speaking world*, Cambridge, Cambridge University Press, 1961, p. 51.

6   RAINER MARIA RILKE, *Briefe an Nanny Wunderly-Volkart*, a cura di Rätus Luck e Niklaus Biegler, Frankfurt am Main, Insel, 1977, vol. I, p. 676: «"*Offrande*" e "*verger*" e la parola "*absence*" nel grande e positivo senso in cui Valéry ne fa uso – ecco le note dolenti che talvolta mi fanno desiderare, durante il mio lavoro, di raccogliere i *vantaggi* di ogni singola lingua in UNA sola e quindi scrivere: quindi scrivere!!» (enfasi originali. Ove non diversamente specificato, le traduzioni sono di chi scrive, R.C.).

équivalents».⁷ Questa convinzione si coglie anche da una lettera dell'11 febbraio 1924 indirizzata a Paladine Klossowska, alla quale Rilke accluse una poesia in cui, nella versione tedesca intitolata *Das Füllhorn* e in quella francese *Corne d'abondance*, aveva sviluppato lo stesso tema, ma in modo completamente diverso, sottolineando che questa lirica era un esperimento per acquisire maggiore sicurezza espressiva nelle due lingue: «Heute schrieb ich, um eine Probe zu machen, daß ich, französisch schreibend, *nicht* Deutsch denke und dann irgendwie übertrage, gleich hinter einander dasselbe *sujet* in beiden Sprachen».⁸

Proprio alla Klossowska Rilke consegnò il manoscritto della raccolta *Vergers* che, concluso nel maggio 1925, raccoglieva la scelta di liriche francesi composte dal poeta fra la fine di gennaio 1924 e l'inizio di maggio 1925.⁹ *Vergers* rappresenta, per le sue origini, «zunächst ein schweizerisches Buch»,¹⁰ la cui pubblicazione avvenuta in un'edizione preparata dagli amici non era stata progettata seguendo la cronologia della genesi dei

---

7   Cit. in INGEBORG SCHNACK, *Rainer Maria Rilke – Chronik seines Lebens und seines Werkes*, Frankfurt am Main, Insel, 1990, vol. II, p. 952: «sempre più dalla possibilità delle equivalenze».
8   RAINER MARIA RILKE, *Correspondance avec Merline: 1920-1926*, a cura di Dieter Bassermann, Zürich, Niehans, 1954, pp. 499-500: «oggi scrivo sullo stesso *soggetto* in entrambe le lingue, per provare che, mentre scrivo in francese *non* penso in tedesco e in qualche modo non sto traducendo» (enfasi originali).
9   La raccolta dei *Poèmes Français* di Rilke ha dunque inizio nel febbraio 1924 quando, al ritorno dalla clinica Val-Mont, il poeta compone oltre ad una serie di poesie tedesche, circa trentaquattro liriche in francese, venti delle quali troveranno posto nel volume *Vergers*. Le altre vennero invece raccolte nel manoscritto *Tendres impôts à la France*, da cui lo stesso Rilke scelse *Ce soir mon coeur fait chanter...* e *Lampe du soir, ma calme confidente*, ponendole all'inizio di *Vergers*. Il 2 agosto 1924 Rilke tornò a Muzot dove, già alla fine di settembre, conclude *Les Quatrains Valaisans*, un ciclo di trentasei poesie, dedicato all'amica Jeanne de Spibus-de Preux, che venne pubblicato nel 1926 come seconda parte di *Vergers*. Lasciato Muzot e ospite a Losanna di Richard Weininger, Rilke compose fra il 7 e il 16 settembre del 1924 il ciclo di ventiquattro liriche *Les Roses*, pubblicato postumo nel 1927. Sempre all'estate del 1924 risalgono due delle dieci liriche del ciclo *Les fenêtres* – le restanti otto furono scritte nel 1926 nella clinica Val-mont –, pubblicato nel 1927 a Parigi e accompagnato da dieci acqueforti di B. Klossowska. Su queste due ultime raccolte di liriche rilkiane, cfr. C. DAVID, *Roses et Fenêtres*, in "Études Germaniques", 4 (1975), pp. 425-437.
10  RAINER MARIA RILKE, *Correspondance avec Merline: 1920-1926*, cit., p. 500: «innanzitutto un libro svizzero». Sul rapporto fra Rilke e la Svizzera, cfr. *Rainer Maria Rilke und die Schweiz*, a cura di Jacob Steiner, Zürich/Berlin, Akademie Verlag, 1992.

componimenti.[11] Tuttavia, il desiderio di esprimere la propria gratitudine per l'ospitalità ricevuta nel Vallese e il vincolo particolare che lo legava alla Francia e a Parigi spinsero Rilke a dare il proprio consenso alla pubblicazione delle poesie francesi,[12] la cui composizione in Svizzera avveniva sì a margine del lavoro principale del poeta, ma non certo senza avere un importante valore per lui, come si evince a questa lettera del poeta a Eduard Corrodi, spedita da Val-Mont il 20 marzo1926:

> *Nebenstunden*: in denen gleichwohl ein Hauptgefühl sich geltend machte. Das Gefühl für die reine und großgeartete Landschaft, aus der mir, in Jahren der Einsamkeit und Zusammenfassung, ein unaufhörlicher und unerschöpflicher Beistand zugewachsen war. Abgesehen von jenen früheren jugendlichen Versuchen, in denen die Einflüsse meiner Prager Heimat sich durchsetzen wollte, hatte ich mich nie mehr hingerissen gefühlt, *eine erlebte Umgebung* unmittelbar im Gedicht zu rühmen, sie zu „*singen*"; nun erhob sich, im dritten Jahre meines dort Angesiedeltsein, aus mir *eine Walliser Stimme*, so stark und unbedingt, daß ich unwillkürliche Wortgestalt in Erscheinung trat, bevor ich ihr das Mindeste gewährt hatte. Nicht um eine beabsichtige Arbeit handelt es sich hier, sondern um ein Staunen, ein Nachgeben, eine Überwältigung.[13]

---

11  Durante l'inverno 1925-1926 fu la Klossowska ad occuparsi della scelta delle liriche da includere nel volume *Vergers*, per la pubblicazione da parte della "Nouvelle Vague Française". Nel marzo del 1926, la Klossowska inviò a Rilke, nella clinica Val-Mont, le bozze di *Vergers* che il poeta corresse dichiarandosi entusiasta della raccolta da lei curata: «j'en étais, je vous assure, ravi et profondément touché. Vous avez su, avec ces éléments un peu divers er épars, composer un ensamble charmant et qui se tien à merveille», RILKE, *Correspondance avec Merline: 1920-1926*, cit., p. 561: «vi assicuro che ne ero felicissimo e profondamente commosso. Voi avete saputo comporre, con questi elementi sparsi e diversi, un insieme incantevole e che si regge a meraviglia».

12  Sul rapporto fra Rilke e l'intellighenzia francese dell'epoca, Cfr. MAURICE BETZ, *Rilke à Paris*, Paris, Obsidiane, 1990, saggio che non dimentica il ruolo fondamentale che lo scultore parigino Rodin, a cui lo stesso poeta dedicò nel 1907 un medaglione biografico (cfr. RAINER MARIA RILKE, *Auguste Rodin – una conferenza*, in ID., *Tutti gli scritti sull'arte e sulla letteratura*, a cura di Elena Polledri, Milano, Bompiani, 2008, pp. 739-741), ebbe nell'evoluzione della «poetica dello sguardo» rilkiana. Sul rapporto di Rilke con Rodin e i grandi artisti e scrittori francesi dell'epoca, cfr. DOROTHEA LAUTERBACH, *Frankreich*, in *Rilke-Handbuch: Leben – Werk – Wirkung. Sonderausgabe*, a cura di Manfred Engel, Stuttgart, Metzler, 2013, pp. 60-87.

13  RAINER MARIA RILKE, *Briefe in zwei Bänden*, a cura di Horst Nalewski, Frankfurt am Main, Insel, 1991, vol. II, pp. 430-431: «*Ore secondarie*: nelle quali, però, si è affermato un sentimento primario. Il sentimento per il puro e grandioso paesaggio dal quale, in anni di solitudine e raccoglimento, mi è giunto un continuo e inesauribile sostegno. Fatta eccezione per le mie prime, giovanili prove poetiche, in

Il 7 giugno 1926 Rilke ricevette *Vergers* appena stampato a Parigi che raccoglieva cinquantadue poesie, alcune delle quali raccolte in cicli (*Èros I-IV*, *Verger I-VII*, *Printemps I-VII*, *La fenêtre I-III*), un ritratto del poeta disegnato da B. Klossowska e *Les Quatrains Valaisans*. Non curante del lungo periodo di travaglio dell'opera e con ogni probabilità non accorgendosi del ruolo che la produzione in francese ebbe nello sviluppo della lirica rilkiana, la maggior parte della critica ha spesso relegato i *Poèmes Français* in un contesto minore rispetto alla complessità dell'intera opera del poeta praghese, definendole persino un «enigma dell'inversione mitopoietica».[14] Nelle pagine dedicate a Rilke nella *Storia della letteratura tedesca*, Ladislao Mittner definisce, ad esempio, le poesie francesi come «faticosi arzigogoli su temi vecchi ripresi per il piacere di svolgerli in una lingua diversa e nuova»;[15] un giudizio negativo che sembra trovare solo parziale giustificazione nelle affermazioni dello stesso poeta, quando definisce questa sua produzione come il frutto di «ore secondarie». Un'approfondita analisi del carteggio rilkiano e dei *Briefe an einen jungen Dichter* può, tuttavia, modificare questo giudizio negativo relativo alle poesie francesi, ponendole allo stesso livello della restante produzione dell'autore. Non è peraltro da sottovalutare che, come testimonia l'epistolario di Rilke, all'indomani della pubblicazione di *Vergers* furono entusiastiche le reazioni degli amici francesi del poeta, fra i quali lo stesso Valéry che in una lettera dell'8 luglio 1926 scrisse:

> En revanche, j'ai les *Vergers*. Vous ne pouvez concevoir l'étrangeté étonnement de votre *son* français. Je suis assez fier de vous avoir un peu

---

cui si affermano gli influssi della mia patria praghese, non mi ero mai sentito più portato a celebrare, a «*cantare*» nel componimento poetico *un paesaggio vissuto*; ora, nel terzo anno della mia vita qui, si è levata da me *una voce vallesana*, così forte e imperiosa che l'involontaria forma delle parole si presentava prima che me ne accorgessi. Non si tratta di un lavoro voluto e preparato: è uno stupire, un cedere, un essere travolti» (enfasi mie, R.C.).

14 Cfr. GÉRARD BUCHER, *Rilke's Poetry in the French Language: The Enigma of Mythopoietic*, in *A Companion to the Works of Rainer Maria Rilke*, a cura di Erika A. Metzger e Michael M. Metzger, London, Camden House, 2004, pp. 236-263. Per lo stato dell'arte della ricerca attorno alle raccolte liriche in lingua francese di Rilke, cfr. MANFRED ENGEL – DOROTHEA LAUTERBACH, *Französiche Gedichte*, in *Rilke Handbuch*, p. 434.

15 LADISLAO MITTNER, *Storia della letteratura tedesca*, vol. III, *Dal Realismo alla sperimentazione*, tomo 2, *Dal fine secolo alla sperimentazione (1890-1970)*, Torino, Einaudi, 1971, p. 1145.

sollicité de rendre ces sons singuliers et de composer en notre langue ces subtiles mélodies. Il y a du Verlaine souvent dans cette invention. Verlaine plus abstrait. Cf. No. 52 [*C'est le paysage longtemps, c'est une cloche*, n.d.A.] – que j'aime tant. Et le No. 1 des quatrains ! [*Petite cascade*, n.d.A.]. Chose délicieuse![16]

Pochi giorni più tardi Rilke ricevette una lettera da André Gide che, a proposito di *Vergers*, scriveva:

> Reçu hier *Vergers*. C'est votre voix, c'est votre geste, c'est le charme de votre regard [...] Ce petit livre délicieux m'arrache au *Duineser Elegien*, que vous avez bien voulu me renvoyer dans une édition pour voyage, et qui j'étais occupé à relire. [...] Mais vos poésies françaises m'apportent une joie nouvelle, de qualité un peu différente et plus rare peut-être, plus délicate, plus subtile. Ah! Que vous avez bien fait de *nous* donner ce petit livre. C'est le plus bel hommage que vous pouviez faire à un pays qui vous aime.[17]

Prendendo, invece, in considerazione le esternazioni dello stesso Rilke, non sfuggirà che nei *Briefe an einen jungen Dichter* si trova un'affermazione centrale per comprendere il significato profondo della produzione francese del poeta:

> Ein *Kunstwerk* ist *gut*, wenn es aus *Notwendigkeit* entstand. In dieser Art seines Ursprungs liegt sein Urteil: es gibt kein anderes. Darum, sehr geehrter Herr, wußte ich Ihnen keinen Rat als diesen: in sich zu gehen und die Tiefen zu prüfen, in denen Ihr Leben entspringt; an seiner Quelle werden Sie die Antwort

---

16   Cit. in Renée Lange, *Rilke, Gide e Valéry nel carteggio inedito*, Firenze, Sansoni, 1960, p. 72: «In compenso ho *Vergers*. Voi non potete comprendere la delicata particolarità del vostro *suono* francese. Sono molto orgoglioso di avervi un poco sollecitato a restituire questi suoni singolari e a comporre nella nostra lingua queste sottili melodie. C'è spesso qualcosa di Verlaine in questa invenzione. Un Verlaine più astratto. Cfr. la n. 52 [*C'est le paysage longtemps, c'est une cloche*, n.d.A.] – che amo tanto. E la n.1 delle *Quartine* [*Petite cascade*, n.d.A.]. Qualcosa di delizioso» (enfasi originali).

17   Rainer Maria Rilke – André Gide, *Correspondance 1909-1926*, a cura di Renée Lang, Paris, Corrêa, 1952, p. 244: «Ricevuto ieri *Vergers*. È la vostra voce, è il vostro gesto, è il fascino del vostro sguardo. [...] Questo delizioso libretto mi sottrae alle *Duineser Elegien*, che mi avete voluto inviare nuovamente in un'edizione da viaggio e che ero occupato a rileggere. [...] Ma le vostre poesie francesi mi recano una nuova gioia, di una qualità un po' differente e forse più rara, più delicata, più sottile. Ah, come avete fatto bene a donar*ci* questo libricino. È l'omaggio più bello che potevate fare a un paese che vi ama» (enfasi originali). Sulle reciproche influenze fra Gide e Rilke, cfr. Renée Lang, *Rilke and Gide: Their Reciprocal Translations*, in "Yale French Studies", 7 (1951), pp. 98-106.

auf die Frage finden, ob Sie schaffen müssen. Nehmen Sie sie, wie sie klingt, an, ohne daran zu deuten. Vielleicht erweist es sich, daß Sie berufen sind, Künstler zu sein. Dann nehmen Sie das Los auf sich, und tragen Sie es, seine Last und seine Größe, ohne je nach dem Lohne zu fragen, der von außen kommen könnte. Denn der Schaffende muß eine Welt für sich sein und alles in sich finden und in der Natur, an die er sich angeschlossen hat.[18]

Ciò significa che «un'opera d'arte è buona», quando possiede la traccia di un destino e l'obbedienza a un dettato interiore. Come Rilke scrive a Gide, l'esperienza della scrittura in un'altra lingua gli si era imposta nella forma di un'«obéissance active»[19] e, dunque, come una necessità interiore che lo spingeva a scrivere. In altri termini, Rilke, secondo il quale il poeta era «un cieco e puro strumento»[20] del dicibile, è stato travolto nei *Poèmes Français* da «una voce vallesana» che ha agito su di lui come un impulso irresistibile a dare forma poetica a «un paesaggio vissuto», a «cantare»[21] e celebrare le cose, traducendo l'esteriorità in quella vibrazione interiore che fa dell'artista un puro strumento, una cosa tra le cose che egli rinomina, «conferendo loro con ciò una vera realtà ontologica».[22]

Ancora nei *Briefe an einen jungen Dichter*, Rilke sostiene: «es ist nötig, [...] daß uns nicht Fremdes widerfahre, sondern nur das, was uns seit lange gehört».[23] Se il compito del *Dichter* è dunque quello di trasformare poeticamente la realtà, interiorizzandola e rendendola familiare, anche le poesie

---

18 RAINER MARIA RILKE, *Briefe an einen jungen Dichter*, in ID., *Werke. Kommentierte Ausgabe in vier Bänden mit einem Supplementband*, a cura di Manfred Engel e Ulrich Füllenborn, Frankfurt am Main, Insel, 1996, vol. IV, p. 516: «Un'*opera d'arte è buona* se nasce da *necessità*. È questa natura della sua origine a giudicarla: altro non v'è. E dunque, egregio signore, non avevo da darle altro consiglio che questo: guardi dentro di sé, esplori le profondità da cui scaturisce la sua vita; a quella fonte troverà risposta alla domanda se lei debba creare. La accetti come suona, senza stare a interpretarla. Si vedrà forse che è chiamato a essere artista. Allora prenda su di sé la sorte, e la sopporti, ne porti il peso e la grandezza, senza mai ambire al premio che può venire dall'esterno. Poiché chi crea deve essere un mondo per sé e in sé trovare tutto, e nella natura sua compagna» (enfasi originali).

19 RAINER MARIA RILKE – ANDRÉ GIDE, *Correspondance 1909-1926*, cit., p. 247: «obbedienza attiva».

20 RAINER MARIA RILKE, Lettera a Nora Purtscher-Wydenbruck, Muzot 11/08/1924, in ID., *Briefe in zwei Bänden*, cit., vol. II, p. 334.

21 Per queste due citazioni nel corpo del testo, cfr. le enfasi della nota 13.

22 LADISLAO MITTNER, *Rilke, ultimo superstite del mondo di ieri*, in ID., *La letteratura tedesca del Novecento e altri saggi*, Torino, Einaudi, 1960, p. 209.

23 RILKE, *Briefe an einen jungen Dichter*, cit., p. 516: «è necessario [...] che nulla di estraneo ci accada, ma solo quanto da lungo tempo ormai ci appartiene».

francesi, che cantano «un paessaggio vissuto», fanno parte del progetto rilkiano di trasfigurazione poetica del mondo.

Questo contributo indaga, perciò, il rapporto fra il ricorso a una lingua *altra* e il compito che Rilke attribuisce alla poesia di rendere possibile una «intime und dauernde Umwandlung des Sichtbaren in Unsichtbares»[24], evidenziando il legame fra i *Poèmes Français* e la precedente produzione in lingua tedesca dello scrittore – in particolare le *Duineser Elegien* e i *Sonette an Orpheus* – cercando di mettere in luce come nel francese si possa riconoscere la «lingua dell'assenza»,[25] ossia l'ultima possibilità di espressione poetica che si offrì a Rilke prima del silenzio.

La critica ha posto in evidenza, infatti, quanto fosse peculiare del procedimento poetico rilkiano il meccanismo mediante il quale il poeta concatenava le proprie opere, tanto da poter riconoscere in un'opera compiuta la matrice della successiva.[26] Questo sembra valere anche per le poesie francesi, la cui chiave di lettura va ricercata nella produzione precedente e la cui «delicata estraneità», come la definì Valéry, appartiene di diritto al progetto rilkiano di trasfigurazione poetica del mondo non solamente per la presenza nei *Poèmes Français* di temi e motivi riconducibili al medesimo ambito emotivo delle *Duineser Elegien* e dei *Sonette an Orpheus*, ma soprattutto per il significato che l'utilizzo di una "nuova" lingua assume in rapporto a quello stesso progetto. L'uso di una lingua straniera, di una «*langue prêtée*»[27] e ulteriormente coinvolta nel flusso della metamorfosi, significò infatti per Rilke un approfondimento dei livelli di astrazione e di interiorizzazione tentati fino all'estremo nella lingua madre; una sorta di sovracrescita linguistica che consentì al poeta di procedere sulla via del linguaggio poetico come denominazione intima del mondo e del suo spazio.[28] Rilke trovò così nella lingua francese una nuo-

---

24  RAINER MARIA RILKE, Lettera a Witold Hulewicz, Sierre 13/11/1925, in ID., *Briefe in zwei Bänden*, cit., vol. II, p. 377: «intima e durevole metamorfosi del visibile in invisibile».
25  Come si evince da BERNHARD BÖSCHENSTEIN, *Rainer Maria Rilke, poète français, à l'écoute de Paul Valéry*, in "Études germaniques", 2 (2011), pp. 289- 296.
26  Cfr. FURIO JESI, *Bilinguismo in Rilke*, in *Atti del Quinto Convegno, 6-7 ottobre 1976*, a cura di Aurelia Gruber Benco, Duino/Trieste, Centro Studi Rainer Maria Rilke e il suo tempo, 1977, pp. 15-16.
27  Così il poeta stesso si riferisce alla lingua francese in RAINER MARIA RILKE, *Vergers*, n. 29, I, v. 2, in ID., *Poesie*, edizione con testo a fronte a cura di Giuliano Baioni, Torino, Einaudi, 1994, vol. II, p. 359: «lingua imprestata» (p. 360).
28  Su questo aspetto della ricerca rilkiana in riferimento alla lingua, cfr. HANSULI BRUNNER, *Auf der Suche nach der gewaltlosen Sprache: ein Diskurs entlang an Texten Rainer Maria Rilkes*, Bern/Frankfurt am Main, Peter Lang, 1987.

va giovinezza verbale, una nuova energia per nominare le cose ed esprimere gli allusivi stati dell'animo attraverso cui, queste ultime, vengono trasformate in una «poesia cinetica spazio-temporale».[29] Già il compimento delle *Duineser Elegien* coincise con la conclusione di un periodo di decennale crisi creativa che, apertasi nel 1912 in seguito alla pubblicazione del romanzo *Die Aufzeichnungen des Malte Laurids Brigge*, Rilke cercò di risolvere limitando la propria poesia al canto dell'ultima realtà valida, quella della poesia stessa, capace di assicurare consistenza alla sua vita. Per questo motivo, la chiave di lettura delle *Duineser Elegien*,[30] che hanno come tema essenziale quello poetologico, non deve essere ricercata nel loro riferimento generale alla condizione umana, ma nel quadro della personale vicenda del poeta.[31]

Nelle *Duineser Elegien*, Rilke contrappose così ad una vita fattasi umanamente sempre più minacciata nella sua realtà dalla perdita di ogni ancoramento metafisico e dalla progressiva riduzione del soggetto umano a unità alienata, un processo di interiorizzazione, di trasformazione delle cose esterne in segni carichi di intenso valore emotivo e, quindi, in realtà assumibili in una dimensione soggettiva. Ogni manifestazione negativa della vita venne accettata con positiva sottomissione in nome di una misteriosa, ma reale unità di vita e di morte, realizzando al fondo di tale positiva accettazione un capovolgimento vitale e dionisiaco – o rilkianamente orfico – della realtà.[32] Questa positività non significò, tuttavia, l'annullamento del dolore e della morte, che anzi devono essere coscientemente vissuti, quanto la loro sublimazione, senza false consolazioni, nel *dire*, nell'operazione di attiva assunzione di ogni dimensione negativa in un mondo di realtà interiore, che potesse essere letto solo in chiave poetica. Per l'uomo comune, poeticamente non dotato, non esiste soluzione al dissiparsi della vita nella fuga lineare delle impressioni, mentre per il poeta la salvezza è data, come

---

29   Jana Schuster, *«Tempel im Gehör»: Zur Eigenbewegtheit des Klinggedichts am Beispiel des ersten der Sonette an Orpheus von Rainer Maria Rilke*, in *Textbewegungen 1800/1900*, a cura di Matthias Buschmeier e Till Dembeck, Würzburg, Königshausen und Neumann, 2007, p. 361.
30   Per un'analisi dei temi e dell'immaginario poetico delle *Duineser Elegien*, cfr. Peter Szondi, *Le Elegie Duinesi di Rilke*, a cura di Elena Agazzi, Milano, se, 1997.
31   Sulla crisi della scrittura in Rilke e per una ricognizione sugli stilemi stilistico-linguistici, utilizzati dal poeta, per superarla cfr. Uwe C. Steiner, *Die Zeit der Schrift. Die Krise der Schrift und die Vergänglichkeit der Gleichnisse bei Hofmannsthal und Rilke*, München, Fink, 1996.
32   Cfr. Roland Ruffini, *Das Apollinische und das Dionysische bei Rainer Maria Rilke. Konstituenten einer polaren Grundstruktur im lyrischen Werk und im Denken des Dichters*, Frankfurt am Main, Haag+Herchen, 1989.

emerge dalla *Nona Elegia Duinese*, proprio dal *dire*, dall'orfico nominare le cose, dalla loro trasmutazione in durevoli parole, in realtà d'arte:

> Sind wir vielleicht *hier*, um zu sagen: Haus,
> Brücke, Brunnen, Tor, Krug, Obstbaum, Fenster,-
> höchstens: Säule, Turm... aber zu *sagen*, verstehs,
> oh zu sagen *so*, wie selber die Dinge niemals
> innig meinten zu sein.[33]

La *Nona Elegia Duinese*, che riprende il tema della *Settima*, loda inoltre l'«essere qui» come un valore supremo e meraviglioso,[34] non più commisurato alle grandi espressioni dell'arte o ai sentimenti sublimi, ma a cose comuni e ad attività quotidiane, come quelle del cordaio o del vasaio. E se il compito indicato al poeta dalla *Settima Elegia* è quello di trasformare in interiori le cose del mondo esterno, ora tale compito riceve la sua formulazione definitiva nel *dire*: *Sagen* è, così, la nuova forma che al termine della lunga crisi successiva alla composizione di *Die Aufzeichnungen des Malte Laurids Brigge* assume per Rilke il rapporto io-realtà.[35] Si tratta, tuttavia, di una configurazione che esclude ogni possibilità di rapporto dialogico con il reale, perché il legame con la realtà si è spezzato e la nuova poesia postulata nelle *Duineser Elegien* è tendenzialmente una lingua «"primitiva", non nel senso di rozza, ma di originaria e non contraffatta dalla cultura».[36] Di essa si fa cifra, nella *Quinta Elegia*, l'acrobazia degli amanti che poggia sul vuoto e solo sulle loro ardite «Figuren des Herzschwungs».[37] Compito del poeta è dunque quello di organizzare i materiali che «l'opera della vista» ha accumulato nel suo cuore,[38] in modo or-

---

33   RAINER MARIA RILKE, *Duineser Elegien*, IX, in ID., *Poesie*, cit., vol. II, p. 98: «Siamo *qui* forse per dire: casa, / ponte, fontana, porta, brocca, albero da frutto, finestra, – / al più: colonna, torre ... ma per *dire*, comprendilo, / per dire *così* come persino le cose intimamente mai / credettero d'essere» (p. 99, enfasi originali).
34   Cfr. RAINER MARIA RILKE *Duineser Elegien*, VII, *ivi*, p. 86: «Hiersein ist herrlich».
35   Questa tesi è stata fra i primi sostenuta in OTTO OLZIEN, *«Le dire» und «das Sagen»: Zum poetologischen Wortgebrauch bei Mallarmé und Rilke*, in "Germanisch-romanische Monatsschrift", 36 (1986), pp. 48-58.
36   ALBERTO DESTRO, *Rilke: il dio oscuro di un giovane poeta*, Roma, Messaggero, 2003, p. 93.
37   RAINER MARIA RILKE, *Duineser Elegien*, V, in ID., *Poesie*, cit., vol. II, p. 80: «figure dello slancio del cuore»
38   Cfr. RAINER MARIA RILKE, *Wendung*, *ivi*, p. 232: «Werk des Gesichts ist getan, / tue nun Herz-Werk» («L'opera della vista è compiuta, / compi ora l'opera del cuore», p. 233). L'esercizio del «vedere» assume, in effetti, un significato centrale nella poetica rilkiana come processo di percezione «cosciente» della realtà sin dall'in-

mai autonomo da una loro rispondenza esterna, così da creare «figure»[39] che abbiano una loro consistenza in grado di superare la transitorietà che è il dato essenziale di tutta l'esperienza vitale di Rilke, ma che siano allo stesso tempo «einen reinen Vorgang»[40] e cioè 'puri' diagrammi di forze emotive in autosufficiente equilibrio, totalmente prive di contaminazioni esterne, senza scopo al di fuori del proprio sussistere, senza contenuto di sentimenti, ma esclusiva manifestazione di energia emotiva.

"Dire le cose" è, dunque, il compito dell'uomo-poeta: dire cose finite in maniera compiuta, che esclude l'infinito, è in potere dell'essere umano, poiché questi è di per sé un essere finito e ciò significa che l'indicibile trascende le sue capacità conoscitive. Il poeta è legato alle cose, è al centro di esse e non può rinunciare alla propria attività creativa e rappresentativa, grazie alla quale ogni cosa nel mondo viene *trasformata* in oggetto al fine

---

contro del poeta con l'arte figurativa di Rodin e di Cézanne. Non si tratta tuttavia di un processo visivo puro e semplice, che si attua cogliendo i singoli elementi della realtà, bensì di una sintesi dell'«opera della vista» e dell'«opera del cuore», che instaura una diversa relazione fra la coscienza e i suoi oggetti. Non è, infatti, casuale che il poeta delle *Aufzeichnungen des Malte Laurids Brigge* si imponga questo compito: «Ich lerne sehen [...] Um eines Verse willen muß man viele Städte *sehen*, Menschen und Dinge, man muß Tiere *kennen*, man muß *fühlen*, wie die Vögel fliegen, und die Gebärde *wissen*, mit welcher die kleinen Blumen sich auftun am Morgen», RAINER MARIA RILKE, *Aufzeichnungen des Malte Laurids Brigge*, in ID., *Werke*, cit., vol. III, p. 466: «Imparo a vedere [...] Per un solo verso si devono *vedere* molte città, uomini e cose, si devono *conoscere* gli animali, si deve *sentire* come gli uccelli volano, e *sapere* i gesti con cui i fiori si schiudono al mattino» (enfasi mie, R.C.). *Vedere, conoscere, sentire* e *sapere* sono verbi posti nella citazione uno accanto all'altro, perché indicano le tappe del processo che il poeta compie per «imparare», come Malte, «a vedere», e che lo conduce a conoscere il mondo dei fenomeni, fino a spingersi ad affermare in una lettera a Merline Berg del 22 febbraio 1921: «glaub mir doch, daß ich die "Welt" weiß, daß ich nichts will als "im Gesetzt bleiben"», RILKE, *Correspondance avec Merline*, cit., p. 214: «credimi, io so il "mondo", e non voglio che "restare nella legge"». Sulla percezione sensoriale della realtà nell'ultimo Rilke, soprattutto attraverso il «vedere» e il «sentire» mediati dalla poetica di Valéry e dalla pittura di Cézanne, cfr. SILKE PASEWALCK, *«Die fünffingrige Hand»: die Bedeutung der sinnlichen Wahrnehmung beim späten Rilke*, Berlin, de Gruyter, 2002.

39  Cfr. BEDA ALLEMANN, *Zeit und Figur beim späten Rilke. Ein Beitrag zur Poetik des modernen Gedichtes*, Pfullingen, Neske, 1961, *passim*, in cui si dimostra in modo convincente come la *figura* sia una parola chiave della tarda poetica rilkiana. Isolatamente «invisibili a noi», le cose vengono in realtà montate in modo da costruire un testo – una *figura*, appunto – che le determina intratestualmente a un senso tutto diverso.

40  RAINER MARIA RILKE, *Duineser Elegien*, IV, in ID., *Poesie*, cit., vol. II, p. 72: «puro accadere» (p. 73).

di essere posseduta e utilizzata. Se distogliesse lo sguardo dall'esteriore, volgendosi a quanto è più interiore e invisibile, il poeta farebbe partecipi le cose di questa interiorizzazione, in cui esse perdono il proprio valore d'uso, la propria natura falsata e i propri stretti limiti per penetrare nella loro vera profondità. Rilke propone, così, un processo di trasmutazione nel quale tutte le cose si trasformano e s'interiorizzano: una trasformazione del visibile in invisibile e dell'invisibile in sempre più invisibile, dove il fatto di essere non visibile (e quindi assente) non esprime una privazione, ma l'accesso all'«Aperto»,[41] ovvero a quello spazio in cui vengono trasportate le cose divenute «invisibili». Qui le cose assumono una realtà diversa, sottratta alla decadenza del tempo, una realtà interiore. Rilke, come emerge chiaramente da una lettera spedita a Witold Hulewicz da Sierre il 13 novembre 1925, ha ribadito più volte questo concetto:

> *Wir sind die Bienen des Unsichtbaren. Nous butinons éperdument le miel du visible, pour l'accumuler dans la grande ruche d'or de l'invisible.* [...] Die Erde hat keine andere Ausflucht, als unsichtbar zu werden: *in* uns allein kann sich diese intime und dauernde Umwaltung des Sichtbaren in Unsichtbares, vom sichtbar – und greifbar – sein nicht länger Abhängiges vollziehen, wie unser eigenes Schicksal in uns fortwährend *zugleich vorhandener und unsichtbar wird.*[42]

---

41  Sul concetto di «aperto» in Rilke, pervasivo fra l'altro dell'*Ottava Elegia Duinese*, oltre alla lettera del poeta a Lev. P. Struve del 25 febbraio 1926 – si ricordi quanto Heidegger ha sostenuto nel suo lungo saggio, dedicato al poeta praghese nel ventennale dalla morte: «Pianta e animale sono mantenuti nell'Aperto, liberi da cura, nel "rischio della loro sorda brama" [qui Heidegger cita da una poesia scritta da Rilke a Muzot nel giugno del 1924, cfr. RAINER MARIA RILKE, *Poesie sparse*, in ID., *Sonetti a Orfeo*, a cura di Giacomo Cacciapaglia, Pordenone, Studio Tesi, 1995, p. 201, n.d.A.]. La loro corporeità non li turba. Gli esseri viventi tenuti nell'aperto dal loro stesso istinto. Anch'essi sono certamente esposti al pericolo, ma non nella loro stessa essenza. Piante e animali giacciono sul bilico in modo tale che si ricostituisca sempre l'equilibrio di un esser-sicuro. Il bilico su cui sono posti in bilico piante e animali non tocca il dominio di ciò che è per essenza – e quindi costantemente – in oscillazione. Anche il bilico in cui l'Angelo è posto in bilico è sottratto all'oscillazione. In virtù della sua essenza incorporea, la possibile agitazione del visibile sensibile si è capovolta nell'invisibile. L'angelo è nella quiete soddisfatta dell'unità equilibrata di ambedue i domini, in seno alla regione interiore del mondo», MARTIN HEIDEGGER, *Perché i poeti?*, in ID., *Sentieri interrotti*, a cura di Pietro Chiodi, Firenze, Sansoni, 1984, pp. 289-290.
42  RILKE, *Briefe in zwei Bänden*, cit., vol. II, p. 376-377: «*Siamo le api dell'invisibile. Raccogliamo perdutamente il miele del visibile per accumularlo nella grande arnia d'oro dell'invisibile* [...] *La terra non ha altro scampo se non diventare invisibile: in noi soltanto si può compiere questa intima e durevole metamorfosi del visibile in invisibile, indipendentemente ormai dalla visibilità e tangibilità*, come

Rilke, in una delle sue ultime liriche, ha scritto che «Raum greift aus uns und übersetzt die Dinge»,[43] facendole passare da un linguaggio ad un altro, dal linguaggio estraneo, esteriore, in un linguaggio tutto interiore, anzi interno al linguaggio, quando questo nomina in silenzio e attraverso il silenzio fa del nome una realtà silenziosa. Questo silenzio, in cui le cose cessano di essere visibili per vivere nella loro intimità invisibile, è lo spazio del poema, là dove non vi è più nulla di presente, dove, in seno all'essenza, tutto parla, tutto rientra nell'intesa spirituale, aperta e non immobile, diventando centro dell'eterno movimento.[44]

È, quindi, nella *parola* che Rilke vede compiersi il compito di metamorfosi del visibile in invisibile. Parlare è essenzialmente trasformare il visibile in invisibile, porsi nel punto in cui la parola ha bisogno dello spazio per risuonare ed essere intesa e in cui lo spazio, divenendo il movimento stesso della parola, assurge a profondità e vibrazione stessa dell'intesa. Rilke, in una lettera alla pittrice Sophy Giauque del 26 novembre 1925, giunge quindi a chiedersi: «comment supporter, comment sauver le visibile, si ce n'est en faisant le langage de l'absence, de l'invisible?».[45] Il poema diventa così lo spazio orfico, il luogo della metamorfosi infinita – per dirla con Blanchot è «le monde, les choses et l'être sans cesse transformés en intérieur»[46] – e il poeta è come Orfeo, figura mitica che con il suo canto ha la facoltà di penetrare e congiungere il mondo dei vivi a quello dei morti.

---

il nostro proprio destino in noi continuamente *diviene al tempo stesso più attuale e invisibile*» (enfasi originali).
43 RAINER MARIA RILKE, *Durch den sich Vögel werfen, ist nicht der*, lirica composta a Muzot il 16 giugno 1924, in ID., *Sämtliche Werke*, edizione del Rilke-Archiv, a cura di E. Zinn, Frankfurt am Main 1955 ss., vol. II, pp. 167: «lo spazio ci trascende e traduce le cose».
44 Sul ruolo del silenzio nella poetica rilkiana e i suoi rapporti con la lirica contemporanea, cfr. FERNAND CAMBON, *Poésie et silence*, in "Magazine Littéraire", 308 (1993), pp. 116-128; OTTO LORENZ, *Schweigen in der Dichtung: Hölderlin – Rilke – Celan. Studien zur Poetik deiktisch-elliptischer Schreibweisen*, Göttingen, Vandenhoeck & Ruprecht 1989; JAMES K. LYON, *Rilke und Celan*, in *Argumentum e Silentio. International Paul Celan Symposium*, a cura di Amy D. Colin, Berlin, de Gruyter, 1986, pp. 199-223; DIANNA C. NIEBYLSKI, *The Poem on the Edge of the Word: The Limits of Language and the Uses of Silence in the Poetry of Mallarmé, Rilke and Vallejo*, Bern/Frankfurt am Main, Peter Lang, 1993, ERIKA M. NELSON, *Reading Rilke's Orphic Identity*, Bern/Frankfurt am Main, Peter Lang, 2005, pp. 113-134.
45 RILKE, *Briefe in zwei Bänden*, cit., vol. II, p. 381: «Come sopportare, come salvare il visibile, se non facendone il linguaggio dell'assenza, dell'invisibile?».
46 MAURICE BLANCHOT, *Rilke e l'éxigence de la mort*, in ID., *L'espace littéraire*, Paris, Gallimard, 1955, p. 164: «il mondo, le cose e l'essere trasformati incessantemente in interiorità».

Il mito di Orfeo si configura, così, come elemento portante dei *Sonette an Orpheus*, ciclo lirico strettamente legato alle *Duineser Elegien*, di cui riprende nuclei essenziali quali il tema dell'unità di vita e morte e della trasformazione del visibile in invisibile. Del mito classico[47] Rilke fa proprio l'elemento della divina capacità di canto e del principio poetico e sapienziale che Orfeo[48] incarna, esercitando un magico potere sull'uomo e sulla natura, nonché schiudendosi in virtù della propria musica la via del regno dei morti. Con il suo essere contemporaneamente presente nella sfera dei viventi e in quella dei defunti, il cantore si pone nel grande spazio indiviso del visibile e dell'invisibile creato nelle *Duineser Elegien*, incarnando la nuova sensibilità rilkiana tesa all'annullamento delle differenze nella «perenne universale circolazione racchiusa entro il cerchio dell'Io».[49] L'eliminazione dei confini all'interno di uno spazio indiviso viene continuamente ribadita nei *Sonette an Orpheus* – ad esempio nello scambio che si opera nel respiro tra l'uomo e l'atmosfera –, e trova rispondenze più complesse nel doppio del mondo reale, visibile nello specchio.[50] L'essenza di questa totale unità non è da ricercare, tuttavia, in una qualche comunanza di sostanze, ma nella legge suprema

---

47 Sul mito in Rilke cfr. FURIO JESI, *Esoterismo e linguaggio mitologico. Studi su Rainer Maria Rilke*, Messina/Firenze, D'Anna, 1976 e WALTER BUSCH, *Rilke. Per una refigurazione del mitico*, in "Cultura tedesca", 9 (1998), pp. 111-143.
48 Sul ruolo di Orfeo, inteso come guida dell'uomo verso la conoscenza, si ricordino anche queste affermazioni di Valéry: «nous bâtissons, pareils à Orphée, au moyen de la parole, des temples de sagesse et de science qui peuvent suffire à tous les êtres raisonnables. Ce grand art exige de nous un langage admirablement exact», PAUL VALÉRY, *Œuvres*, a cura di Jean H. Hytier, Bibliothèque de la Pléiade, Paris, Gallimard, 1957, vol. II, p. 113: «noi costruiamo, come Orfeo, per mezzo della parola, dei templi di saggezza e di scienza che possono essere sufficienti a tutti gli esseri raziocinanti. Questa grande arte esige da noi una lingua ammirevolmente esatta». Sulla figura di Orfeo come *Mittler* verso la conoscenza in Rilke e Valéry, cfr. RÜDIGER GÖRNER, *Kunst des Wissens. Zu einem Motiv bei Rilke und Valéry*, in "Blätter der Rilke-Gesellschaft", 19 (1992), pp. 25-39. Per una panoramica sul metodo gnoseologico che conforma la produzione rilkiana, cfr. ANNA LUCIA GIAVOTTO KÜNKLER, *«Non essere sonno di nessuno sotto tante palpebre»*. *Rilke e la responsabilità del compito conoscitivo*, Genova, il Melograno, 1979. A riprova dell'affinità fra le poetiche orfiche di Valéry e Rilke, cfr. HERMANN MÖRCHEN, *Rilkes Sonette an Orpheus*, Stuttgart, W. Kohlhammer, 1958, p. 427, in cui l'Orfeo rilkiano è paragonato a quello citato da Valéry in *Eupalinos*.
49 ALBERTO DESTRO, *Invito alla lettura di Rilke*, Milano, Mursia, 1979, p. 102.
50 Inutile forse ricordare quanto l'immagine dello specchio sia presente nell'iconologia rilkiana, incarnando la figura perfetta del processo creativo (ad esempio nella *Prima Elegia Duinese*). Nel rovesciamento dei rapporti operati dal poeta – lo specchio in realtà prima riceve un'immagine per poi rifletterla – si configura l'immagine del processo circolare della creazione artistica e della fruizione dell'opera

della trasformazione, che unifica in sé tutti i fenomeni. Orfeo insegna all'uomo ad amare la metamorfosi, che si manifesta nella perenne diversificazione di ogni cosa da sé stessa, nella più universale fluidità dei rapporti. Nella stasi non c'è protezione e sicurezza, ma solamente morte:

> Wolle die Wandlung. [...]
> Was sich in Bleiben verschließt, schon, *ists* das Erstarrte;
> [...] Wer sich als Quelle ergießt, den erkennt die Erkennung;
> und sie führt ihn entzückt durch das heiter Geschaffne,
> das mit Anfang oft schließt und mit Ende beginnt.[51]

Lo strumento di questa totale e perenne trasformazione è il canto, il cui nume, Orfeo, si pone nei *Sonette* a lui dedicati come nuova guida dell'uomo, spodestando l'angelo che, nelle *Duineser Elegien*, rappresenta l'istanza sublime, tremenda e inaccessibile nella sua perfezione, che assolve senza residuo al compito affidato all'uomo-poeta: trasformare il visibile in invisibile.[52] Orfeo, dio dell'intimità di ogni cosa con tutto il creato, non è lontano e irraggiungibile come l'angelo, ma è contiguo all'uomo-poeta e ne conosce gioie e dolori, aiutandolo con il suo esempio nel processo di interiorizzazione e metamorfosi delle cose in realtà poetiche. Il mitico cantore si contrappone così all'angelo, perché rappresenta il dio di una «Vergänglichkeit» che, nelle sue infinite metamorfosi «kommt und geht»,[53] ed essendo di casa nei regni della vita e della morte,[54] accetta di essere perdita e congedo perenne, ponendo l'attimo al centro dell'esistenza umana, a differenza dell'«Angelo» che nelle *Elegien* rappresenta l'istanza imperturbabile della perenne conservazione dell'energia.

---

da parte dell'artista. Cfr. sull'argomento ALLEMANN, *Zeit und Figur beim späten Rilke. Ein Beitrag zur Poetik des modernen Gedichtes*, cit., p. 137 ss.
51   RAINER MARIA RILKE, *Die Sonette an Orpheus*, II, 12, in ID., *Poesie*, cit., vol. II, p. 150: «Ama la mutazione. [...] / Chi nel suo stato è fisso, è ormai irrigidito; / [...] Chi come fonte sgorga, lo fa suo la Conoscenza; / e lo guida estasiato all'opera serena / cui l'inizio è una fine, spesso, e la fine inizio» (p. 151).
52   Cfr. HEIDEGGER, *Perché i poeti*, cit., p. 291: «L'angelo delle *Elegie* è quella creatura in cui appare già compiuto quel rivolgimento del visibile nell'invisibile che noi ci sforziamo di attuare. L'angelo delle *Elegie* è quell'essere che attesta nell'invisibile un rango più alto di realtà».
53   RAINER MARIA RILKE, *Die Sonette an Orpheus*, I, 5, in ID., *Poesie*, cit., vol. II, p. 114: «caducità», «viene e va» (p. 115).
54   Cfr. *ivi*, pp. 116: «Ist er ein Hiersieger? Nein, aus beiden Reichen erwuchs seine weite Natur» («È un Dio di questo mondo? No. Da entrambi i reami / si generò la sua natura immensa», p. 117).

Se così l'angelo è silenzio, perché è l'ordine imperturbabile delle simmetrie cosmiche o è l'astrazione sublime di una musica che l'orecchio umano non potrebbe mai percepire, Orfeo è il canto che innalza l'albero della propria lira nell'orecchio dei vivi e dei morti.[55] Grazie ad Orfeo l'uomo è allora colui che può nominare le cose solo nell'attimo; il suo destino è dunque quello di avere voltato le spalle all'«Aperto» e la sua vita è perenne congedo,[56] anche se è sufficiente all'uomo un solo istante di pienezza e beatitudine per giustificare la caducità della propria esistenza e, soprattutto, per avere il diritto di nominare le cose. Lo sgomento del lamento elegiaco si capovolge, perciò, prima nella sublime determinazione dell'uomo che, pur atterrito dall'angelo, accetta eroicamente la propria caducità, per trasformarsi poi nel giubilo di stupore dell'attimo orfico, in cui l'uomo nomina le cose e ne assapora al tempo stesso la dolcezza:

> Voller Apfel, Birne und Banane,
> [...] Wird euch langsam namenlos im Munde?
> Wo sonst Worte waren, fließen Funde,
> aus dem Fruchtfleisch überrascht befreit.
> Wagt zu sagen, was Ihr Apfel nennt.
> [...] O Erfahrung, Fühlung, Freunde,-, riesig![57]

Il modello mitologico di Orfeo, che diventa cifra di questo essere del poeta simultaneamente presente nei «due mondi» del visibile e dell'invisibile, consente di cogliere il senso dell'uso, da parte di Rilke, della lingua francese, passando attraverso le *Elegien*. Nella *Nona* e nella *Decima Elegia Duinese*, Rilke configura due movimenti: uno di discesa dalla montagna verso la valle, l'altro di ascesa dalla valle verso la montagna. Nella *Nona Elegia* (vv. 28-31), infatti, un viandante scende a valle e vi porta non una manciata di terra raccolta in alto, sul pendio, ma il fiore montano, una «gialla e azzurra genziana»,[58] che rappresenta la parola conquistata e pura:

---

55 Cfr. *ivi*, p. 110: «O Orpheus singt! O hoher Baum im Ohr!» («Orfeo canta! Oh alto albero che nell'orecchio sorge!», p. 111).
56 Cfr. RAINER MAIRA RILKE, *Duineser Elegien*, VIII, *ivi*, p. 94: «so leben wir und nehmen immer Abschied» («così viviamo in un continuo prendere congedo», p. 95).
57 RAINER MARIA RILKE, *Die Sonette an Orpheus*, I, 13, *ivi*, p. 122: «Mela rotonda, pera e banana, / [...] Non vi si sfanno, lentamente, i nomi nella bocca? / Dov'erano parole, ora scoperte scorrono, / sorprese, liberate a un tratto dalla polpa. // Provate a esprimere ciò che chiamate mela. [...] Oh esperienza, contatto, goia – immensa!» (p. 123).
58 A proposito della «gialla e azzurra genziana», si ricordi che la «chiave di lettura figurale, che l'elegia stessa predispone, costringe a interrogare i due colori at-

> Bringt doch der Wanderer auch vom Hange des Bergrands
> Nicht eine Hand voll Erde ins Tal, die Allen unsägliche, sondern
> ein erworbenes Wort, reines, den gelben und blaun Enzian.[59]

Nella *Decima Elegia* (vv. 96-105) è, invece, una silenziosa «anziana lamentazione» a condurre un giovane morto nella valle, in cui sotto la luna brilla quella «fonte della gioia» da cui, in direzione dei vivi, muove un corso d'acqua. Prendendo congedo dalla «lamentazione», il giovane sceglierà tuttavia la direzione opposta a quella della fonte e salirà così verso i «monti del dolore originario», nonché verso la sorte solitaria dalla quale non si udirà più risuonare il suo passo:

> Doch der Tote muß fort, und schweigend bringt ihn die ältere
> Klage bis an die Talschlucht,
> wo es schimmert im Mondschein:
> die Quelle der Freude. In Ehrfurcht
> nennt sie sie, sagt: – Bei den Menschen
> ist sie ein tragender Strom. –
> Stehn am Fuß des Gebirgs.
> Und da umarmt sie ihn, weinend.
> Einsam steigt er dahin, in die Berge des Ur-Leids.
> Und nicht einmal sein Schritt klingt aus dem tonlosen Los.[60]

La discesa del viandante a valle con una parola conquistata – mentre il pugno di terra, per tutti indicibile, resta sulla montagna – e l'ascesa del

---

tribuiti al fiore poetico in una prospettiva diversa: non è la loro visibilità quasi matissiana a conferire un presunto significato al fiore, semmai la loro visibilità retorica. Giallo e azzurro sono qui colori retorici, nel senso che la loro endiadi evidenzia un chiasmo – den ge-lb-en und bl-auen – che non significa se non l'ermetismo del suo significato, la natura assolutamente autarchica, puramente nominale, del fiore. Come dire che l'essenza della poesia è la poesia stessa», AMELIA VALTOLINA, *Blu e poesia. Metamorfosi di un colore nella moderna lirica tedesca*, Milano, Bruno Mondadori, 2002, pp. 95-96.

59 RAINER MARIA RILKE, *Duineser Elegien*, IX, in ID., *Poesie*, cit., vol. II, p. 96: «Anche il viandante, dalla china lungo il ciglio del monte, / una manciata di terra non reca, a tutti indicibile, giù nella valle, / ma una parola da lui conquistata, pura, la gialla e azzurra genziana» (p. 97).

60 *Ivi*, pp. 104-106: «Ma il morto prosegue, lo deve, e tacendo lo guida l'anziana / lamentazione fino in fondo alla valle, alla gola / dove nell'albore lunare riluce: / la fonte di gioia. Lei con rispetto / la nomina, dice: – Tra gli uomini / è una corrente, portante. – // Si fermano ai piedi della montagna. / E là lei lo abbraccia, piangendo. / Solo ascende lassù, sui monti dell'originario dolore. / E dalla sorte muta neppure il suo passo risuona» (pp. 105-107).

giovane morto dalla valle verso il silenzio della montagna rappresentano due comportamenti paradigmatici di Rilke nei confronti dell'indicibile e del silenzio, ma non due opposte scelte di vita e di pratica della poesia: il viandante della *Nona Elegia* è un uomo vivo, mentre colui che compie nella *Decima Elegia* un movimento a questi opposto, salendo verso il silenzio, è un giovane morto. Questi due comportamenti sembrano trovare un luogo di incontro nella raccolta *Vergers*, in cui i due atteggiamenti, evocati nelle *Duineser Elegien* senza connotazioni autobiografiche e differenziati dalle due contrastanti condizioni dei protagonisti (il vivo e il morto), manifestano una chiara aderenza al vissuto di Rilke, trovando emblematicamente in lingua francese la propria conciliazione nella vicenda di chi, come il poeta praghese, si appropria di un modello mitologico tale da consentirgli di considerare il proprio comportamento come quello di un vivo e, al contempo, di un morto.

Nell'esordio di *Vergers*, chi parla in prima persona e in francese è, dunque, Rilke che dice espressamente «io», annunciando che una voce «quasi» sua si è alzata dalla valle per non farvi più ritorno:

> Ce soir mon cœur fait chanter
> Des anges qui se souviennent…
> Une voix, presque mienne,
> Par trop de silence tentée,
>
> monte et se décide
> à ne plus revenir;
> tendre et intrépide,
> à quoi va-t-elle s'unir?[61]

La voce che si alza dalla valle sale «tenera e intrepida», come il giovane morto della *Decima Elegia*, verso qualcosa di ignoto: «a che si unirà?». Al silenzio, si può supporre, perché la voce è decisa a non ritornare, così come non si sente più risuonare il passo del giovane morto quando, salendo verso i «monti del dolore originario», va incontro «all'atona sorte». Di fatto, però, quella voce ritorna, tanto è vero che nel finale di *Vergers* si legge:

> Arrêtons-nous un peu, causons.

---

61  RAINER MARIA RILKE, *Vergers*, n. 1, *ivi*, p. 332: «Stasera fa cantare il mio cuore / angeli che ricordano … / Una voce, quasi la mia, / da troppo silenzio tentata, // sale decisa / a non scendere più; tenera e intrepida, / a che si unirà?» (p. 334).

C'est encore moi, ce soir, qui m'arrête,
c'est encore vous qui m'écoutez.[62]

Si è verificata qui un'ascesa verso l'indicibile e il silenzio, come quella del giovane morto, ma anche un ritorno, una discesa dalla montagna verso la valle abitata, come quella del viandante della *Nona Elegia Duinese*:

Tous mes adieux sont faits. Tant de départs
m'ont lentement formé dès mon enfance.
Mais je reviens encor, je recommence,
ce franc retour libère mon regard.

Ce qui me reste, c'est de le remplir,
et ma joie toujours impénitente
d'avoir aimé des choses ressemblantes
à ces absences qui nous font agir.[63]

La «voce» ha percorso l'itinerario del giovane morto fino all'estremo congedo («Tutti gli addii ho compiuto»), ma da là, allo stesso modo del viandante dal pendio della montagna, è ritornata a valle, vicino al fiume, presso la corrente trascinante che scaturisce tra i viventi dalla «fonte della gioia» («mi resta […] quella gioia impenitente»). La «voce» ha, così, compiuto un movimento duplice: dalla valle verso la montagna, ma anche – di ritorno – dalla montagna verso la valle; quindi dalla valle verso l'indicibile e poi, ritornando, dall'indicibile verso ascoltatori viventi («ancora voi che mi ascoltate»). Non si riproduce qui ancora il duplice movimento di Orfeo, che scende agli inferi e ritorna? Grazie a una lettura mediata dal mito orfico, si giustifica la contraddizione fra questo ritorno («nel mio ritorno si libera lo sguardo») e le parole dell'esordio («Una voce, quasi la mia, / da troppo silenzio tentata, / sale decisa / a non scendere più»), che allo stesso tempo ci permette, però, di cogliere il senso dell'uso da parte di Rilke della lingua francese. Dalla «sorte muta» in cui la voce si è avventurata, come il giovane morto, ciò che ritorna nella valle non è più la lingua di Rilke, il tedesco, ma «una voce» che è quasi la sua, cioè una «*langue prêtée*», ossia il francese.

---

62   Rainer Maria Rilke, *Vergers*, n. 58, *ivi*, p. 396: «Fermiamoci un poco, parliamo. / Sono ancora io, stasera, che mi fermo, / ancora voi che mi ascoltate» (p. 397).
63   Rainer Maria Rilke, *Vergers*, n. 59, *ibidem*: «Tutti gli addii ho compiuto. Tante partenze / mi hanno formato fino dall'infanzia. / Ma torno ancora, ricomincio, / nel mio ritorno si libera lo sguardo. // Mi resta solo da colmarlo, / e quella gioia impenitente / d'avere amato cose somiglianti / a quelle assenze che ci fanno agire» (*ibidem*).

Nell'ultima fase del suo apprendistato a diventare «cosa fra le cose»,[64] Rilke credette che solo una parte di sé potesse raggiungere lo stato perfettamente passivo di «strumento cieco e puro del dicibile»,[65] riconoscendo nella propria volontà un limite invalicabile al totale annullamento. Questa parte di Rilke ha compiuto la sua ultima epifania in lingua tedesca con le *Duineser Elegien* e nei *Sonette an Orpheus*, salendo verso la montagna, decisa a non ritornare, verso lo spazio atono riservato al poeta che giunge alla condizione di strumento «cieco, puro» e *muto* del dicibile.

Il finale di *Vergers* non celebra dunque il ritorno della voce che aveva pronunciato, in tedesco, le *Duineser Elegien* e i *Sonette an Orpheus*, ma il silenzio della lingua tedesca, un risuonare della lingua francese che è la metamorfosi ultima del tedesco in silenzio di sé. In altri termini, il silenzio del tedesco risuona nel francese di *Vergers* sulle tracce di quella parte di sé che il poeta giudicò refrattaria a dissolversi in «strumento cieco e puro» dell'inconoscibile.[66]

Questa lingua del silenzio risuona sulle tracce delle scorie volitive di Rilke, che continuano a essere voce tedesca: «sono ancora io, stasera». Quanto è a nostra disposizione non prova, dunque, solamente che Rilke durante gli ultimi anni di vita utilizzò il tedesco e il francese – forse più il secondo del primo –, ma anche che più d'una volta, in uno stesso giorno, faceva uso delle due lingue per scrivere liriche, cui attribuiva titoli di cui l'uno era la traduzione dell'altro. Poesie, come *Corne D'abondance* e *Das Füllhorn*, si possono davvero comprendere solo se si riconosce nel componimento in tedesco la voce di quella parte di Rilke che il poeta stesso considerava costituita dalle proprie scorie volitive e in quello in lingua francese il silenzio dell'idioma germanico; un silenzio peculiare di quella parte di sé che Rilke considerava dissolta in «strumento cieco e puro» dell'inconoscibile e, tuttavia, era stata richiamata dalla montagna a valle per risuonare sulle tracce delle scorie volitive di un'identità che, agli occhi del poeta praghese, era sospesa fra l'essere uno «strumento cieco e puro» e l'incarnarsi in scorie vedenti e impure.

---

64 A tale proposito, cfr. FURIO JESI, *Rilke*, Firenze, il Castoro, 1971, pp. 4-12.
65 Cfr. nota 20.
66 Si ricordi, inoltre, quanto Paul De Man ha sostenuto in relazione alle poesie francesi di Rilke che «per il loro uso di una lingua straniera, rappresentano una rinuncia alle seduzioni eufoniche del linguaggio», in cui la «figura come conversione della retorica rappresentativa e visiva [...] [a]l momento di realizzarsi [...] si annuncia col suo vero nome: Masque? Non. Tu es plus plein, / mensonge, tu as des yeux sonores. Più ancora dell'enunciato tematico, che può essere sempre interpretato come un recupero del tema al di là della negazione più assoluta, il passaggio al francese indica non solo la conoscenza ma l'avvento della rottura», PAUL DE MAN, *Rilke (Tropi)*, in ID., *Allegorie della lettura*, introduzione e trad. it. di Edoardo Saccone, Torino, Einaudi, 1997, p. 63.

Narciso è doppio, ma è pur sempre Narciso: uno è quello che si congiunge senza residuo con la fonte che lo rispecchia, l'altro è quello che s'identifica con quanto di lui contempla la propria figura nella fonte senza potervisi congiungere. Il segreto dell'identità di Narciso, specchio e al tempo stesso immagine speculare, è il mistero di Orfeo che scende agli inferi, ma ne deve tornare: è l'enigma di chi non può divenire, senza residuo, cosa fra le cose, cosa guardata che però non guarda, e allora dichiara di *dover* sempre stare a guardare.[67] Rilke scrive: «Es gibt immer Zuschaun»;[68] si direbbe che egli, guardandosi allo specchio nella sorte del giovane morto della *Decima Elegia Duinese*, abbia ripetuto la formula «Ich bleibe dennoch»[69] della *Quarta Elegia* nel silenzio del tedesco, dunque nel francese di *Vergers*.

Rilke scoprì, quindi, nel francese la «lingua dell'assenza» che gli permise di parlare ancora e, cioè, di affermare la propria presenza nel silenzio del tedesco. Questa lettura è corroborata, peraltro, dalle scelte tematiche dei *Poèmes Français* in cui, accanto alle liriche che celebrano il paesaggio vallesano e le cose quotidiane, affiora continuamente un complesso di motivi che confluiscono nella cifra dell'assenza e del silenzio, se «con "*Schweigen*" qui intendiamo – credo: nello spirito della poesia – non l'assenza di suoni, bensì l'abdicazione al discorso designante e dimostrativo del mondo e la sua sostituzione con un discorso *esistente* nei simboli verbali, presente esso stesso come mondo, sostituitosi direttamente al mondo».[70]

Questo mondo, di pur limitate dimensioni ma vissuto dal poeta con affettuosa intensità, si rivela soggetto a un perenne moto di trasformazione in qualcos'altro da sé a tal punto che, anche quando viene colto nei suoi aspetti più rassicuranti, appare in una luce singolare, quasi come fosse il risvolto di una più vasta realtà che si indovina come assenza. Ogni cosa esiste, oltre che in sé, anche quale rinvio a un mondo speculare di negazione e assenza, che diviene gradualmente lo spazio d'elezione in cui Rilke si muove in quegli anni e che si spinge fino a impersonificarsi nel «Grand Maître des absences»,[71] oppure a concretarsi nella paradossale ri-

---

67 Sulla centralità di questo processo nella poetica di Rilke cfr. WALTER BUSCH, *Bild – Gebärde – Zeugenschaft. Studien zur Poetik von Rainer Maria Rilke*, Bozen, Sturzflüge, 2003.
68 RAINER MARIA RILKE, *Duineser Elegien*, IV, in ID., *Poesie*, cit., vol. II, p. 70: «C'è sempre da guardare» (p. 71).
69 *Ibidem*: «rimango tuttavia» (*ibidem*).
70 MANFRED FRANK, *Gott im Exil. Vorlesungen über die neue Mythologie*, Frankfurt am Main, Suhrkamp, 1988, p. 185.
71 RAINER MARIA RILKE, *Vergers*, n. 6, in ID., *Poesie*, cit., vol. II, p. 336: «Grande Maestro delle assenze» (p. 337).

cerca della «présence absente»,[72] di cui si fa cifra ripetutamente l'immagine dell'acqua che scorre, perché a un tempo è "assenza", in quanto continuo defluire della sostanza, ma anche "presenza", data dal protrarsi dello scorrere e del ricambio ininterrotto.

Le immagini dell'assenza sono, perciò, talmente frequenti nelle quattro raccolte francesi di Rilke da costituirsi in una sorta di griglia tematica unificante; se si considera la vicenda artistica di Rilke come definizione del rapporto tra «Io» e realtà, approdata da ultimo alla constatazione dell'impossibilità di stabilire tale rapporto, si può forse concepire il tema dell'assenza come una concreta rappresentazione di questa stessa impossibilità. Il reale si è ridotto nell'esperienza del tardo Rilke alle cose quotidiane, eppure anche queste ultime si rivelano soprattutto come rimando ad un nulla – a un'assenza –, che rappresenta l'altra parte essenziale dell'esperienza, quella che normalmente ci sfugge. Proprio nella percezione dell'assenza la critica ha riconosciuto uno dei principali compiti della poetica dell'ultimo Rilke[73] che, giunto alla fine del proprio apprendistato, sembrò accettare l'esistente intendendolo come una presenza dell'assenza, come uno spazio nel quale si colloca il reale. Questo toglie ogni sapore di negatività alla constatazione dell'assenza pervasiva all'interno delle raccolte francesi del poeta, che colpiscono per la loro estrema trasparenza e l'assenza di tensione nella dizione poetica. Le poesie francesi di Rilke comunicano così felicità, pace, pienezza dell'esistenza a tal punto che la coppia di concetti che domina le *Duineser Elegien* – la polarità fra lamento e celebrazione – sembra in esse fondersi e il primo lasciare completamente spazio al secondo: la visone è serena, conquistata e drammaticamente maturata nel corso della lunga crisi, in cui per Rilke non è stato più possibile distinguere fra la vita e la morte, o meglio in cui la vita non gli è più stata concepibile senza la morte e il reale poteva esistere solo profilato sullo sfondo del nulla, benché quest'ultimo sia un termine che lo stesso Rilke tende a respingere per il totale vuoto di positività che esprime.

La maggior parte delle liriche francesi è caratterizzata, così, da un'estrema ricercatezza espressiva che riguarda spesso la sola forma esteriore delle parole. Si pensi, ad esempio, al favore goduto presso Rilke dal termine «*verger*» per la sua ripetizione interna di due «sillabe simmetriche»,[74] ma

---

72   RAINER MARIA RILKE, *Les Quatrains Valaisans*, n. 16, *ivi*, p. 412: «presenza assente» (p. 413).
73   Cfr. GIULIANO BAIONI, *La musica e la geometria*, in RILKE, *Poesie*, cit., vol. I., p. LXXII.
74   Cfr. RAINER MARIA RILKE, *Vergers*, n. 29, I, in ID., *Poesie*, cit., vol. II, p. 358: «Verger: [...] Mon clair [...] qui dans ses syllabes redouble tout et devient abondant»

soprattutto per le possibilità espressive che esso dischiudeva, come lo stesso poeta scrive:

> Da ist, erstens, der Wohlklang des Wortes, verstärkt noch durch die klangliche wie optische Ähnlichkeit der beiden »syllabes symétriques« (*Vergers* 29.I, V.15), an den Wechsel von Ein- und Ausatmen erinnert (»nom qui respire« V.12); zweitens der Anklang an das lateinische ›ver‹, was an Frühling denken läßt, aber auch an die Welt der Antike und ihre Mythologie überhaupt, an die kultische Feier des ›ver sacrum‹ (»nom clair qui cache le printemps antique« V.13); drittens schließlich die Homonymie oder Klangähnlichkeit mit anderen Wörtern voller Bezüglichkeit: mit ›verge‹ (Phallus), mit ›vergé‹ (›papier vergé‹ ist ein mit Wasserzeichen aus parallelen Linien versehenes Papier) und, natürlich, mit ›vers‹ (Vers, Verszeile, Gedicht).[75]

Per Rilke il ritornare insistito sui dettagli visivi, sul suono delle sillabe della parola «*verger*» e sullo sviluppo di similitudini e metafore grazie ad essa, equivale ad assaporare le cose, a esplorarle e a circoscriverne i limiti, cogliendo con ciò il punto in cui esse, dalla percezione del senso comune, mutano da realtà concrete a occasioni di percezione dell'assenza, come il poeta scrive in una sua lettera a Sophy Giacque: «Le visible est pris d'une main sûre, il est cueilli comme un fruit mûr, mais il ne pèse point, car à peine posé, il se voit forcé de signifier l'invisible».[76]

Il frequente ricorso di Rilke, con un crescendo che si accentua nelle poesie di lingua tedesca negli ultimi mesi di vita, a termini astratti in lingua francese comporta una sottrazione di corporeità, di materialità, d'individualità e, cioè, di presenza concreta delle cose, che diventano puri poli di un rapporto, funzioni, elementi di un insieme di tensioni. È proprio dalla

---

(«Verziere [...] limpido nome [...] nelle tue sillabe armoniose tutto raddoppi e fai abbondante», p. 359).

75  RILKE, *Werke*, cit., vol. V, p. 457: «In primo luogo è l'armonia del termine, persino corroborata dalla somiglianza sonora e visiva delle due «sillabe simmetriche» (*Vergers*, 29.I, V. 15), che ricorda l'intervallo fra inspirazione ed espirazione («nome che respira» V. 12); in secondo luogo, la reminiscenza del latino "ver", che fa pensare alla primavera, ma anche agli antichi e soprattutto alla loro mitologia, alle celebrazioni rituali del "ver sacrum" («sacro nome che nasconde l'antica primavera» V. 13); in terzo luogo, certamente l'omonimia o l'assonanza con altre parole ricche di riferimenti: con "*verge*" (fallo), con "*vergé*" (il "papier vergé" è un tipo di carta vergato con linee parallele di filigrana) e naturalmente con "*vers*" (verso, strofa, poesia)».

76  RILKE, *Briefe in zwei Bänden*, cit., vol. II, p. 381: «il visibile è preso da mano sicura, è colto come un frutto maturo, ma non pesa affatto, perché appena posato si vede costretto a significare l'invisibile»

relativa scomparsa della presenza concreta delle cose, sostituita da indicazioni astratte, che diviene percettibile lo spazio di assenza che circonda tutta la realtà. L'acqua che scorre, ad esempio, offre l'immagine del movimento, ossia del rapporto che delimita mediante un "non-più" e contemporaneamente un "non-ancora". Uno spazio presente di per sé indicibile e, pertanto, eminentemente assente:

> Le petite cascade chante
> [...] On sent la présence absente
> que l'espace a bue.[77]

La stessa esperienza di percezione dell'assenza si traduce in termini di fuggevolezza del rapporto amoroso, ridotto a «un breve soggiorno» che trema tra «troppo arrivo» e «troppa partenza»:

> Clair et rapide amour, indifférence,
> presque absence qui court,
> entre ton trop d'arrivée et ton trop de partance,
> tremble un peu de séjour.[78]

Altre esperienze di percezione di uno spazio assente vengono cifrate nell'immagine della trasparenza, ad esempio del vetro, che a un tempo rispecchia debolmente le cose e lascia passare lo sguardo, così che l'immagine appaia contemporaneamente presente e assente.[79] Oppure, ancora, nella specularità dell'albero, in cui rami e radici si corrispondono, a tal punto che non si capisce se esso si alimenti attraverso il suolo e si protenda verso il cielo o viceversa: in modo tale che rami e radici, in realtà, si intendono solo come reciproca presenza assente, come un reciproco rinvio.[80] Peculiari delle poesie francesi sono anche l'estrema fedeltà della percezione e l'aderenza alle vibrazioni più sottili dei movimenti: una precisione che

---

77 Rainer Maria Rilke, *Les Quatrains Valaisans*, n. 16, in Id., *Poesie*, cit., vol. II, p. 412: «Canta la piccola cascata, [...] Si sente la presenza assente / che nello spazio è svanita» (p. 413).
78 Rainer Maria Rilke, *Vergers*, n. 18, *ivi*, p. 346: «Limpido amore sfuggente, indifferenza, / quasi assenza che corre, / tremi tra l'ardore della partenza e del ritorno» (p. 347).
79 Cfr. Rainer Maria Rilke, *Vergers*, n. 12, *ivi*, pp. 340-341.
80 Cfr. Rainer Maria Rilke, *Vergers*, n. 38, *ivi*, pp. 372-373. Sull'immagine dell'albero in Rilke, mediata dalla poetica di Valèry, cfr. Hella Montavon-Bockmühl, *Der Baum als Symbol bei Rilke und Valéry*, in "Blätter der Rilke-Gesellschaft", 19 (1992), pp. 41-56.

lungi dall'essere incrinata dalla tendenza a rivestirsi di termini astratti, ne è spesso esaltata, quasi che delle cose percepite venga spesso offerto non l'aspetto esterno e superficiale, ma una visione più essenziale, una funzione, un senso misterioso e pure realissimo. Ciò significa che la lingua è astratta e sensuale allo stesso tempo; il poeta riesce a mantenere il difficile equilibrio tra concretezza della sensazione e rinvio a un alone di significati reconditi. A tale proposito Rilke ha composto in lingua francese la lirica *À Madame Jeanne-René Dubost*, i cui versi sono particolarmente significativi, perché si richiamano direttamente al poliglottismo del poeta:

> Ô le ruban léger dont les bouts flottent,
> Poème sur un thème éternel
> Qu'écrit soudain un doux vent polyglotte,
> Qui te lirait selon ton sens réel,
> Flottant adieu...[81]

Il «dolce vento poliglotta» è ciò che sfiora la superficie della lingua negli scritti francesi di Rilke e, grazie a questo, essa tende ad essere *altra da sé*, per essere maggiormente sé stessa. Questo «vento», che il poeta dice essere «dolce», riporta nuovamente a Duino, il luogo in cui il poeta sentì una voce, evidente ma invisibile in pieno giorno,[82] che avrebbe in seguito chiamato «la lingua degli Angeli».[83] Duino, infatti, fu innanzitutto per Rilke il luogo in cui avvertì la «tempesta» delle *Elegien*,[84] senza la quale la sua vita

---

[81] Rainer Maria Rilke, *À Madame Jeanne-René Dubost*, in Id., *Werke*, cit., vol. II, p. 682: «O nastro leggero le cui estremità ondeggiano, / poema su un tema eterno / che un dolce vento poliglotta repentinamente scrive, / chi ti leggerà secondo il tuo reale senso, / ondeggiante addio...». Sul «dolce vento poliglotta» nella poetica rilkiana cfr. Roger Bauer, *«Un doux vent poliglotte». Les poèmes en double version allemande et française de Rainer Maria Rilke*, in "Revue d'Allemagne", 13 (1981), pp. 313-337.

[82] Quest'esperienza duinese di Rilke si evince dai ricordi della stessa principessa Marie von Thurn und Taxis, *Erinnerungen an Rainer Maria Rilke*, München/Berlin/Zürich, Niehans,1937, pp. 40-41.

[83] Per le peculiarità di questa lingua, cfr. Roberto Carifi, *La lingua dell'angelo*, in Rainer Maria Rilke, *Poesie Francesi*, a cura di Roberto Carifi, Milano, Crocetti, 1996, pp. 7-16; Massimo Cacciari, *L'angelo necessario*, Milano, Adelphi, 1992. Sulla figura dell'angelo in Rilke prima delle «tempesta» delle *Elegien*, cfr. Paolo Bernardini, *Gli angeli di Rilke. Studi e note sulla cultura europea nel Novecento*, Genova, Name, 1999, pp. 77-103; Ursula Franklin, *The Angel in Valéry and Rilke*, in "Comparative Literature", 35 (1983), pp. 215-246.

[84] Cfr. la lettera di Rilke alla principessa Marie von Thurn und Taxis, spedita da Muzot l'11 febbraio 1922, in cui si legge: «Alles in ein paar Tagen, es war ein namenloser Sturm, ein Orkan im Geist (wie damals in Duino), alles was Faser in mir ist

non sarebbe stata sfiorata da un «dolce vento poliglotta». Questo «vento», tuttavia, non deve essere inteso come un residuo della «tempesta» duinese, bensì come un suo esito intensificato proprio perché sottratto alla sua connotazione più naturalistica e respinto al limite dell'esistenza, al di là delle sue eccezioni fenomeniche più vistose. Si tratta quasi di un ritorno all'intimità dell'infanzia, all'*interieur* della sua casa praghese, ma un *interieur* in cui ora, al termine di un lungo apprendistato, o le cose sono mute e con esse si tace, oppure le cose parlano. L'intimità dell'infanzia, come la metamorfosi del visibile in invisibile nell'esperienza della scrittura e della morte, lascia nominare così il mondo nel punto che più di tutti si arrischia nell'esteriorità quasi ridotta a nulla, trasfigurata al punto tale da rendersi prossima a quel «Nirgends ohne Nicht»[85] che, nell'*Ottava Elegia*, Rilke dichiara accessibile solo all'infanzia e alla morte, grazie a uno sguardo indeterminato e somigliante a quello animale. Per *dire* questa prossimità al non luogo dell'estrema metamorfosi del visibile, il poeta ricorre a una lingua *altra* e familiare allo stesso tempo, cioè la lingua che sua madre parlava con lui spesso quand'era bambino: la lingua della pura presenza (e cioè dell'assenza), in cui risuona quella «lingua degli Angeli», evidente ma invisibile, che Rilke aveva sentito a Duino.

---

und Geweb, hat gekracht», RAINER MARIA RILKE – MARIE VON THURN UND TAXIS, *Briefwechsel*, a cura di Ernst Zinn, Frankfurt am Main, Insel, 1986, vol. II, p. 698: «tutto in pochi giorni, è stata una tempesta senza nome, un uragano nello spirito (come allora a Duino), e tutto ciò che in me è fibra e tessuto, ha scricchiolato». Per un'analisi del significato dei luoghi nelle *Duineser Elegien*, cfr. MOIRA PALEARI, *I luoghi della riflessione poetica nelle Elegie Duinesi*, in *Rainer Maria Rilke – Alla ricerca dello "spazio interiore del mondo" tra arti figurative, musica e poesia*, a cura di Cives Universi Centro Internazionale di Cultura, Milano, DSU, 2008, pp. 149-163

85  RAINER MARIA RILKE, *Duineser Elegien*, VIII, in *Poesie*, cit., vol. II, p. 90: «non luogo, senza non» (p. 91).

Silvia Vezzoli

# RIPETIZIONI E STILE FORMULARE IN *DROSSELNACHT* DI HERTA MÜLLER

1. *La formula. Un'introduzione*

Diversi sono gli strumenti che uno scrittore ha a disposizione per ottenere gli effetti desiderati in un testo. Tra questi, degna di nota per la sua varietà di utilizzo è la ripetizione. Gli strumenti della linguistica testuale, che inducono a considerare il testo come unità superiore composta da frasi strettamente correlate tra loro e in rapporto di interdipendenza reciproco, portano a osservare criticamente le funzioni testuali di diverse tipologie di ripetizione. Il breve racconto *Drosselnacht* (*La notte del tordo*),[1] della pluripremiata scrittrice tedesca di origine rumena Herta Müller, si presta come campo d'indagine ideale per uno studio dell'uso che viene fatto di questo elemento retorico e stilistico.

La diffusione della linguistica testuale in Italia, grazie anche alle ricerche di Maria-Elisabeth Conte, ha fornito una risposta alla sempre più sentita esigenza di superamento di una linguistica ancorata alla grammatica dell'enunciato, che non riusciva a tenere conto né di quello che la dimensione frasale supera, né dell'interagire linguistico tra frasi. Già Roland Barthes, nel 1966, esprimeva, d'altronde, l'esigenza di una «seconda linguistica»:

> la linguistica si arresta alla frase: è l'ultima unità di cui ritiene d'avere il diritto d'occuparsi; [...] Al di là della frase e per quanto composto unicamente di frasi, il discorso deve essere naturalmente l'oggetto d'una seconda linguistica.[2]

Per meglio cogliere il significato e la funzione che la ripetizione svolge all'interno del racconto di Müller, ci si è cimentati nella sua traduzione in

---

1 Herta Müller, *Drückender Tango*, Hamburg, Rowohlt, ³1996, pp. 76-85.
2 Roland Barthes, *Introduzione all'analisi strutturale dei racconti*, in Id., *L'analisi del racconto*, a cura di Roland Barthes *et al.*, Milano, Bompiani, 1969, p. 10.

italiano.[3] Le relazioni di interdipendenza reciproca tra le proposizioni e l'individuazione della struttura speculare del testo, che verranno trattate a breve, si sono rese particolarmente evidenti nel lavoro di trasposizione dal tedesco all'italiano. Traducendo, infatti, è emerso il grande numero di elementi ripetuti, ponendo il problema della loro classificazione. In particolare, un tipo di ripetizione riscontrata nel testo si è distinta dalle altre. Essa pare essere analoga a quello che nelle opere omeriche si indica con «stile formulare», che consiste nella ripetizione in ugual forma di determinate espressioni («formule», appunto) con lo scopo di rievocare miti, eventi o personaggi introdotti precedentemente in un'opera. Come sostiene Maurizio Dardano, della formularità omerica

> sono state messe in luce due funzioni essenziali: la memorizzazione dei testi da parte degli aedi e la facilitazione concessa al pubblico per riconoscere personaggi, miti ed eventi. Lo stile formulare di Omero [...] è sempre mirato alle attese del destinatario.[4]

Le ripetizioni che paiono essere analoghe a tale stile formulare non sono di forma uguale a quelle omeriche; non si tratta, cioè, di epiteti o di verbi. Tuttavia, ciò che sembra essere in linea con queste ripetizioni è la loro funzionalità che, come sostiene Dardano nella citazione, «è sempre mirat[a] alle attese del destinatario».

Quando si parla di ripetizione di formule fisse le aree di studio coinvolte sono ampiamente diversificate. Alison Wray ha indagato questo fenomeno su più livelli e ha fornito una definizione generale del termine, proprio per cercare di coprire il maggior numero di ambiti possibili. Secondo la studiosa, una formula è un insieme di

> words and word strings which appear to be processed without recourse of their lowest level of composition.[5]

---

3   D'ora in poi tutte le traduzioni delle citazioni dal racconto e in generale ove non specificato sono di chi scrive.
4   MAURIZIO DARDANO, *Formularità medievali*, in *Il linguaggio formulare in italiano tra sintassi, testualità e discorso*, Atti delle Giornate Internazionali di Studio (Roma, 19-20 gennaio 2012), a cura di Claudio Giovanardi e Elisa De Roberto, Napoli, Loffredo Editore, p. 120.
5   ALISON WRAY, *Formulaic Language and the Lexicon*, Cambridge, Cambridge University Press, 2005, p. 4.

L'inscindibilità tra le parole sarebbe, quindi, una caratteristica essenziale, come si evince anche dalla voce *Formulaic Language* dell'*Encyclopedia of Language and Linguistics*:

> the term «formulaic language» refers to two or more words which may or may not be adjacent and which have a particular mutual affinity that gives them a joint, grammatical, semantic, pragmatic, or textual effect greater than the sum of the parts.[6]

Muovendo da un articolo di Federica Venier[7] sulla ricorsività formulare in retorica, la quale, come caso di studio, analizza l'opera *In der Falle* (*In trappola*) di Herta Müller[8], tra l'altro da lei brillantemente tradotta per i tipi di Sellerio, ci si ripropone di far emergere le ripetizioni presenti nel racconto *Drosselnacht* e di individuare quelle che hanno una funzione specifica, sia a livello semantico che a livello sintattico, per l'interpretazione del testo. In questo contesto si chiameranno «formule informative» quest'ultime ripetizioni, poiché esse posseggono tratti comuni sia a quelli delle formule, che si concentrano sul piano semantico, sia ai tratti stilistici individuati da Venier, la cui funzione è indirizzata alla coesione del testo, quindi al livello sintattico. Si vedrà, da un lato, quindi, come esse siano rilevanti per il significato globale dell'espressione e non per quello delle singole parole. A tal proposito, Elisa De Roberto si richiama allo studio di Sylviane Lazard[9] sulle «espressioni fabbricate» in *Pinocchio*:

> la reazione dei personaggi di fronte a particolari situazioni e l'espressione della disperazione, della delusione, della gioia, dell'esultanza paiono affidate a espressioni fisse e a enunciati legati. [...] Lazard osserva come la sequenza «dovevo pensarci prima» non possa essere interpretata soltanto letteralmente; piuttosto nel romanzo di Collodi essa ricorre ogni qual volta si è prodotto un evento negativo rispetto al quale il personaggio esprime rammarico e rimorso, riconoscendo la propria responsabilità. In tal senso sembra

---

6   ALISON WRAY, *Formulaic Language*, in *Encyclopedia of Language and Linguistics*, a cura di Keith Brown, Oxford, Elsevier, 2006, p. 591
7   FEDERICA VENIER, *Conseguenze retoriche dei meccanismi formulari della lingua. Alcuni spunti di riflessione*, in *Il linguaggio formulare in italiano tra sintassi, testualità e discorso*, cit., p. 83-96.
8   HERTA MÜLLER, *In der Falle*, Göttingen, Wallstein Verlag, 1996.
9   SYLVIANE LAZARD, *Structures figées, structures libres dans un type spécifiques de conditions d'énunciation: du désespoir à l'exultation*, in *L'idiomaticité dan les langues romanes*, a cura di Maria Helena Araùjo Carreira, Paris, Université Paris 8 Vincennes Saint Denis, 2010, pp. 169-216.

confermato che il significato globale di una formula differisce da quello della somma dei suoi singoli componenti, poiché porta con sé un surplus di informazione semantica.[10]

L'utilizzo delle «espressioni fabbricate» da Collodi sembra coincidere con quello delle formule riscontrate nel racconto *Drosselnacht*, essendo anch'esse elementi inscindibili e unitari con funzione interpretativa, in quanto portatrici di un «surplus di informazione semantica». Dall'altro lato, secondo quanto sostenuto da Venier, esse si possono considerare un tratto peculiare dello stile dell'autrice. Ne *In trappola*, Venier identifica tre tratti formulari, che svolgono una funzione coesiva e che sono riconducibili al campo stilistico mülleriano: la semplicità sintattica, la complessità semantica e la formularità figurale. A questi tratti si aggiunge il tipo di formula oggetto di questo contributo, che completa la «cifra stilistica»[11] di Herta Müller. L'ermeticità che queste formule conferiscono al racconto, infatti, è caratteristica principale di tutta la narrativa dell'autrice, nella quale il lettore, attraverso elementi testuali come proprio la ripetizione, è indotto a intraprendere una serie di riflessioni che gli permettono di comprendere i fatti narrati inferendo notizie in modo indiretto.

## 2. Tre tipologie di ripetizione in Drosselnacht

*Drosselnacht* tratta, nella vaghezza geografica e temporale che caratterizza i testi mülleriani, di un frammento di vita famigliare, che vede il figlio, Martin, partire per la guerra e non fare ritorno. È un testo, questo, fortemente metaforico ed evocativo, nel quale la presenza di parole appartenenti al campo semantico della visualità detiene il primato. Il racconto è pervaso da termini, immagini e espressioni che si richiamano suggestivamente tra loro, non solo a livello intratestuale, ma anche intertestuale, come se esistesse una fitta rete di parole e immagini che innerva il macrotesto di Herta Müller. In *Drosselnacht* sembrerebbe possibile individuare quattro categorie di ripetizione, l'ultima delle quali è rappresentata dalle ripetizioni formulari, intese come sopra.

La prima tipologia è costituita dalle ripetizioni lessicali. Esse superano i confini del racconto, interagendo con le altre opere mülleriane e creando una

---

10  Elisa De Roberto, *Introduzione*, in *Il linguaggio formulare in italiano tra sintassi, testualità e discorso*, cit., p. 22.
11  Venier, *Conseguenze retoriche dei meccanismi formulari della lingua*, cit., p. 93.

struttura macrotestuale. Per esempio, nelle poche pagine del racconto ricorrono spesso i termini «*Dorf*» («villaggio»), «*schwarz*» («nero»), «*rot*» («rosso»), «*Spiegel*» («specchio»), «drehen» («girare»), «*Hügel*» («collina»), «*Wolken*» («nuvole»), che si ritrovano non solo negli altri racconti della silloge *Drückender Tango*, ma anche in altri testi dell'autrice. Un'analisi approfondita rivelerebbe una fitta rete di intrecci lessicali che lega tutte le opere, mettendo in evidenzia quanto le parole svolgano un ruolo importante per l'autrice e per la sua produzione letteraria. È sulle parole, infatti, che Herta Müller riflette nei suoi saggi[12] ed è sulla materialità delle stesse che si concentrano le sue più bizzarre e originali opere collagistiche,[13] in cui la casualità con cui vengono accostati i ritagli che compongono le frasi stride con il risultato del processo di accostamento, causando una forte tensione tra significante e significato. Eppure, avrebbe potuto dare luogo a un ordine, perché l'autrice, così dedita ai dettagli, alle immagini, ai paesaggi naturali della sua infanzia e ai colori, avrebbe potuto associare a ogni parola un certo colore e un preciso *font* e ciò avrebbe potuto fornire un significato preciso, univoco a un determinato termine. Ripetendo, poi, per ogni parola, uno sfondo sempre uguale avrebbe potuto creare passaggi unidirezionali di significato. Viene allora da chiedersi perché questo caos di significanti, perché, ad esempio, i nomi dei colori non corrispondono al colore dei ritagli delle rispettive parole? Forse proprio questo caos e questo stridore rappresentano, anche meglio che in altre opere, una volontà di trasgressione, che si performa nella stessa attività di creazione dell'opera e, solo in un secondo momento, di fruizione da parte di un ipotetico pubblico. In ogni caso, ciò che emerge dai lavori collagistici di Müller è la particolare attenzione alla materialità delle parole e della lingua. Immediatamente si percepisce, da questi lavori, il rapporto che Müller intrattiene con il linguaggio, un rapporto complesso, fortemente individuale basato su un repertorio di parole potenzialmente infinito, poiché uno dei vezzi dell'autrice è quello di creare neologismi compositi,

---

12  Cfr. HERTA MÜLLER, *Der König verneigt sich und tötet*, Frankfurt am Main, Fischer Verlag, [5]2009, pp. 7-39; ID., *Immer derselbe Schnee und immer derselbe Onkel*, Frankfurt am Main, Fischer Verlag, 2013, pp. 7-21.
13  I collage di Herta Müller si possono classificare in due tipologie: la prima, che comprende *Der Teufel sitzt im Spiegel* (1991) e *Der fremde Blick, oder das Leben ist ein Furz in der Laterne* (1999), vede la compresenza di pagine di collage e pagine di testo. La seconda, che comprende *Der Wächter nimmt seinen Kamm* (1993), *Im Haarknoten wohnt eine Dame* (2000), *Die blassen Herren mit den Mokkatassen* (2005) e *Vater telefoniert mit dem Spiegel* (2012), vede la sola composizione collagistica. Di questa seconda categoria, poi, si distingue la prima composizione, un cofanetto in cui sono custodite 95 cartoline-collage.

e il collage le permette, anche in questo senso, la massima espressione e creatività. I collage pongono l'attenzione sulle singole parole e ne evidenziano il peso che esse hanno nella poetica mülleriana.

La seconda categoria è quella della ripetizione figurale, che rimanda a un uso altamente evocativo del linguaggio. Per comprendere il significato, è interessante soffermarsi sulle tre immagini inziali di *Drosselnacht*. Esse si riflettono nella chiusa del racconto come a marcarne i confini.

La prima, il vento con le nuvole rosse tra le colline che cade sul fogliame degli alberi, apre il racconto e trasporta immediatamente il lettore nel luogo in cui si svolge l'azione, l'ipotetico villaggio svevo:

> Als es anfing, was ich dir erzähl, war um die Hügelspitzen hinterm Dorf der Wind mit roten Wolken übers Laub gefallen.[14]

> Quando iniziò quello che ti sto per raccontare, il vento, con le nuvole rosse, si era abbattuto sulle foglie in cima alla collina dietro al paese.

La stessa immagine, seppur descritta diversamente, viene rievocata nel finale:

> Die Wolken schwimmen jeden Morgen durch das Laub. Sie sind ein Blutband überm Hügel.[15]

> Le nuvole nuotano ogni mattina tra le foglie. Sono un nastro di sangue sulla collina.

Le nuvole sono rese rosse dalla metafora: esse sono infatti un «Blutband»[16] di sangue, che rimanda implicitamente al colore rosso dell'immagine iniziale. Il termine «Blutband», poi, ricorda a livello fonetico, «Blutbad» («bagno di sangue»), creando un suggestivo richiamo alla devastazione della guerra, per la quale Martin e tanti ragazzi del villaggio lasciano le proprie case.

La seconda è l'immagine del paese che viene idealmente collocato sul fondo di un grande boccale di vetro, come fosse un ammasso di pietre:

> Der Morgen war ein Krug aus Glas und unser Dorf ein Steinhaufen auf seinem Grund.[17]

---

14  MÜLLER, *Drückender Tango*, cit., p. 76.
15  *Ivi*, p. 85.
16  *Ibidem*.
17  *Ivi*, p. 76.

> Il mattino era un boccale di vetro e il nostro paese un pietrame sul suo fondo.

Immagine ripresa poi a fine testo:

> Nur denk ich so für mich, wenn ich das Laub über dem Hügel seh, daß unser Dorf so klein geblieben ist im großen Krug. Und keiner suchts und keiner findet es. [18]
>
> Penso solo, tra me e me, quando guardo il fogliame sulla collina, che il nostro paese è rimasto così piccolo in questo grande boccale. E nessuno lo cerca e nessuno lo trova.

La rappresentazione metaforica del villaggio come un mucchio di pietre dimenticato dal mondo sembra voler rafforzare lo stato di isolamento e di chiusura mentale in cui riversava il villaggio natio dell'autrice.

La terza immagine è la similitudine che vede il paese paragonato a uno scarafaggio piccolo e nero che rovista nel letame:

> [Der Morgen war ein Krug aus Glas und unser Dorf ein Steinhaufen auf seinem Grund], so klein und schwarz, wie ein Käfer, der im Mist der Erde wühlt. [19]
>
> [Il mattino era un boccale di vetro e il nostro paese un mucchio di rocce sul suo fondo], così piccolo e nero, come uno scarafaggio che rovista nel letame della terra.

Ripresa alla fine:

> Das Dorf war so dreckig und so schwarz in diesem Winter, daß es wie ein Käfer im Mist der Erde wühlt. [20]
>
> Il paese era così sporco e nero quell'inverno, che sembrava rovistasse come uno scarafaggio nel letame della terra.

Anche con questa similitudine il paese, rappresentato come uno scarafaggio, piccolo, sporco e nero, sembra attraversato da miseria, sudiciume e, ancora una volta, isolamento.

La struttura che questi vicendevoli rimandi a inizio e fine testo creano è quella di un riflesso speculare. Lo specchio è uno degli oggetti emblematici

---

18   *Ivi*, p. 85.
19   *Ivi*, p. 76.
20   *Ivi*, p. 85.

che emerge dai testi di Müller, nonché lo spunto per diverse riflessioni poetologiche dell'autrice stessa[21]. Da un lato, il divieto di guardarsi allo specchio da parte della nonna[22] viene visto come l'impossibilità di autoidentificazione, in particolare della donna, in una comunità patriarcale[23]. D'altro canto, si avanza in questa sede una diversa visione del rapporto con questo oggetto, come metafora della condizione di chiusura della comunità nei confronti del mondo esterno: guardarsi allo specchio significa osservare il guscio che racchiude l'anima, la parte esterna dell'essenza di un individuo, il corpo, la superficie concreta e tangibile di un essere umano. Metaforicamente, ciò che è esterno, è il mondo al di fuori del villaggio, oltre il guscio che circonda e racchiude la comunità, al di là delle pareti di vetro del boccale, il cui fondo è rappresentato dal paese, piccolo e nero. *Drosselnacht* si offre a una lettura di questo tema a livello narrativo, quando viene descritto il volto di Martin riflesso nello specchio come se fosse un diavolo o la morte in persona:

> Martin schaute in den Spiegel. Sein Scheitel lief wie eine Schnur von seiner Stirn den Schädel hinauf. Sein Gesicht war rot, wie der Kopf der Drossel, wie die Wolken überm Hügel. Martin fuhr sich mit dem Kamm durchs Haar. Er schaute sein Gesicht im Spiegel an und schrie: Wenn ich gehen will, dann laßt mich gehnt. Jeder, der im Dorf was zählt, muß gehen. Seine Augen glänzten tief im Glas.[24]

> Martin guardava nello specchio. La riga, dalla fronte, gli percorreva il cranio come una corda. Il suo viso era rosso, come la testa del tordo, come le nuvole sulla collina. Martin fece scorrere il pettine tra i capelli. Guardò il suo viso nello specchio e gridò: se voglio andare, allora lasciatemi andare. Tutti quelli che in paese contano qualcosa devono andarsene. I suoi occhi luccicavano profondi nello specchio.

La riga tra i capelli attraversa il «cranio» («*Schädel*»), il volto è rosso come la testa del tordo, che nel racconto incarna la morte, e come le nuvole sulle colline, che formano un nastro di sangue. Martin, guardandosi allo specchio, grida alla madre e i suoi occhi luccicano nel vetro, come successi-

---

21 HERTA MÜLLER, *Der Teufel sitzt im Spiegel. Wie Wahrnehmung sich erfindet*, Berlin, Rotbuch Verlag, 1991, pp. 24-26, 54-55.
22 *Ivi*, p. 22.
23 Cfr. JELENA ULRICH REINHARDT, *Sotto gli occhi, tra le parole. Herta Müller da Ceauçescu al Nobel*, Perugia, Morlacchi Editore, 2013, pp. 129-133; PAOLA BOZZI, *Der Fremde Blick. Zum Werk Herta Müllers*, Würzburg, Verlag Königshausen & Neumann, 2005, pp. 68-84.
24 MÜLLER, *Drosselnacht*, p. 77.

vamente luccicherà la brace rossa nella stufa. Come si vede, i termini utilizzati fan parte del campo semantico del mostruoso e conferiscono un'atmosfera infernale a questo passaggio. Inoltre, l'immagine di Martin che, fisso davanti allo specchio, urla che lo si lasci andare, evoca, per contrasto, un'altra immagine, quella della madre che, attraverso il vetro della finestra, vede i padri e i figli del villaggio incamminarsi verso la stazione per andare in guerra e spera fortemente che Martin non li veda e che non decida di partire.[25] Di connotazione non certo più positiva è il riferimento all'acqua come uno specchio, che tremando rende chi vi si specchia vecchio: «*Das Wasser ist ein böser Spiegel, es zittert und es macht uns alt*» («L'acqua è uno specchio cattivo, trema e ci rende vecchi»). La struttura speculare del racconto crea un particolare nesso tra significante testuale (inteso come forma del testo) e significato veicolato. Anche in questo caso si può fare riferimento ai collage: a livello teorico, infatti, questa corrispondenza sembra anticipare il lavoro degli ultimi testi collagistici, dove, come già detto, forma e significato entrano in una nuova relazione, creando effetti che vanno al di là della dimensione testuale. Nei collage, infatti, il testo non è costituito da un susseguirsi lineare di parole nere su carta bianca, piuttosto è una composizione di ritagli di parole provenienti da riviste e quotidiani, diversi per font, grandezza e colore. Ogni parola è in realtà una rappresentazione di parola, in cui non è presente solo il significato veicolato dalla parola stessa, ma interagiscono diversi livelli di significante che forniscono un surplus di significato. Nei collage, la forma di ogni testo è parte integrante del significato globale dello stesso: la disposizione di immagini e parole, colori e forme, seppur casuale, fornisce indirettamente suggestioni che influenzano la lettura del testo. Così il racconto, instaurando una relazione tra significante e significato testuale, crea un ulteriore significato, che va oltre le mere parole scritte. Il risultato è una forma, quasi visiva, che fa emergere il tema dello specchio, a cui si è già accennato, e che suggerisce un nuovo modo di interpretare il racconto.

Il terzo tipo di ripetizione riprende quella che Prak-Derrington nella sua analisi delle ripetizioni presenti nel romanzo *Atemschaukel* (*L'altalena del respiro*),[26] identifica come secondo «*Wiederholungstyp*» («tipo di ripetizione»):

---

25 «Ich sah die Väter mit den Koffern durch die Fensterscheibe gehen, und sah die Söhne mit den leeren Händen gehen. [...] Jedesmal, wenn ich allei nim Zimmerstand, sah ich sie gehn und dachte jedesmal: Wie gut, daß Martin nicht im Zimmer steht und sieht. Ich dachte: Vielleicht merkt er nich, wie viele gehen», *ivi*, p. 78.
26 Herta Müller, *Atemschaukel,* München, Carl Hanser Verlag, 2009.

wenn die Wiederholungen voneinander weit entfernt sind, auf makrostruktureller Ebene (in verschiedenen Kapiteln, im ganzen Buch) verteilt: eine für die Interpretation des gesamten Buches prägende Form der Wiederholung, am Beispiel der Wiederkehr eines einzigen Satzes.[27]

quando le ripetizioni sono lontane tra loro, distribuite sul piano macrostrutturale (in diversi capitoli, o nell'intero libro): una forma di ripetizione che influisce sull'interpretazione del libro, di cui un esempio è la ripetizione di una singola frase.

In *Atemschaukel* la frase che viene ripetuta è «*ich weiss, du kommst wieder*» («io so che tornerai»). Per chiarire il significato di queste ripetizioni, Prak-Derrington si richiama a quanto Müller ha scritto a proposito di quelle «frasi criptiche», che la madre dell'autrice usava con lei:

> Seit ich denken kann, sagt meine Mutter:
> Kälte ist schlimmer als Hunger.
> Oder: Wind ist kälter als der Schnee.
> Oder: Eine warme Kartoffel ist ein warmes Bett.
> Von meiner Kindheit bis heute, seit über fünfzig Jahren hat meine Mutter diese
> Sätze um kein Wort geändert. Sie werden immer einzeln gesagt, weil jeder dieser
> Sätze für sich genommen fünf Jahre Arbeitslager beinhaltet. Es ist ihre geraffte
> Sprache, die das Erzählen vom Lager ersetzt. Ich hatte diese kryptischen Sätze ziemlich satt. Ihr Sinn war versteinert, sie klangen
> schon so unerschütterlich leer wie dreimaldreiistneun. Ich wollte endlich wissen,
> was hinter diesen Sätzen steht.[28]

> È da quando so pensare che mia madre mi dice:
> Il freddo è più brutto della fame.
> Oppure: il vento è più freddo della neve.
> Oppure: una patata calda è un letto caldo.
> Dalla mia infanzia a oggi per più di cinquant'anni non ha cambiato una parola a queste frasi. Vengono sempre pronunciate da sole, perché ognuna di que-

---

27 EMMANUELLE PRAK-DERRINGTON, *Sprachmagie und Sprachgrenzen. Zu Wort- und Satzwiederholungen im Herta Müllers Atemschaukel*, in *Dichtung und Diktatur: Die Schriftstellerin Herta Müller*, a cura di Helgard Mahrdt e Sissel Laegreid, Würzburg, Königshausen & Neumann, 2013, 135.
28 MÜLLER, *Immer derselbe Schnee*, cit., p. 125.

ste frasi prese per sé racchiude cinque anni di lavoro nel lager. È il loro linguaggio conciso che sostituisce il raccontare del lager. Ero abbastanza stufa di queste frasi criptiche. Il loro significato era pietrificato. Suonavano già così imperturbabilmente vuote come trepertrefanove. Alla fine volevo sapere cosa stava dietro queste frasi.

Queste frasi, significative per chi le pronuncia, risultano essere estremamente criptiche ed enigmatiche per chi le ascolta, come se facessero parte di un idioletto[29].
C'è poca differenza tra questo tipo di ripetizione e le formule che verranno trattate a breve. Queste frasi «pietrificate e compresse» sembrano corrispondere in tutto e per tutto alle formule secondo De Roberto: anche queste sono frasi da leggersi come unitarie, il cui significato non si ferma alle singole parole. Se si considera, quindi, come unica caratteristica rilevante l'inscindibilità dei componenti dell'espressione e il nuovo significato formato, si può affermare che queste sono formule. A livello informativo, però, nonostante esse suggeriscano sfumature interpretative aggiuntive, non sono sintatticamente rilevanti, non si collocano, cioè, in momenti testuali particolarmente significativi. Nel racconto *Drosselnacht* sono diverse le frasi che sembrano avere queste caratteristiche. Ne è un esempio la richiesta speranzosa della madre al figlio di non partire per la guerra:

Ich blieb mit meinem Holz neben der Bodentreppe stehn. Ich sagte: Jakob, sag ihm noch einmal, er soll nicht gehen. Jakob schwieg und trug den Koffer vor mir her.[30]

Io mi fermai vicino alle scale con la mia legna. Dissi: Jakob, digli ancora una volta che non dovrebbe andare. Jakob tacque e mi passò davanti con la valigia.

E la ripetizione dopo poche righe:

Martin stand vor dem Spiegel. Er kämmte sich. Jakob sagte: Martin, die Mutter hat gesagt, daß ich dir nochmal sagen soll, du sollst nicht gehen. Jakob schaute in den Koffer.[31]

Martin stava in piedi davanti allo specchio. Si stava pettinando. Jakob disse: Martin, la mamma mi ha detto di dirti ancora una volta che non dovresti andare. Jakob guardava nella valigia.

---

29 Cfr. PRAK-DERRINGTON, *Sprachmagie und Sprachgrenzen*, cit., p. 140.
30 MÜLLER, *Drückender Tango*, cit., pp. 76-77.
31 *Ivi*, p. 77.

La frase «*er soll/du sollst nicht gehen*» sembra proprio essere una di queste frasi pietrificate, che per l'autrice sono imperturbabilmente vuote, come «trepertrefanove» e che non può più sopportare. Anche Martin sembra non sopportare più questa frase, risponde in modo brusco e non capisce fino in fondo il suo significato.

Un'altra di queste «frasi criptiche» viene ripetuta a distanza di poche righe ed è apparentemente priva di un significato particolare:

> Ich ließ die Eier mit dem Löffel in den Topf, ins heiße Wasser sinken. Ich weinte und die Eier drehten sich im Topf.[32]

> Io con il cucchiaio lasciai affondare le uova nella pentola, nell'acqua bollente. Piangevo e le uova giravano nella pentola.

> Von der Drossel sagte ich kein Wort. Die Eier drehten sich im Topf. Die Glut schimmerte durch die Ofenplatte. Sie war rot.[33]

> Non dissi una parola del tordo. Le uova giravano nella pentola. La brace luccicava attraverso il vetro della stufa. Era rossa.

Nella frase che si ripete («*Die Eier drehten sich im Topf*») è presente il verbo «*drehen*» («girare»), che rimanda all'apertura del racconto che in *Drückender Tango* precede *Drosselnacht*, ovvero *Die große schwarze Achse*, dove troviamo la frase «*durch den Brunnen sieht man, wie die große schwarze Achse unterm Dorf die Jahre dreht*» («Attraverso la fontana si vede come il grande asse nero gira gli anni sotto il villaggio»).[34] Il verbo *drehen* chiama in causa un senso di ritualità che è in sintonia con i temi dell'abitudinarietà del villaggio svevo in cui si svolgono le vicende narrate e in moltissimi contesti mülleriani è associato a un'atmosfera cupa e di morte.

### 3. Le formule informative

Tre ripetizioni presenti in *Drosselnacht* si sono distinte per il loro grado di informatività semantica e sintattica e si è qui deciso di chiamarle «formule informative», anche per distinguerle dagli usi più comuni del termine generico «formula». Esse, come già accennato, si posizionano a metà

---

32  *Ibidem*.
33  *Ivi*, p. 78.
34  *Ivi*, p. 48.

tra il concetto semantico di formula, come portatrice di un surplus di significato, e quello sintattico, intesa come tratto stilistico che agisce a livello coesivo per il testo. Le informazioni che si evincono da queste espressioni sono, quindi, di duplice natura, perciò si differenziano dall'ultimo gruppo di ripetizioni analizzato nel precedente paragrafo.

La prima formula informativa si trova, ripetuta in modo identico, in apertura e in chiusura del racconto e funge da cornice:

> Wer glaubt mir, daß es an der Drossel liegt, daß Martin starb.[35]
>
> Chi mi crederà che lo si deve al tordo che Martin è morto.

È l'unico elemento testuale che porta a identificare la morte con il tordo. Tramite la seconda ripetizione il lettore attribuisce un significato diverso al volo dell'uccello che incombe sul villaggio, capisce che esso non è un semplice uccello di campagna, insignificante, bensì che, con il suo volo, è incaricato di preannunciare qualcosa di spettrale. Quello che potrebbe essere un elemento facente parte del contesto geografico, si fa carico di un'informazione essenziale per la buona riuscita interpretativa.

Successivamente troviamo altre due ricorrenze a grande distanza nel testo:

> Ich hörte durch das Wasser überm Dorf die Drossel singen. Ich suchte sie mit beiden Augen, mit den Schläfen, mit der Stirn. Sie war nicht im Wasser überm Dorf. Und was sie sang, war laut und war kein Lied. Auf Martins Rücken zitterte der Rock. Und als ich dieses Zittern nicht mehr in den Augen halten konnte, fiel mir ein, daß ich vor Jahren dieses Lied aus Martins Wintermantel gehört hatte, aus Martins Rücken.[36]
>
> Lo cercai con entrambi gli occhi, con le tempie, con la fronte. Non era nell'acqua sul paese. E quello che cantava era forte e non era una canzone. La giacca tremava sulla schiena di Martin. E quando non riuscii più a sopportare questo tremore negli occhi, mi venne in mente che quel canto l'avevo già sentito anni prima dal cappotto di Martin, dalla schiena di Martin.

L'espressione «*[es] war laut und war kein Lied*» («era forte e non era una canzone») costituisce uno snodo essenziale nella narrazione, perché è ciò che riporta la mente dell'io narrante al passato. Dopo aver sentito il verso dell'uccello, la madre nota il tremito del figlio e si ricorda di un avvenimento: la famiglia (Martin, la madre – sempre anonima – e il padre, Jakob)

---

35 *Ivi*, p. 85.
36 *Ivi*, p. 79.

si trova su una carrozza, in viaggio verso la casa della zia Leni, appena fuori dal villaggio, quando vede avvicinarsi un branco di lupi. Con timore, i genitori riescono a impaurire gli animali, accendendo un fuoco e agitando un ombrello, e a indurli così alla fuga. Decidono di fare ritorno al villaggio e, sulla carrozza, la schiena di Martin bambino, tremando, «cantava» la stessa «non-canzone» del tordo. La ripresa della formula avviene proprio all'interno del *flashback*, con una piccola variazione, che intensifica il suono attraverso l'uso di «*sehr*»:

> Als ich eine Decke über seine Füße legte, zitterte sein Rücken. Ich hörte durch den Rücken seines Wintermantels ein Lied. Es war sehr laut und war kein Lied. Als wir am Dorfrand in die Mühle fuhren, fing es mit großen und zerzausten Flocken an zu schneien.[37]

> Non appena posai una coperta sui suoi piedi la sua schiena tremò. Attraverso il tremore del suo cappotto sentii una canzone. Era molto forte e non era una canzone. Non appena arrivammo sulla soglia del paese, ai mulini, iniziarono a scendere grandi e arruffati fiocchi di neve.

Questa seconda occorrenza crea un ponte, un collegamento tra due spazi temporali distanti. Come se anni prima il tremito della schiena fosse servito da richiamo per l'uccello, come se il *flashback* affiorato alla mente della madre fosse una sorta di presagio sul futuro del figlio: il tordo incarna la morte, che con il suo volo sceglie le sue vittime e le accompagna verso la fine della vita. Mentre la prima occorrenza ha come soggetto il tordo, a fare da soggetto alla seconda è il tremito della schiena di Martin, in un vortice di soggetti animati e inanimati che prendono voce.

Anche l'ultima coppia formulare individuata ha una funzione simile: collega il presente della narrazione al passato. La prima occorrenza la si ritrova, infatti, all'interno dello stesso *flashback*, il giorno dopo l'incontro con i lupi, quando la madre entra nella camera di Martin, che, ancora avvolto nel suo cappotto, è steso, sveglio, sul suo letto:

> Am Morgen, als ich in sein Zimmer kam, lag Martin wach im Bett. Er fragte, ob wir bei der Tante Leni sind. Ich sagte: Nein. Ich zog ihm seinen Wintermantel aus. Seine Socken waren naß vom Schnee. Als ich sie von seinen Füßen zog, weinte er und wehrte sich.[38]

---

37 *Ivi*, p. 81.
38 *Ivi*, p. 82.

Al mattino, quando entrai nella sua stanza, Martin era sveglio nel letto. Mi chiese se eravamo dalla zia Leni. Io dissi: no. Gli tolsi il cappotto. Le sue calze erano bagnate di neve. Quando gliele tolsi dai piedi pianse e fece resistenza.

L'espressione «*seine Socken waren naß vom Schnee*» viene ripetuta con un'interessante e significativa variazione fuori dal *flashback*, quando Jakob e sua moglie, rimasti soli in casa, pensano incessantemente al figlio in guerra. Un giorno il postino consegna a Jakob una cartolina militare:

Der Herbst war warm. Die Blätter glühten auf dem Hügel. Der Postmann reichte Jakob eine Feldpostkarte übern Zaun. Jakob ging damit ins Zimmer. Er setzte sich an den leeren Tisch und las. Er las di Karte dreimal vor und immer lauter, weil er beim Lesen seine Stimme nicht mehr hörte. Ich saß neben ihm am Tisch. Ich sah das Bett. Ich sah Martins weiße Schafwollsocken auf dem Leintuch liegen. Sie waren naß vom Blut. Als ich sie von Martins Füßen ziehen wollte, wehrte er sich.[39]

L'autunno fu caldo. Le foglie ardevano sulla collina. Il postino diede a Jakob dal recinto una cartolina militare. Jakob la prese e andò in stanza. Si sedette al tavolo vuoto e lesse. Lesse ad alta voce la cartolina per tre volte e sempre più forte, perché mentre leggeva non riusciva più a sentire la sua voce. Io sedevo accanto a lui al tavolo. Guardai il letto. Guardai le calze di lana bianche di Martin che stavano sul lenzuolo. Erano bagnate di sangue. Quando cercai di toglierle dai piedi di Martin, fece resistenza.

La frase «*sie waren naß vom Blut*» («erano bagnate di sangue») collega immediatamente il passato rievocato nel *flashback* con il presente della narrazione e ha una precisa funzione: chiarire il non detto della cartolina militare ricevuta dal padre. O, per meglio dire, chiarire al lettore il contenuto della lettera, poiché il testo non lo comunica esplicitamente. I soli personaggi che ne sono a conoscenza sono Jakob e la madre, nessun altro. Attraverso la visione della madre dei calzini insanguinati, che in passato vide bagnati di neve, si comprende quanto è accaduto.

Le informazioni che veicolano queste espressioni ripetute, queste formule, si evincono in modo del tutto indiretto: è proprio questo che rende questo testo e tanti altri di Müller estremamente ermetico. Accedere a questi testi significa andare oltre la mera lettura, significa attivare quel complesso processo interpretativo che non si ferma alla superficie del testo, alle parole che, una dopo l'altra, si susseguono sulla carta. Già parlare di «testo» significa parlare di «complessità», come sottolinea Eco:

---

39    *Ivi*, p. 84.

un testo si distingue [...] da altri tipi di espressione per una sua maggiore complessità. E motivo principale della sua complessità è proprio il fatto che esso è intessuto di *non-detto* [...] che deve venire attualizzato a livello di attualizzazione del contenuto.[40]

Le formule informative, da un lato, intensificano la complessità e, dall'altro, si offrono come strumenti utili per addentrarsi nel labirinto del *non-detto*, che nei testi mülleriani è particolarmente oscuro. Per citare un caposaldo della teoria della ricezione si può affermare che «sono le implicazioni e non le dichiarazioni che danno forma e trasmettono il significato»[41]. Le formule non sono dichiarazioni esplicite, ma elementi implicativi che il lettore deve attivare e dalle quali deve ricavare le informazioni che necessita.

## 4. Conclusioni

Questo contributo ha voluto presentare un fenomeno stilistico, individuato durante il processo traduttivo del racconto *Drosselnacht* di Herta Müller, che può essere ricondotto al linguaggio formulare. La translazione dal tedesco all'italiano ha cercato di mantenere lo stile paratattico e spigoloso dell'autrice, prediligendo un'aderenza al testo di partenza. La presenza di numerose ripetizioni, soprattutto lessicali, è stata mantenuta nella versione italiana, proprio perché ritenuta parte dello stile di Müller. La scrittrice, conosciuta a livello internazionale soprattutto grazie al conferimento del Premio Nobel per la letteratura del 2009, si distingue nel panorama letterario odierno per l'innovazione formale delle sue opere, forti di contaminazioni di genere che le rendono interessanti sia letterariamente che linguisticamente. L'ibridazione caratterizza i testi mülleriani da diversi punti di vista, ma soprattutto fa emergere la difficoltà della loro interpretazione, caricandosi di suggestioni visive più o meno celate. La ripetizione è solo uno dei tanti strumenti stilistici che causano il difficile accesso ai significati testuali delle opere e le formule informative, che sono state individuate, rappresentano, forse, la massima espressione stilistica dell'ermeticità di questi testi. Attraverso questo elemento il lettore è implicitamente indotto a intraprendere un viaggio nel testo e, come un vero viaggiatore, deve scoprire i segreti dei luoghi che si accinge a visitare, farli suoi e conservarli nel proprio sapere, così

---

40 UMBERTO ECO, *Lector in fabula*, Milano, Bompiani, 1979, p. 51.
41 WOLFGANG ISER, *L'atto della lettura. Una teoria della risposta estetica*, Bologna, Il Mulino, 1987, pp. 241-250.

da poter essere utilizzati in altri momenti. Per scoprire i segreti del testo il lettore deve assumere un ruolo attivo, deve considerare il suo viaggio come un'avventura, durante la quale dovrà "attivare" gli indizi che gli verranno dati, generosamente o meno, per poter passare alla tappa successiva del viaggio. Questi indizi corrispondono spesso a quegli «spazi bianchi» di cui il testo è intessuto e che, secondo Eco, sono da riempire:

> Il testo è dunque intessuto di spazi bianchi, di interstizi da riempire, e chi lo ha emesso prevedeva che essi fossero riempiti e li ha lasciati bianchi per due ragioni. Anzitutto perché un testo è un meccanismo pigro (o economico) che vive sul plusvalore di senso introdottovi dal destinatario, e solo in casi di estrema pignoleria, estrema preoccupazione didascalica o estrema repressività il testo si complica di ridondanze e specificazioni ulteriori – sino al limite in cui si violano le normali regole di conversazione. E in secondo luogo perché, via via che passa dalla funzione didascalica a quella estetica, un testo vuole lasciare al lettore l'iniziativa interpretativa, anche se di solito desidera essere interpretato con un margine sufficiente di univocità. Un testo vuole che qualcuno lo aiuti a funzionare.[42]

Le formule qui individuate "fanno funzionare" il testo e il lettore, in modo più o meno consapevole, si trova a ricoprire un ruolo essenziale, ovvero quello di protagonista dell'atto interpretativo.

---

42  Eco, *Lector in fabula*, cit., p. 52.

# IL QUADRIFOGLIO TEDESCO

*Collana diretta da Karin Birge Gilardoni-Büch e Marco Castellari*

Comitato scientifico
Eva Banchelli, Marco Castellari, Karin Birge Gilardoni-Büch,
Micaela Latini, Daniela Nelva, Michele Sisto

LETTERATURA CONTEMPORANEA

– Grete Weil: *Mia sorella Antigone.* Romanzo, 2007
– Peter Weiss: *Inferno. Testo drammatico e materiali critici*, 2008
– Selma Meerbaum-Eisinger: *Non ho avuto il tempo di finire. Poesie sopravvissute alla Shoah*, 2009
– Volker Braun: *La Storia incompiuta e la sua fine*, 2011
– Volker Braun: *Racconti brevi*, 2011.
– Friedrich Christian Delius: *La ballata di Ribbeck*, 2011.
– Urs Widmer: *Top Dogs. Manager alla deriva*, 2012
– Arno Schmidt: *Leviatano o Il migliore dei mondi*, 2012
– Christine Wolter: *Come in sogno. Passeggiate berlinesi*, 2015

STORIA, CULTURA, SOCIETÀ

– Jana Hensel: *Zonenkinder. I figli della Germania scomparsa*, 2009
– Ulrich Mählert: *La DDR. Una storia breve 1949-1989*, 2009
– Walter Kempowski: *Lei lo sapeva? I tedeschi rispondono*, 2010
– Hatice Akyün: *Cercasi Hans in salsa piccante. Una vita in due mondi*, 2010
– Wladimir Kaminer: *Non sono un berlinese. Una guida per turisti pigri*, 2013
– Wladimir Kaminer: *Niente Sesso: Eravamo socialisti. Miti e leggende del secolo scorso*, 2014
– Elettra de Salvo, Laura Priori e Gherardo Ugolini (a c. di): *Italoberliner. Gli italiani che cambiano la capitale tedesca*, 2014

SAGGISTICA

– Tiziana Gislimberti: *Mappe della memoria. L'ultima generazione tedesco-orientale si racconta*, 2008

- Daniela Nelva: *Identità e memoria. Lo spazio autobiografico nel periodo della riunificazione tedesca. Stefan Heym, Günter de Bruyn, Heiner Müller, Günter Kunert*, 2009
- Micaela Latini: *La pagina bianca. Thomas Bernhard e il paradosso della scrittura*, 2010
- Maurizio Pirro, Luca Zenobi (a c. di): *Jugend. Rappresentazioni della giovinezza nella letteratura tedesca*, 2011
- Liza Candidi: *Spazi di memoria nella Berlino post-socialista*, 2013
- Maurizio Pirro, Luca Zenobi (a c. di): *Costruzione di un concetto. Paradigmi della totalità nella cultura tedesca*, 2014
- Igor Fiatti: *La Mitteleuropa nella letteratura contemporanea*, 2014
- Pasquale Gallo, Maurizio Pirro e Ulrike Reeg (a c. di): *Requiescere noctem. Forme e linguaggi dell'ospitalità. Studi per Domenico Mugnolo*, 2015
- Francesco Aversa: *La torre, l'atlantide e l'inferno. Miti e motivi nella recente letteratura tedesco-orientale*, 2015
- Stefania Sbarra; Roberta Malagoli (a c. di): *Conversione dello sguardo e modalità della visione in Heinrich von Kleist*, 2015
- Maurizio Pirro: *Piani del moderno. Vita e forme nella letteratura tedesca del 'fine secolo'*, 2016
- Sandra Paoli: *L'Occidente transculturale al femminile. Emine Sevgi Özdamar, Rita Ciresi e Yasemin Şamdereli*, 2018

DaF / didattica della lingua tedesca

- Marita Kaiser: *Text-Produktion*, 2008
- Paola Lehmann: *Schritt für Schritt in die deutsche Sprache*, 20082
- Bettina Klein: *Dieci ricette per un tedesco al dente. Grammatica contrastiva: livello intermedio (B1)*, 2008 – Seconda edizione riveduta e ampliata 2010: *Undici ricette per un tedesco al dente*
- Marita Kaiser (a c. di): *Generation Handy . Wortreich sprachlos? / Generazione telefonino. Tante parole nessuna lingua?*, 2009
- Ivica Kolečáni Lenčová e Regine Nadler: *39 Tests zum Leseverstehen für die Niveaus A2-C1. Mit Lösungen*, 2015

Fuori collana

- Harry Kessler: *Viaggi in Italia*, 2013
- Walter Hasenclever: *Antigone*, 2013
- Heinrich Heine: *Poesie scelte*, 2016

*Finito di stampare
nel mese di marzo 2018
da Digital Team - Fano (PU)*